大阪の
大都市の息づかい

大谷 渡 編著

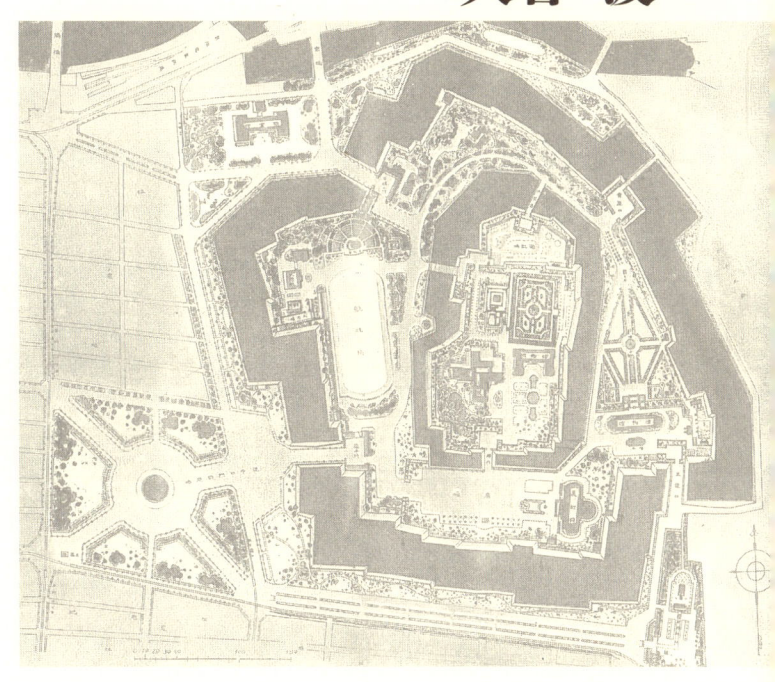

東方出版

はしがき

　大阪は明治維新以降の近代化、現代化過程において拡大膨張し、工業都市・巨大都市に変貌した。急速な街の変貌は、近世から継承した文化を変容させ、あるいは消滅させ、新たな文化を生み出した。
　関西大学大阪都市遺産研究センターでは、継承・変容・創造され、今日に引き継がれた有形・無形の都市の遺産を街の姿の変遷と関連付け、ミクロとマクロの両視点から検証を進めている。同研究センターは、2010年（平成22）4月に、文部科学省による私立大学戦略的研究基盤形成支援事業採択によって設置された。
　本書は、近現代都市大阪の形成・展開・変容過程との関連において、都市の姿の変遷を「形」と「心」の両面から具体的に跡付け、巨大都市大阪の今日の姿の意味を考える1つの手立てとなればとの思いから編集を試みた。ここに言う「形」とは、大阪の街の姿の変化であり、「心」とは人びとの暮らしの中の幸福や悲しみ、希望などを指している。
　街が姿を変えていく内側には、人の暮らしの営みが多様な形の層をなして、時には長く深く、時に短く、明滅を繰り返しながら息づいている。激変する大都市の明治から大正、そして昭和へと、流れゆく時代の波に目を凝らしながら、人びとの息づかいに耳を澄まし、改めてその姿と意味を浮かび上がらせることができればと思う。叙述の対象は、日本が本格的な資本主義形成期に入った1890年代から、戦後復興を経て高度成長が始まった1960年代初めまでとした。
　序章では、1880年代初めに大阪に生まれ、日本の近代社会形成期に育った若き女性の思想と行動を20世紀の息吹の中に位置付け、彼女たちの目に映じた産業革命達成期の大阪の街の姿に言及した。
　第1章の「悲しみと希望」では、日清戦争前後における工場の設立状況と

生産の実態、貿易の問題点、工場の火災、職工の募集と争奪、機械の導入と技術水準などに目を向け、「東洋のマンチェスター」と呼ばれた工業都市大阪の基盤形成期の現実を記述した。

第2章では、『大阪時事新報』の記事から見た明治後期の衛生環境について叙述した。

第3章では、大阪の新聞界・文学界で活躍したジャーナリストで作家の宇田川文海・菊池幽芳・渡辺霞亭を取り上げた。新聞に連載された彼らの小説は、道頓堀五座の主要演目として上演され、大いに人気を集めた。明治・大正期に上演された彼らの作品の劇評を丹念に追い、役者、観客の動向から、この時代の社会と街の変化を読み解いた。

第4章では、大阪五花街を取り上げた。『大阪朝日新聞』『大阪時事新報』などの記事を資料として、大都市に組み込まれた遊廓を舞台に生起するさまざまな事件に目を向け、大阪北の大火災・遊廓の経営・芸娼妓と客などの実相から、明治末期の街の断面を浮かび上がらせた。

第5章は、大都市大阪の中にあっても、特に社会的・文化的・経済的に高い地位を保持した船場地域に着目した。明治後期から大正期において、この地域に本社を置く会社が増加した。それらの会社の所在地を地図上で1つ1つ確認するとともに、増減、異動の年代変遷を克明に把握することによって、伝統的な街の姿が内部から大きく変化していった様子をとらえた。

第6章では、第4師団司令部・歩兵第8聯隊・歩兵第37聯隊・大阪砲兵工廠など、軍事施設が集中した大阪城域に目を向けた。大正期における都市膨張と過密化の中で、第4師団の移転が重要問題として浮上した。師団移転問題と公園化構想の背景を詳述することにより、現代都市へと装いを改めようとしていた時期の街の姿を映し出した。

第7章は、大阪朝日新聞社会部記者からフリーのライターに転じ、国際的に活躍したジャーナリスト北村兼子を取り上げた。大阪の街に生まれ、梅田高等女学校（大手前高女）、官立大阪外国語学校（のちの大阪外大）、関西大学に学び、世界に羽ばたいた彼女そのものが、1つの時代の象徴であった。彼女の目がとらえた大阪の街と、現代的文化が開花した大正末から昭和初期の

政治・社会・文化に言及した。

　第8章では、織田作之助のラジオ放送作品に着目した。哀切に満ちた筆致で、戦前・戦後の大阪の街と人を描いた彼の作品群の中にラジオ放送番組の脚本を位置づけ、放送時の社会と時代背景を考えながら、その文学的特徴について記述した。

　第9章では、戦後復員して新聞記者となり、『大阪新聞』のコラムを執筆していた時期の司馬遼太郎を取り上げた。「すかんぽ」「ペーパーナイフ」「触角」と題したコラムには、後に大作家となった司馬遼太郎の文章が、風神の筆名で数多く掲載されている。コラムに掲載された秀逸な文章の中に、大阪の街と世相を取り上げた幾編かの記事がある。それらの記事を紹介し、記者時代の司馬遼太郎と、1950年代から60年代初めの大阪の街に目を向けた。

　ところで、関西大学大阪都市遺産研究センターでは、明治以降の大阪の都市変遷地図を作成し、これをコンピューターグラフィックスで表示することに取り組んでいる。第1章と第5章において図示したデータは、メディアアートの技術を用いて、地図上に組み込むことにしている。また、太平洋戦争末期の空襲による街の破壊の詳細を盛り込むための調査も進めていて、その成果は他日に公表を予定している。

　なお、本書は、関西大学大阪都市遺産研究センター（「大阪都市遺産の史的検証と継承・発展・発信を目指す総合的研究拠点の形成」）の研究成果としての『大阪都市遺産研究叢書3』にあたる。

大谷　渡

●目次

　　はしがき　1

序　章　20世紀の息吹の中で……………………………………9
　　女性の覚醒 9／女性記者の登場 12／第五回内国勧業博覧会 15／
　　日露戦争下の心情 17／黒煙朦朧たる都 19／新しい女性の先駆 21

第1章　悲しみと希望……………………………………………23
　　大阪紡績の大火 23／火災後の経営方針 25／景気回復と増錘問題
　　28／綿花輸入・綿糸輸出免税請願 30／綿糸輸出への動き 32／日
　　清戦争後の景況 34／職工の争奪 36／雇用の実態 39／衛生問題
　　41／紡績会社と火災保険 43／燐寸工業と清国商人 45／工業化の
　　様相 48／夢と現実 50／工業の街、職工の街 53

第2章　『大阪時事新報』に見る明治後期の衛生環境……………63
　　明治後期の衛生状況 63／天満の煤煙 64／大都市の塵芥 68／淀川
　　減水問題 69／川辺の生活 70／飲用水と水系伝染病 72／下水道の
　　未整備 74／家屋とペスト 75／伝染病と職工 78／紡績職工日記
　　79／明治末年の桃山病院 81

第3章　新聞作家と道頓堀五座……83

道頓堀という空間 83／新聞小説の上演 85／宇田川文海の人気作品 86／「若緑二葉松」の上演 87／渡辺霞亭の「青松葉」90／「青松葉」の上演 92／新派劇の人気 94／観客層の変化と菊池幽芳 95／「乳姉妹」の劇評 97／「百合子」の上演 98／新派劇の行方 100／劇場の変化 102

大正期の「角座」改修図面　　105

第4章　大阪五花街断章……109

「遊所」の整理統合 109／花街の繁栄 112／五花街での事件 117／北の大火 118／娼妓取締規則下の実態 120／娼妓待遇問題 123／南の大火 125

第5章　「北船場」地域の会社の変遷……127

大阪船場と会社 127／1907年から25年までの推移 128／地価の高騰とビルディング 132／設立年からみた特徴 133／資本金からみた特徴 135／北浜・今橋・高麗橋の素描 138／激変する街 143

第6章　師団移転・公園化の構想……145

師団移転の「意見書」145／移転案への反応 146／城南射撃場流弾被害 149／住宅難と第4師団 151／風紀・衛生・過密の問題 154／都市計画と第4師団 156／公園化の構想 159／陸軍施設の整理案 161／関東大震災の影響 163

椎原兵市の「大阪城趾公園設計案」　　166

第7章　航空機時代の女性記者……………………………………169

飛行機の時代 169／夏の甲子園 170／最高のモダン女性 171／「飛行機上から見た大阪」172／ヨーロッパでの活躍 176／国際ジャーナリスト 177／大空に飛ぶ 178／福沢桃介と武内作平の手紙 180／「大阪風物詩」182

第8章　織田作之助が愛した街……………………………………191

『夫婦善哉』の出版 191／ラジオドラマの台本 193／放送劇「猿飛佐助」196／「十六夜頭巾」の放送 199／「夢想判官」と焼土大阪 201

第9章　『大阪新聞』のコラムと司馬遼太郎……………………205

記者時代に執筆 205／大阪を取り上げたコラム 208／「大阪の郷土文学」「楢重の25回忌」209／「おお聖夜」と「54年を葬送する」213／コラム「世相あらかると」216

あとがき　221

索引　225

序章　20世紀の息吹の中で*

女性の覚醒

　浪華婦人会は、1901年（明治34）に、新思想に目覚めた大阪の若い女性たちによって結成された。同年6月には、月刊の機関誌『婦人世界』が発刊された。機関誌発刊の目的は、「婦人従来の弊風」を改め、会員相互の交流と知識の交換を図るとともに、雑誌販売の利益があれば、「他日慈善事業を起すの一助と為さんとする」ものであった。設立と同時に『婦人世界』の発行を始めた浪華婦人会は、女性の進歩向上を目標として掲げ、慈善事業の企画を通して、女性の社会的進出を目指そうとした。

　同会には、船場・島之内をはじめとして、大阪市内及びその周辺地域のきわめて富裕な家の娘や妻たちが加入した。その中には、1890年代末まで、大阪市内唯一の公立高等女学校だった大阪市立大阪高等女学校（のちの府立堂島高女→府立梅田高女→府立大手前高女）を卒業した女性が相当数含まれていた。浪華婦人会設立の中心人物だった荘保あさは、大阪市立大阪高等女学校を1897年（明治30）に卒業している。

　浪華婦人会設立の核となったのは、荘保あさ・長沖花子・木本鉄子・小澤円子ら4人による慈善教育活動であった。女性にとって、当時最高の学校教育を受けた彼女たちの目をとらえたのは、大阪の工業化に伴って増加する貧民の子供たちの現実であった。貧家の児女たちは、幼い弟妹の子守などで毎日を過ごし、就学の機会を奪われていた。文字も学べない不幸な彼らの将来を思いやり、彼女たちは交替で貧民居住地に近い愛染神社に出かけて、裁縫・習字・算術・読書などを教え始めた。それを見て心を寄せた茶店の老主人が、無料で場所を提供し、そこが子供たちの教室となった。教材の筆墨・書籍のほか、褒美の菓子代などは、彼女たちが負担した。

　まもなく彼女たちは、和歌・文章・小説などを作成して1冊子とし、その

『婦人世界』左から第8号、第48号、第50号（関西大学図書館所蔵、大谷渡編『石上露子全集』東方出版刊、1998年より）

読み代を積み立てて慈善資金とする計画を進めた。これがきっかけとなり、新たに60人の賛同者が加わって、浪華婦人会が誕生した。1冊子は、同会の機関誌『婦人世界』として生まれ変わり、半年のうちに会員は400人となり、次いで500人へと増加した。同会は一時、馬屋原鶴子及び沖野筆子を会長としたが、沖野が辞任した後は、5人の幹事と数名の委員が会の責任者として運営にあたった。この5人の幹事の1人が、『明星』の歌人として名を残した石上 露子であった。
　　いそのかみ

『婦人世界』1902年1月15日付第8号の巻末には、賛助会員として14人の氏名が記されている。この中に、明治前期から中期にかけて、大阪の文学界と新聞界に大きな功績を残した小説家・ジャーナリストの宇田川文海がいた。ほかに、歌人の山田淳子、大阪慈善新報社員伊用徳之助、大阪府立女子師範学校の大村芳樹、大阪府立清水谷高等女学校校長木村忠二郎らが名を連ねていた。同誌第54号（1905年11月15日付）には、「本会員」395人の氏名が記されていて、この中には『大阪朝報』の女性記者だった管野スガの名がみえる。

浪華婦人会は、1903年に事業範囲を拡大し、学資なき女性を対象とした裁

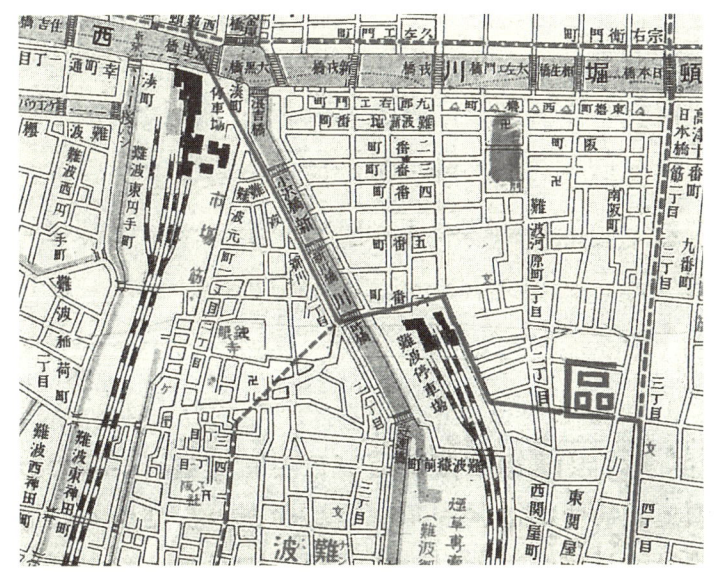

湊町駅と鉄眼寺周辺（『実地踏測大阪市街全図』1906年、関西大学図書館所蔵）

縫教習所と料理教室を開設した。これは、前年からの講話会・料理会を引き継いで、従来の「縫物屋」といった古い観念を払拭した近代的女性教育を目指そうとするものだった。

1904年には、裁縫教習所と料理教室を同会正規の事業として発展させ、公的認可を受けて浪華家政塾、同塾附属和洋料理会を開設した。正科と速成科が置かれ、教授科目は裁縫を必修とし、編物・刺繡・点茶・挿花を随意科目とした。「浪華婦人会附属私立家政塾学則」によると、修学期間は正科2年、速成科1年となっていて、入学資格は12歳以上で、高等小学校卒以上またはそれと同等以上の学力を有する者であった。教授科目「和服の部」の細目は100にのぼり、「洋服の部」は20細目にわたっている。当時としては、相当の学力を持った者を入学させ、高い技術を身につけさせようとしていたことがわかる。

日露開戦後、浪華婦人会は、「出征軍人幼児保育所」を南区の難波鉄眼寺に開設した。同会は、幼児を残して出征した軍人の家族に目を向け、母子のための保育所を開設したのである。母親たちは、近くの煙草工場などで働い

ていて、その労働の間、幼児を預かって世話をした。福島四郎が東京で発行した『婦女新聞』の1904年11月21日付には、「浪華婦人会の美挙」の見出しで、「大阪なる同会は会員三百余の小団体なれども皆熱心の人にて今般出征軍人幼児保育場を設けたる由」と報じられている。

　浪華婦人会の資金は、会費及び会員等からの寄付、事業収益などによって賄われた。浪華婦人会附属私立家政塾は、設立の趣旨から、学資のない女性の幾人かを無料で入学させることにし、軍人軍属の遺族女性からは、授業料を徴収しないことにしていた。幼児保育所の運営にも、費用が必要であった。そうした費用を賄う目的で、同会は会員出演による慈善音楽会や演奏会などをしばしば中之島公会堂で催した。その折には、会員手作りの品物などを販売する売店室を設け、バザーを実施した。裕福な家の娘たちが、自らの力で社会的活動の道を開き、女性の地位向上に力を尽くそうとしたのが浪華婦人会であった。

　なお、浪華婦人会の所在地は、大阪市南区末吉橋通4丁目61番邸（のち63番邸）であった。『婦人世界』の発行所は、初めは東区南本町心斎橋筋角の金尾文淵堂だったが、のちに西区新町通3丁目59番邸の日下書店に移されている。役員の1人だった日下徳子が、同誌の編集兼発行人になったことによるものであろう。

女性記者の登場

　1902年（明治35）7月に、東区内本町橋詰町にあった大阪経済社（のち大阪朝報社）から、日刊新聞『大阪朝報』が発刊された。社長は永江為政だった。大阪を代表する実業家の1人松本重太郎は、創刊号に「大阪朝報の発刊に就て」を寄せ、「大阪市の前途は実に多望なり」「近き将来に於ては第五回内国勧業博覧会の開設されんとする」「将来に於ては日本第一の築港完成を告げんとす」「当市の商業愈よ隆昌を示し其人口は倍々すべき」と述べた上で、新たな新聞を「発行すべき余地を存すべきは亦太だ明かなる所なり」と記した。続いて彼は、「大阪朝日の如き大阪毎日の如き其趣味意向大同小異」、「記事多面に渉り有限の紙面遂に有用の事実を記し尽さゝる」、「永江

君亦深く之を慨し」、「他新聞の及ばざる所を補足し」「其特色を発揮せん」「吾人の刮目して之を今後に待つ所以のものなりとす」と書いた。
　大阪実業学館の館長土井晋吉は、「新愛せる畏友永江為政君の十年計画茲に大成して大阪朝報は呱々の声を揚げて社会に見へんとす」と述べ、「己が主義本領を一貫せるは既に商業資料に経済雑誌に世人の公認する所なり」と記している。大阪の工業化が急進行していた1890年代初めに、『大阪経済雑誌』が発刊された。1893年7月に、当時月3回発行していた同誌は、大阪商工協会との間で、そのまま同会機関誌として特約を交わす話が進められた。
　『大阪経済雑誌』1901年11月15日付第10年第2号には、宇田川文海執筆の「呼『一年有半』」が掲載されている。同記事は、民権左派の理論家で、東洋のルソーといわれた中江兆民と親交があった宇田川文海が、兆民の『一年有半』について記したものである。宇田川は同記事の中で、「兆民先生、曾て筆『東雲』に載せ、謇諤の論、人権を強ふす、後又代議士と為り、霊あり力ある沈黙を以て、却つて汚吏の肝胆を寒からしめ維摩黙すと雖ども、其声雷の如しの称あり」と記している。
　新聞記者、そして小説家となった宇田川文海は、日本の近代化と西洋文明に大きな関心を寄せていた。自由民権運動期には、その左派の思想に共感を抱き、民権運動衰退後はキリスト教への関心を強め、産業革命の進行とともに労働問題、社会主義にも目を向けた人物であった。
　著名人だった宇田川は、特に大阪では各界の中心人物と、はば広い交際があった。大阪経済社の永江為政も、その中の1人だった。『大阪朝報』の発刊にあたって、宇田川は同紙の女性記者として、弟子の管野スガを推薦した。管野スガは、当時病気の父義秀と妹の秀とともに、船場の淡路町4丁目に住んでいた。宇田川も近くの船場の町に居を構えていて、そこには書生となって宇田川に師事していた弟正雄が住み込んでいた。宇田川と妻ツルとの間には実子はなかったが、ふさと初という2人の養女を大切に育てた。宇田川はのちに、娘の初と内弟子の正雄を結婚させ、あと継ぎにしたいと考えて、正雄をアメリカに留学させたともいわれている。宇田川夫妻は、管野親子を何くれとなく世話をしていて、病気の父管野義秀とは、以前からそうとう懇意

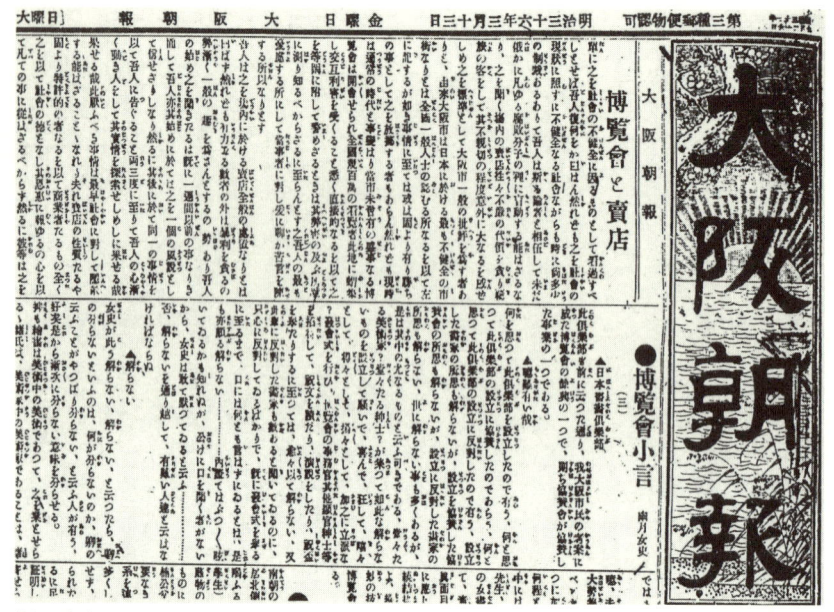

『大阪朝報』1903年3月13日付（大谷渡『管野スガと石上露子』東方出版刊、1989年より）

な交際があったことがうかがえる。管野義秀は元京都所司代の武士で、維新後司法省の官吏となり、次いで代言人試験に合格したあと、鉱山事業家となった。娘のスガが生まれた1881年（明治14）には、北区絹笠町に住んでいたが、しばらくして船場の伏見町に引っ越した。学齢期を迎えた管野スガは、船場の富裕な商家の「ぼんぼん」や「いとさん」たちといっしょに、伏見町の大きな家から今橋小学校に通った。なお、父義秀は、大阪府知事となった菊池侃二とは、早くから代言人仲間として親交があった。

　1902年7月、永江為政は管野スガを『大阪朝報』の記者として採用した。創刊間もない同紙7月4日付に管野の名で掲載された「鴻池の鶴を見て」は、富豪の邸宅の鉄柵に閉じ込められ、自由を奪われた鶴の姿をとおして、人身売買の非人道性を訴えた記事であった。

　これ以後、管野スガは、自由・平等・博愛といった西洋の倫理思想に立脚して、同紙上において人権尊重の主張を展開した。「鴻池の鶴を見て」は、

廃娼と女権拡張を唱える女性記者の登場にふさわしい作品だった。それはまた、大阪において、初めて女性の新聞記者が出現した瞬間でもあった。

彼女は、あらゆる階層の男性が遊廓に通い、女性を侮蔑し玩弄物視している日本の現状を鋭く批判した。公然たる遊廓の存在、蓄妾の常態化、いずれも「東洋の文明国」「廿世紀の今日」「日英同盟世界的日本」にとって、あまりにも恥ずかしい「醜体」だというのであった。この弊風を矯めてこそ、初めて文明国といえるのではないかと、彼女は主張した。

紳士や紳商といっても、金さえあれば芸妓や娼妓と戯れ、これを妾とする風習が横行していた。この一夫多妻の風習を非難し、文明進歩にかなった一夫一妻を主張した。そして、被害者である妻たちに対し、「高等下女、床の置物」に甘んじてはいけない、「封建時代の貞女を以て理想」としてはいけないと訴えかけた。女性の人格が家庭にあっても、公の社交の場にあっても重んじられ、名実ともに一夫一婦が実現されてこそ、欧米と肩を並べる文明国といえるのだと説いたのであった。

第五回内国勧業博覧会

第五回内国勧業博覧会は、1903年（明治36）3月1日から7月31日まで、大阪の天王寺・今宮一帯を会場に開催された。大阪への誘致運動は、1898年（明治31）に始まり、99年4月に大阪での開催が閣議によって決定された。第五回は、第四回（1895年、京都）までとは、比較にならない大規模なものとして開催された。近代工業確立へと向かう日本における20世紀最初の博覧会との意気込みで、官民あげて開催に取り組み、海外からもイギリス・アメリカ・ドイツ・フランス・カナダなど18か国が参加し、さながら万国博覧会の様相を呈した。

会場には、2万平方メートルを占める工業館や、機械館、美術館等々が設けられ、電気応用の不思議館や、高さ20メートルの遊戯施設ウォーターシュートなどが人びとの目を引いた。イルミネーションによる施設照明も大きな特色だった。電飾まばゆい博覧会は、たしかに20世紀の工業都市大阪を象徴するものだった。だが一方で、街の狭い通りは、人力車と肌を露出した

人びとが行き交い、公共施設は整わず、便所は汚かった。

　大阪市役所で開かれた博覧会余興委員会は、祝賀行事の1つとして「市民総舞踏（一名エライヤッチャ）」を企画した。この「市民総舞踏」は、「浪花名物総踊」とも称されるもので、大阪の風習として祭礼その他祝事の折に、しばしば実施されてきたものだった。これについて、『大阪朝日新聞』は、「風俗壊乱の媒介となり、社会に害を貽すのみならず、衛生上にも影響すること間あり」と批判した。「市民総踊」に対しては、市教育会からも反対の火の手が上がり、2月下旬に取り止めとなった。

　「市民総舞踏」に反対していた管野スガは、「三日踊の野蛮行為、狂人沙汰」が取り消されたことへの安堵の気持ちを『大阪朝報』に記した。ただし、これとは別に、1月以来彼女が同紙上において強烈に反対を唱えていたもう1つの余興行事、すなわち博覧会開会中の会場内舞台における廓の芸妓による余興踊りは、そのまま実施されることになっていた。

　会場内舞台での余興踊りには、南地・新町・堀江・曽根崎新地の4遊廓の芸妓が出演した。芸妓といっても、歌や踊りの未熟な者がいて、東京から特別に師匠を招いて特訓が行われた。管野は前年から、人権尊重の立場に立って、売春施設の存在と男の遊蕩・蓄妾を非難する論陣を張っていた。芸妓と娼妓には、身売りや売春という点において差異はなかった。総選挙ともなれば、遊廓に選挙事務所が置かれることも珍しくはなかった。売買春を公然と容認する社会を非文明的と批判した管野は、廓の芸妓を日本女性の代表であるかのごとく、文明の象徴たるべき博覧会の会場で舞わせるのは、矛盾を通り越して日本の恥辱を諸外国にさらす以外のなにものでもないと訴えた。

　管野スガの主張は、島田三郎と木下尚江を動かし、博覧会開催に合わせて大阪で開かれた全国キリスト教信徒大会で取り上げられた。これを契機に、管野はキリスト教婦人矯風会の会員となり、11月には天満基督教会の牧師長田時行によって洗礼を受け、同教会の信徒となった。同年暮れに、彼女は大阪婦人矯風会の文書課長に選出され、大阪の代表的クリスチャンとして活躍した。なお、大阪婦人矯風会の書記を務めた清水たね子は、前に記した浪華婦人会の会員であり、同会のために尽力した人物の1人であった。

日露戦争下の心情

　浪華婦人会の幹部だった石上露子は、1903年の秋に与謝野鉄幹主宰の新詩社の社友となり、『明星』の同年10月号に短歌3首を寄稿した。これ以後、1908年1月号に至るまでの同誌上に、石上露子、またはゆふちどりの筆名で、短歌80首、美文（小品）5編、詩1編が掲載された。

　石上露子、すなわち杉山孝は、大阪南河内の富田林の旧家で大阪府内有数の大地主杉山家のあと継ぎ娘であった。古い町並みを誇る富田林でも、ひときわ大きい杉山家の住宅は、現在国の重要文化財に指定され、一般公開されている。

　室町末期以来の名家で、江戸期以来の都市的文化の蓄積を持つ杉山家は、大阪船場の富裕な商家とも姻戚関係を結び、文化的経済的つながりは強かった。露子は源氏物語などの古典に親しんで育ち、手蹟秀麗で上方舞や琴なども師匠の域に達するほどに仕込まれた。

　学齢期に達した露子は、両親と妹とともに船場の伏見町に引っ越して、「平野屋が両替の昔の俤（おもかげ）其まゝなのを半分戸ぶすまで仕切つて借り住まひ」した（自伝「落葉のくに」）。「平野屋」は、江戸時代の豪商平野屋五兵衛のことを指したものであろう。露子は、北船場の富裕な家の子女が通う愛日小学校に入学した。露子の父母が伏見町で借り住まいしたのは、2人の娘を船場の小学校に通わせるのが目的だった。

　露子は小学校を出たあと、しばらくの間、富田林の本宅で1歳年上のおばと机を並べて家庭教師による教育を受けた。やがて彼女は、継祖母の里方から女学校に通うことになった。露子の祖父は、妻と死別後、大阪船場の今橋の商家山本家の娘と結婚していた。露子はいったん大阪市立大阪高等女学校に入ったが、まもなく大阪のミッションスクールの先駆である梅花女学校に転校した。

　露子が『婦女新聞』や浪華婦人会の『婦人世界』に、作品を寄稿し始めたのは、1901年19歳のときであった。翌年の『婦人世界』には、彼女の翻訳小説「王女ふおるちゆにあ」が掲載されている。ニューヨークで発行されていた絵入り雑誌に掲載された作品を翻訳したものであった。評論には、機関誌

の充実や慈善事業の具体的着手について述べたものなどがある。大阪市内での浪華婦人会の会合には、鉄道を利用し湊町駅で下車して出席した。

1904年2月に、日露戦争が始まった。富田林町出身の兵卒も、戦地へと旅立った。開戦2か月後の『婦女新聞』に露子の反戦の作品「兵士」が掲載された。ここで露子は、「惨憺たるいくさの場に出で立たむとする」「父なる兵士」に、武器を捨てて「みどり子」を抱けと迫りに迫る妻の姿を描いた。だが男は、もはや兵士でこそあれ、夫でも父でもなかった。幼子を奪うなり、「大波のたゞなか」に投げ込んでしまうのである。露子はここで、女の心情を鮮烈に掲げ、戦争の非人間性を訴えた。

5月下旬、南山の激戦で富田林町出身の兵卒に戦死者が出た。戦死の知らせを受けた富田林町では、町葬の準備がすすめられた。露子は、青年の死と父母の悲しみに胸を痛め、反戦を歌った。

　　みいくさにこよひ誰が死ぬさびしみと髪ふく風の行方見まもる

『明星』の1904年7月号に載ったこの歌を、新詩社の代表的文芸評論家平出修が、翌8月号の同誌上で、「戦争を謡うて、斯の如く真摯に斯の如く悽愴なるもの、他に其比を見ざる処、我はほこりかに世に示して文学の本旨なるものを説明してみたい」と、絶賛した。この2か月後の『明星』に、与謝野晶子の「君死にたまふこと勿れ」が掲載された。

同年12月、『婦人世界』に露子の作品「おきみちゃん」が掲載された。しぐれ降る「河内野七里」をへて、難波鉄眼寺に開設した浪華婦人会の出征軍人幼児保育所を、露子が訪ねたときのことを綴ったものである。きみという6歳の少女は、20人の幼児のうち最年長であり、「笑まひひくづれて」、露子の「胸ふかう頭うちよする可愛き児」であった。露子は、父を遠き戦場にとられた子供たちの身の上を思い、「あゝおきみちゃん、あすもまたそのあすも、かうやうにしてひたぶるに、父なる君の雲遠きかの野にしての、幸ある音づれをおん身らはたゞ待つとする身とや」と記した。

翌年4月には、中之島公会堂で慈善音楽会が開かれた。出征軍人幼児保育所の「経費供給」のためだった。露子は、公会堂の玄関わきに設けた売店室で、会員手作りの菓子などを売るバザーの係を担当した。露子には慣れない

仕事であったが、さぞ「つかれ給ひつらむ」と、友に優しき声をかけられながら、夕暮れて公会堂のあたりに「人かげ絶え」るころまで熱心に立ち働いた。そして彼女は、公会堂の窓べにたたずんで川の流れに目を注ぐ友の姿を、「けふ一日の俤(おもかげ)と共にかのみ戦の野べの人の涙にあまる憂にしておもひゐたまふ」「美しき君」としたためた。

　一方、女性記者管野スガには、日露開戦直後に綴った厭戦の作品「日本魂(やまとだましい)」がある。病父と幼い妹を残して出征する若者の、別れの場面を痛切な心情をもって描いた作品である。翌年には「若葉の露」を執筆し、「過ぐる日天神橋筋にて、騎馬せる一人の兵士が、人好げなる若者を蹄(ひづめ)にかけて倒しながら、只振り返りて一目見しのみ、平然として行き過ぎたるを見受けぬ、噫(ああ)、彼れ何たる無礼漢ぞや」と記し、戦時下の「軍人崇拝熱」を批判し、「傲慢不遜(ごうまんふそん)、醜汚卑劣なる行動」のないよう戒めた。

黒煙朦朧たる都

　1906年（明治39）2月、管野スガは大阪で乗船し、紀州田辺に向かった。江戸時代に、紀州藩付家老安藤家3万8千石の城下町だった田辺は、自然と史跡の美しい静かな町だった。この田辺の町に鉄道がついたのは、昭和の初めのことであり、それまでは海上航路が中心だった。

　管野が田辺に向かったのは、同地で発行されていた『牟婁(むろ)新報』の編集責任者として来てほしいという、急な依頼を引き受けたからであった。『牟婁新報』の社長毛利柴庵(さいあん)（清雅）は、前年夏以降、2件の官吏侮辱罪に問われていて、入獄は免れえない状況になっていた。不在中の新聞編集を任せられる有能な人材を必要としていた毛利は、前年から同紙に寄稿していた管野スガに頼み込んだ。管野は、「是非にとの仰せもだし難く」、その窮状を救うために編集と発行を引き受けることにした。毛利は、「僕の事業を助けんが為めに」、「其順境を去つて態(わざわ)ざ紀州に於ける此逆境に投じ」てくれたと、『牟婁新報』紙上に管野への感謝の気持ちを記している。

　2月2日の夕刻、乗船した管野は、見送りに来てくれた親しい知人にハンカチを振ってしばしの別れを告げた。陸に立つ人の姿が見えなくなったころ、

彼女は築港の景色を眺めようとデッキの上を歩いていた。すると、ほかの船とすれちがうたびに、「ハイカラ」という叫び声が彼女の方に飛んでくる。束髪で袴姿の彼女を見て、口々に叫んでいるのであった。

大阪出帆時の感想は、『牟婁新報』の２月９日付に掲載された「見聞感録（一）」に、次のように記されている。

　　女学生問題のかまびすしき此頃、ハイカラとか、廂髪とか、式部とかは、若き進歩的の女子に対する、一種の侮蔑語と成れるが如し。何をかハイカラといふ、何をか式部といふ。
　　文金の高髷に振袖を捨て、軽便なる束髪に挙止自由なる袴を穿つ。これ畢竟、時勢の要求にあらずして何ぞや。
　　只近年女子教育が、長足の進歩をなせる結果、兎もすれば人の陥り易き弱点なる、殊に心狭き婦人の、生嚙り学問せる者などに、有り勝の高慢なる態度が、世人をして一概に、女学生とはただ生意気なる者との念を、強くつよく感ぜしめたるに外ならず。
　　されどこは、積年の安眠を破り、拘束を脱して活動の舞台に出づる婦人の、先づ必ず一度は過ぎらざるを得ぬ、則ち教育の過度時代に免る可らざる批難の一関門に過ぎざる可し。只外形のみをハイカラと言ひ生意気と言ふ可んば、チヨン髷を切りて帽子を戴き洋服を着る男子は悉く生意気にして、又悉くハイカラにあらずや。
　　されば妾は、今少しく文明の空気の行き渡ると共に、此侮蔑語の消滅することを信ずる者なれば、敢てさる無礼を咎むるの念も無く、さしもの川口狭き帆柱の林立せるを見て今更に、軈ては東洋第一の商業地と成る可き黒煙朦朧たる百万の都を見返りつ。

管野は、自らに浴びせられた揶揄の言葉をいとぐちにして、ようやく女子の中等および高等教育に光があてられつつあった社会と世相に目を向けていた。それを時代の流れのうちに的確にとらえたのが上の記事であり、海から振り返った彼女の視界には、帆柱林立する築港の風景とともに、「黒煙朦朧たる百万の都」、産業革命達成期の工業都市大阪が広がっていた。

新しい女性の先駆

『牟婁新報』紙上で、女性の人権擁護の論陣を張った管野スガが、再び乗船し大阪にもどったのは5月下旬であった。短い期間ではあったが、小さな城下町に、管野を慕う女性のファンが増えた。上京後、『毎日電報』の記者となった管野は、霜焼けの手で奉公する少女「お縫さん」の身の上や、「理想郷」などを掲載した。

1907年（明治40）7月、管野はキリスト教婦人矯風会大会に出席し、ガントレット恒子や林歌子ら矯風会の幹部と食事をともにした。『毎日電報』同年7月12日付の彼女の署名入り記事は、この時の様子を綴ったものである。その3年半後の1911年1月に、でっち上げられた大逆事件の犠牲となって、管野スガは絞首台に送られた。

29歳の若さでこの世を去った管野スガの最期に立ち会った飯坂よし子は、津藩士の娘で教養ある女性だった。10年余り後に、東京監獄女監取締部長を退職した飯坂は、管野スガについて、「私はこれまでに一度しか見たことのない立派な女性でした」「あれだけの知恵と才と、品とを持っていながら」「いくら惜しんでも惜しみ足りない人でした」と、『婦女新聞』の記者に語った。真摯に生きた管野スガの来し方は、まさしく飯坂よし子の回想そのものであった（拙稿「大逆事件から100年——人間性豊かだった管野スガ」『毎日新聞』2010年2月2日付夕刊）。

一方、石上露子は、日露戦争後に浪華婦人会の学校経営に力を注ぎ、女性の自我と自立を説いた。1907年の家政塾の卒業式には、卒業する十代の女性を前にして、「あきらめてゆくも、あきらめでゆくも、何れは女性にて候ふ、世に呪はれたる弱きものに候ふ」「されどあくまで自己を忘れず奮進したまふべきに候ふ、自己は生命なり、自己を没したる人は生存するも無意義也、人の妻となり、人の母となるのみが婦人の天職にても候ふまじくや」と、幹事総代としての祝辞を述べている。この年彼女は、日刊『平民新聞』を購読し、土地復権同志会に加入した。大地主のあと継ぎ娘の露子が、土地均分を主張する団体に加入したのである。露子には、名家の娘としての高い誇りはあったが、新思想に触れ自我に目覚めた彼女の胸には、搾取者としての罪の

意識が宿っていた。そこには、のちの白樺派に通じる精神的営みがみられるのである。

　まもなく露子は、婿養子を迎えて旧家の跡を継いだ。出産時は、大阪船場今橋の緒方医院に入院し、その前後の一定期間は付添看護婦が雇われた。露子は、緒方医院の『助産之栞』に執筆もし、与謝野晶子らとの交流を続け、『心の花』『青鞜』『早稲田文学』第二次『明星』などを購読し続けたが、子育てと家政の切り盛りに忙しかった時期には、若い時のような創作活動も社会的活動もできなくなった。長男が京大に進み、次男が三高に進んだ1931年（昭和６）に、『明星』の後身『冬柏』の同人となり、作歌活動を再開したのであった（拙稿「石上露子――『作られた薄幸の麗人』　主体性持った近代女性」『読売新聞』1998年６月28日付夕刊）。　　　　　　　　　　　　　（大谷　渡）

　　＊本章は『管野スガと石上露子』（大谷渡著、1989年、東方出版刊）と『石上露子全集』（大谷渡編、1998年、東方出版刊）をもとに、その後の研究成果を加え執筆した。２人について詳しくは、前２著を参照されたい。

第1章　悲しみと希望

　大阪紡績の大火

　1892年（明治25）12月20日午前3時半、大阪府西成郡三軒家村（現・大阪市大正区）の大阪紡績会社第2号工場から出火し、同社第1号工場と木津川対岸今木新田の人家34戸を延焼した。同夜は北西の風強く、黒煙みなぎり、窓は火炎を吐き、すさまじい火勢であった。

　猛火がようやく鎮まったのは、朝の8時であった。足の踏み場もない第2号工場の焼け跡では、遺体の収容が始まり、午後3時頃までに88人の遺体が掘り出された。いずれも焦げただれ、臭気が鼻を突き、男女の別さえわからなかった。安否を気遣って駆けつけた家族は、わが子や姉妹が行方不明と知らされて狂気のごとく愁嘆し、見るに忍びない惨状を呈した。

　出火時に、夜業に就いていた1200人余りのうち、第2号工場の2階と3階には、420人余の職工がいた。そのほとんどは、十代、二十代の女工であった。20日の午後2時までに、姓名が判明した焼死者は72人、このうちで最も若かったのは、南堀江4丁目の井上ひろ、数え11歳だった。72人のうち、63人は、高津町・木津村・九条村・難波村など、近在から通っていた。

　20日に続いて、翌21日の午後2時頃までに、さらに12人の遺体が掘り出され、前日と合わせて100人の遺体が収容されたが、なお30人の行方がわからなかった。くまなく捜索されたが、新たに遺体は見つからなかった。骨さえとどめず灰となったと考えざるをえなかった。収容された死体には、手や足が無くなっているものも多かった。中には、背骨のみで1人と数えた場合もあった。

　翌21日までに遺体が引き取られたのは、100人の焼死者のうち6人に過ぎなかった。この6人は、段ばしごの下に折り重なった多数の死体の最下層から収容され、衣服が焼け残っていたことから、誰であるかが特定できた。黒

大阪紡績第2号工場上棟式（1885年6月15日、日本紡績協会所蔵）

焦げになった何十人もの死体を前にして、ほとんどの親族は、身内の遺体を引き取ろうにも引き取れなかった。大阪紡績の事務所・警察署・役場は、苦情を訴える焼死者の親族で混雑をきわめた。

　出火原因は、第2号工場2階に設置されていた紡績機械運転用発動機に掛けられた帯紐1本が切れたことによるものだった。帯紐は木綿糸を組んで作られていた。切れた紐が機械に挟まり摩擦熱が生じて発火し、それが油を吸った綿くずに燃え付き、さらに紡績原料の綿に伝わり瞬く間に工場一面が火となったという。

　3階の2か所の昇降口のうち1か所には、瞬時に火が燃え上がり、他の1か所に女工たちが殺到した。だが、昇降口の2枚戸の1枚は施錠されていた。現場の監督者である男性技師は、鍵を別の場所に置いていて、取りに行く暇もなかった。鍵を携帯せずに多くの死者を出したとして、当夜の監督者が過失罪で起訴されたが、翌年2月に証拠不十分で無罪となった。

　3階の男工は、第1号工場の屋根に飛び降りて助かった者が多かった。2階の女工は、一時に段ばしごへ押し掛け、転倒して踏みつけられる者、折り重なって階下に落下する者が生じ、混乱をきわめる中で火に包まれた。女工の中には、ようやく逃れながら、着物を忘れたことに気付いて再び工場に入

り、焼死した者もあったという。

　焼死者の遺体は、棺に納めて三軒家村の墓所に集められ、21日午後に一心寺ほか数か寺の僧の読経で仮埋葬された。その後20日間は、親族の求めに応じて身元確認のできる期間とされた。大阪市4区役所及び東成・西成両郡役所から証明書を交付された遺族には、大阪紡績会社から焼死者1人につき15円の弔慰金が支払われた。翌年1月には、大阪神宮本部が焼死者95人の弔慰祭を難波一方亭で執行する準備を進めた。

　焼失した第2号工場は、1886年（明治19）建築のレンガ造り3階建て、第1号工場は1883年（明治16）建築のレンガ造り平屋であった。第2号工場には、2万2000錘、第1号工場には1万7000錘の精紡機が設置されていた。焼失面積は、約4300平方メートル、資本金額120万円に対し損害は30万円であった。

　第1号、第2号両工場が焼失したものの、大阪紡績会社にとっては、新しいリング機械2万3000錘を据え付けた第3号工場が火災を免れたことは重要であった。かねてからの積立金50万円があり、古い機械の工場焼失を機に、同社は一気に新式機械装備の工場建設を打ち出した。

火災後の経営方針

　大阪紡績の創始者の1人で、当時相談役だった渋沢栄一は、火災後間もなく重役たちに意見書を送った。年明けの1月下旬には、京都織物会社株主総会開催に合わせて東京を発ち、2月初めに松本重太郎ら大阪紡績の重役たちと火災後の方針を定めた。

　新設する機械は2万4000錘、このうち1万6000錘は二十手以上六十手（「手」は糸の太さを表わす単位「番手」のこと）までの細糸精紡機とし、十四手以上二十手までの太糸精紡機は8000錘のみとされた。この方針は、2月中旬に開かれた船場平野町（ひらのまち）の料亭堺卯樓（さかう）における臨時株主総会で承認された。

　1890年（明治23）から翌年にかけての深刻な不況を脱した紡績業界は、当時、会社・工場の新設と増錘ブームに沸いていた。ただし、新設・増設される工場の多くは、十四手以上二十手までの太糸製出を目的とする設備であっ

第1章　悲しみと希望　25

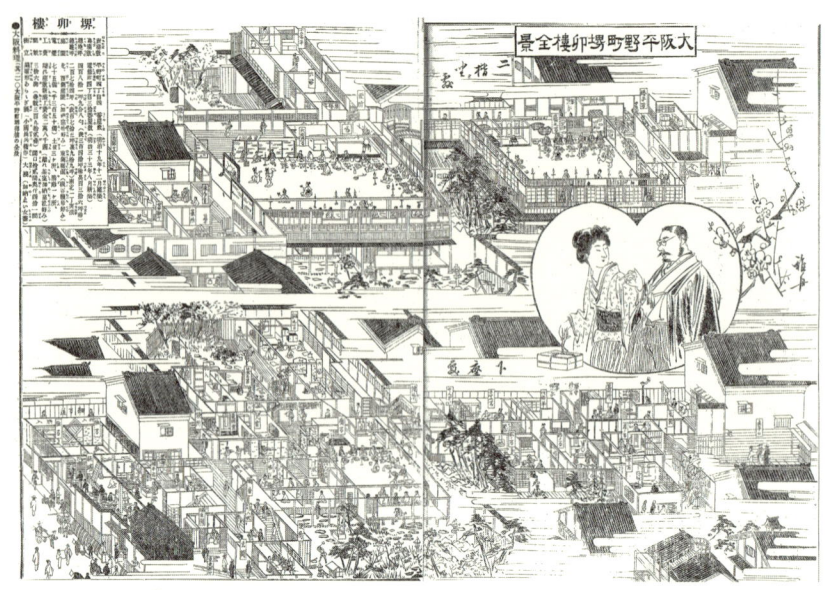

堺卯樓（『大阪経済雑誌』第9年第13号、1901年3月、関西大学図書館所蔵）

た。太糸生産において、ようやく輸入防遏段階に入った紡績業界ではあったが、増錘による生産増加は国内需要における製品のだぶつきを呼び、深刻な不況が再来するのではないかとの心配が大きかった。一方、海外市場、すなわち中国・朝鮮市場への進出は、明治20年代半ばには、まだまだ夢と希望の中にあった。

　大阪紡績会社の幹部たちは、太糸紡績を中心とした増錘ブームの中にあって、国内市場への供給が需要を大きく上回った時のリスクを懸念していた。太糸精紡機の設置を抑え、他の紡績会社との競争圏内から大きく脱することが得策と判断したのである。大火による太糸機械の大量焼失は、同社の主たる生産を細糸へと転換する絶好の機会を提供した。

　当時、日本の年間綿糸輸入額は五百八十万円に及び、そのうちの四百万円は細糸で占められていた。綿糸の輸入防遏を達成するためには、細糸生産設備の充実こそが課題であった。日本における最初の大規模紡績会社として、渋沢栄一らによって創設された大阪紡績会社は、外国綿糸の輸入防遏を創業

の大きな目的としていた。道半ばにあった輸入防遏の目的達成のためにも、同社の創業目的からしても、細糸生産の拡大は不可欠であった。5月中旬には、焼け跡に新工場のレンガ壁が現れた。鉄柱を用いた平屋建てで、棟上げの準備が進められ、9月の操業を目指していた。

　ところで、渋沢が東京を発った1月下旬に、大阪細糸紡績会社と日本紡績会社の発起人会が西長堀岸松館と平野町堺卯樓においてそれぞれ開催された。5月の大阪細糸紡績臨時株主総会では、資本金60万円のうち20万円を減じて、細糸紡績と金巾製織兼業について協議された。金巾は堅くよった綿糸で目を堅く細かく薄地に織った綿布をいう。国内市場における金巾は、輸入製品によって制圧されていた。細糸の生産、さらに進んで金巾の生産と輸入防遏は、産業革命進行期における日本の繊維産業の目標であった。大阪細糸紡績では、渡英してマンチェスターで長く紡績事業を研究してきた熊谷教成を技師として入社させ、熊谷の指導者フリマンテルをイギリスから顧問として招く計画が立てられた。9月下旬、大阪細糸紡績は明治紡績と改称し、同社の工場は西成郡中津村（現・北区）に建設された。イギリスに派遣された同社の熊谷技師と杉原取締役は、10月に紡績機械と蒸気機関を購入し、ただちに便船で日本に送った。紡績機械7000錘、織機112台の3連成の蒸気機関を購入したという。

　一方、日本紡績会社は、9月下旬に中之島銀水樓において重役会議を開き、機械購入及び工場建築の重要事項を協議した。細糸紡績機械4万錘は、三井物産会社を通してイギリスのブラット社から購入することに決定した。購入機械は翌年2月中に神戸に到着する契約であった。新式機械を装備した細糸紡績事業を進めるには、新しい技術と知識が必要であり、同社の技師岡実康のイギリスへの派遣が決定された。同社の瓦斯糸工場は、西成郡下福島村（現・福島区）に建設された。瓦斯糸は、木綿糸の表面の散毛繊維をガスの炎で焼き、表面を滑らかにして光沢を出したものをいう。

　近代工業の発達、技術の進歩とともに、細糸でしっかりと織ったしなやかな布が、太糸で織ったごわごわした綿布を駆逐し、良質のしなやかな布を使った衣服がしだいに市場を制圧していく。明治20年代に入ると、細糸の輸

入は年々増加した。本格的資本主義形成期に入った日本紡績業の関門の1つが、細糸精紡機への工場設備の転換と細糸増産であった。1893年初めに、大阪紡績会社と東京鐘淵紡績会社が相次いで細糸精紡機の新設を打ち出し、大阪細糸紡績会社と日本紡績会社が創業したのは、近代工業形成期における日本紡績業の当時の生産段階をみごとに映し出したものだったといえる。

景気回復と増錘問題

　1890年（明治23）末には、国内の綿糸紡績会社の製品がほとんどはけなくなり、販売が著しく渋滞して、各社の経営は困難をきわめた。不況を乗り越えるために、錘数を減じ、あるいは夜業を廃し、休日を増やそうと考えた会社もあった。だが、きびしい苦況は短期のうちに脱し、1891年中に設備投資が好転した。90年末には、全国の錘数が37万程度であったものが、92年初めには40万錘を超える状況となり、なお投資熱は高まりつつあった。

　大阪の紡績会社の株価は軒並みに上がり、平野紡績の配当金は4割を超え、浪華紡績は1株につき5円66銭の騰貴、摂津紡績なども同様の高い利益を上げていた。大阪市内の豪商紳士と呼ばれる者に、紡績株を持たない者はないといわれるような好況を迎えたのが、1892年1月であった。

　3月になると、事業拡張熱はさらに高まった。摂津紡績・天満紡績などで増錘計画の協議が始まり、起業に至らず立ち消えになっていた今宮紡績の再興の話さえ持ち上がった。この状況に対し、大阪商業会議所では、わずか数か月の好景気をもって増錘を図るのでは、またもや供給過多に陥る恐れがあるとの観点から、十分な調査の実施を決定した。

　同月末には、大阪紡績・浪華紡績・摂津紡績・天満紡績・堂島紡績・泉州紡績・平野紡績・金巾製織・尼崎紡績の技師と役員が平野町堺卯樓に集まり、工場増設・増錘・新設会社に関する協議会を開いた。大阪商業会議所の調査方針も決まっていたことから、特別に議案を編成することなく、意見交換に重点が置かれた。協議の結果、一昨年来の不景気によって紡績業者が大いに衰弱した経験を踏まえて慎重を期すこととし、各社が便宜上増錘、または工場増設等を図ることはともかくとして、新会社を創立するようなことは得策

ではないとの情勢判断が確認された。市場の実況を調査し、需要と供給の標準を立てた上で、漸次拡張を図ろうというのであった。

ちょうど同時期に、各府県知事への紡績事業に関する農商務大臣の訓令があり、大阪府では4月初めに、大阪紡績ほか9会社の社長と会社創立出願中の伝法紡績の発起人を招集し、工場増設・増錘について諭告した。知事に代わって書記官による訓令内容の伝達があり、次いで農商務掛による詳細説明が行われた。諭告の内容は、軽々に事業を拡張して再び惨状に陥れば、同業者の困難のみならず、一般経済上にも影響があるから十分注意すべしとのことであった。

これに対し、天満紡績の社長からは、目下使用中の機械は斜針のみなので不便であり、この度竪針機械を増置しようとする計画は、早晩行わなければならないことだから、軽挙による増錘ではないとの訴えがあった。さらに、泉州紡績の社長は、最近実施した増錘は、地方の人口に応じた措置であり、需要の増加に伴う適切な増錘であると述べた上で、むしろ同業のために望むのは政府が綿花輸入と綿糸輸出の関税を廃止することであると訴えた。両関税廃止によって海外への輸出が伸びれば、国内の需要枠にとらわれないので、どれほど生産量が増えようとも供給過多で経営困難に陥ることはない、むしろそれは国利増進につながるというのであった。結局、当日の集まりでは、諭告の内容は農商務大臣の老婆心から出たものとの見解が示されつつも、景気動向には十分注意を払うことが確認され散会となった。

4か月後の1892年夏には、著しい紡績事業好況の追い風を受け、注意の上に注意を加えるといった確認などは、すっかり忘れ去られた状況になっていた。天満紡績・摂津紡績・泉州紡績・伝法紡績・平野紡績・金巾製織・浪華紡績の各社は、軒並みに1万数千錘から数千錘規模での増錘を計画し、実行に移しつつあった。7月に株主総会を開いた平野紡績会社は、1万5千錘の増錘、機械・機鑵・諸建造物の増設を決定していた。9月には、今宮紡績会社の株主総会が開かれ、10月に朝日紡績と改称し、西成郡今宮村大字岸の6700坪の敷地を登記して工場の建設に着手した。機械は、三井物産・神戸ルカス商会・神戸リーネル商会のいずれかを通して購入する計画であった。

この年下半期には、各紡績会社の増錘を受けて、紡績機械の売り込み競争も激しくなっていた。天満紡績も1万5千錘規模の増錘を計画し、英国ドブソン社の紡績機を注文することにした。

綿花輸入・綿糸輸出免税請願

日本の産業革命の先頭を走った紡績業界は、1890年代に入ると、綿花輸入税及び綿糸輸出税の廃止を求める請願に取り組み、綿花輸入・綿糸輸出の自由化を強く要望するようになっていた。帝国議会が開設された1890年（明治23）11月に、大日本綿糸紡績同業聯合会は臨時総会を開催して、綿花輸入税と綿糸輸出税免除の請願を決議した。翌91年11月にも大阪商業会議所内で開かれた総会において同様の決議がなされた。

同聯合会が貴衆両院に請願書を提出したあとの1892年2月、大蔵省から聯合会に対し、内外綿花及び紡績糸についての数項目の質問があった。聯合会は、答申書を提出するとともに、3月の大集会を経て各地での調査を実施し、議会への免税案上程を図ったが、6月の議会閉会により議事日程に上った議案は流れていた。

この年10月には、東京の自由党本部から大阪の同党党員に対し、綿花自由輸入、綿糸自由輸出についての調査が指示された。同党員は、伏見町の綿糸紡績同業聯合会事務所に調査を依頼し、同月下旬に調査書が作成された。それによると、外国産棉の輸入が増加したからといって、紡績製造が増加するはずもなく、紡績製造の増加がおのずから外国棉の輸入を増加させる。この場合、十六手以下の太糸を紡ぐのであれば、日本棉及び中国棉で十分だが、それ以上の細糸を製するには、インド棉及び米国棉を用いなければならない。細糸による製織は時代の趨勢であり、紡績会社も新規機械購入には細糸に適するものを選び、細糸製出は年を追って増加する。インド及び米国産棉の輸入の増減が、細糸製出に適さない日本棉の需要に、大きな影響を及ぼすことはない。一方、太糸製出に使われる日本棉と中国棉とでは、日本産棉が勝るが故に中国産棉に圧せられる心配はない。日本紡績業発展のためには、細糸製出に適したインド産及び米国産の良質綿花の価格を抑える必要があり、そ

のためには関税を廃止し自由化を図らねばならないというのであった。

　輸出綿糸については、この時点での生産状況から見れば、未だ予想の範囲とはいえ、輸出対象国として中国・朝鮮・ロシアが考えられていた。朝鮮及びロシアについては、確たる目途は立たないが、中国については販路開拓に十分望みがあり、日本綿糸の輸出先として有望だというのであった。中国のインド綿糸輸入高は年々大きく増加していて、その需要の大きさは驚くべき状況だった。中国の人口は非常に多く、将来にわたって需要はますます増加するから、日本紡績業の将来はこの市場に食い込むことによって発展を図らなければならない。だが、今日のように綿花に輸入税があり、綿糸に輸出税がある状況では、中国市場において、英国インド綿糸と到底競争できるはずもない。日本の紡績製品の販路がもっぱら国内にかぎられ、外国に販売したことなしというのが現状であり、ここを打破しなければ日本紡績業の将来はないというのであった。

　綿花輸入綿糸輸出自由化の可否に関する調査報告書は、11月下旬に完成し、幹事の菊池侃二ほか2名が同月26日に自由党本部に報告した。菊池侃二は、1877年（明治10）に代言人免許試験に合格し、弁護士資格を取得した。明治10年代には自由民権運動に加わり、1887年（明治20）の大同団結運動にも参加した。第1回衆議院議員総選挙に大阪府第五区から出馬して代議士となり、1898年（明治31）に大阪府知事となった。

　大阪商業会議所における大日本綿糸紡績同業聯合会の1893年4月の総会では、91年11月から93年2月までの輸入綿花輸出綿糸免税請願に係る運動状況が各請願委員から報告された。この委員には、金巾製織・三池紡績・倉敷紡績・三重紡績・東京紡績・岡山紡績・鐘淵紡績から選出されていた。

　1892年から93年にかけて、各地の紡績会社は、かつてない好況の風を受けて、次々と増錘を決定していた。増錘決定数は約38万錘、すでに稼働している錘数と合わせると80万錘に達し、さらに工場増加の動きがみられた。増錘によって増加した製品は、国内で需要できるはずがないから、中国または朝鮮への輸出に活路を開くほかなかった。上海における紡績糸の相場は、日本国内とほとんどかわらなかったから、中国市場への進出のためには、綿花輸

入税と綿糸輸出税の廃止が不可欠だった。

綿糸輸出への動き

　大阪紡績会社は、1890年前後に上海の日本人商店に製品見本を送り、中国市場への進出機会をうかがうための調査を進めた。92年までは思わしい結果は得られなかったが、93年4月に3梱(こり)の製品見本を上海に送ったところ、同地の半田商店から、目下中国では一般に紡績糸が不足する状況にあり、この機に乗じて販路を開くべしとの報が寄せられ、十二手以上十六手までのもの、すなわち太糸を送ってほしいとの依頼があった。

　これを受けて、大阪紡績会社は5月10日の十日会、すなわち紡績同業者の会合において、上海への各社連合による輸出を提案した。協議の結果は、連合輸出に二の足を踏む会社が多く、結局堂島紡績所だけが加わることになった。大阪紡績会社は300から400梱、堂島紡績所は50から60梱を上海に送る準備を進めた。

　摂津紡績会社は、93年5月の大阪紡績会社による連合輸出提案には加わらなかったが、その後独自に中国市場への綿糸の試売に着手した。同社の製品はすこぶる好評を得て、その後続々と注文が寄せられたという。1894年（明治27）5月、同社は綿糸輸出関税免除法案が帝国議会を通過したのを受けて、輸出態勢の整備を進めた。6月1日の積み出しは、十六手の紡績糸84円50銭替えで100梱の契約であった。同社は、神戸のテレジング商会を通して洋糸荷造り器械を購入し、すでに据え付けを終えていた。

　綿糸輸出関税免除法は、1894年5月26日に公布され、7月1日に施行された。日本紡績同業聯合会は、6月12日に大阪商業会議所において臨時総会を開き、中国市場への輸出進展を図るための連合会規約の改正を行った。綿糸輸出関税免除法の成立によって、いよいよ輸出に向けての好機が到来したとはいえ、これに乗じて各社競争のうちに粗製乱売に陥るようなことになれば、輸出進展が大きく阻害される恐れがあった。規約の改正には、これに歯止めをかけるねらいがあった。

　当日可決された規約改正案第49条は、海外へ輸出する綛糸(かせいと)は品質を精良に

して不同のないものとし、一玉は10ポンド、荷造りは40玉入り1俵と20玉入り1俵の2種に限り、商標を付し日本紡績同業聯合会が交付する中札を1俵につき1枚付することと定めた。この規約を確実にする目的をもって、第50条では輸出綿糸の検査及び違反製品の輸出差し止めに関する規定を設けた。品質検査と違反製品輸出差し止めの権限は、同業聯合会の委員またはその指名者に与えられ、輸出製品の持ち主はこれを拒むことを得ずと定められた。そして、第51条では、50条に違反した場合の制裁規定が設けられ、違反事実を10紙以下の内外新聞紙上に5回以内の広告記事を掲載し、その広告料は違反者の負担とした。

　7月1日の綿糸輸出関税免除法の施行を目前に控えて、各紡績会社は輸出計画を進めつつあった。前年から輸出に向けての準備を進めていた摂津紡績会社は、免税実施日を期して上海への積み出しを行うべく、6月中に神戸7番コンス商館へ2度にわたって300斤入り600梱をすでに売り込んでいた。同社の神戸受け渡し値段は、国内販売価格よりも高く、輸出による利益は大きかった。

　輸出錦糸の海関税の免除が実施されて半月後の7月16日に、日英通商航海条約が調印されて領事裁判権の廃止と関税自主権の一部回復が実現した。同月25日には、日本艦隊が豊島沖で清国艦隊を攻撃し、次いで陸軍部隊が朝鮮の成歓、牙山を占領し、8月1日に宣戦布告して日清戦争が始まった。

　紡績同業聯合会は、戦争勃発による全国紡績事業の前途に憂慮するところありとの事情を大蔵大臣に具申することを決定し、8月19日に浪華紡績の社長俣野景孝と天満紡績の社長野田吉兵衛を委員として上京させた。戦争による影響は金融逼迫（ひっぱく）のかたちで現れ、株価下落と商業不振を招く状況がみられた。新設事業の中には、株金払い込みが進まず、起業途中でいったん中断せざるをえないものも多かった。

　ただし、既設会社のうちでも、多数の職工を抱えた紡績事業の生産には支障がなく、燐寸製造業も不景気のために休業に至るようなことはなかった。開戦後も、紡績製品や燐寸の輸出がただちには杜絶（とぜつ）することなく、影響なきようにみられた。当時日本の海外取引に占める清国商人の比重は大きかった

が、開戦によってその関係が絶たれ、西洋商人との取引が大きくなった。

　7月1日から輸出綿糸の海関税が免除されたことにより、紡績糸の中国への輸出は著しく増加した。平野紡績会社だけでも、7月中の中国への輸出綿糸は2千梱を超えた。だが、8月下旬になると、清国政府による日本綿糸への臨時課税の決定があり、同月28日には三井物産上海支店から同社大阪支店に電報があり、臨時課税につき今後紡績糸の輸入を見合わせるとの連絡が入った。同社大阪支店は、中国市場進出を目指す大阪の各紡績会社に対して、当店から通知するまではともかく輸出を見合わせるのがよいとの注意を伝えた。同年下半期は、戦争の影響を受けて清国への綿糸輸出が困難となったことや、原料綿花買入損益などにより、前年までの紡績業の発達にブレーキがかかった。

日清戦争後の景況

　1895年（明治28）4月に、日清講和条約が調印された。同条約において、沙市・重慶・蘇州・杭州の開市と、開市・開港地における製造業従事権が承認された。戦勝の結果、日本は、中国の開市・開港地に工場を建設する権利を得たのである。

　ただ、この時期における日本紡績業の実力は、生産・資本・設備・技術のいずれにおいても貧弱であり、海外に資本を投下し工場を建設できる段階にはまだ達していなかった。中国市場への紡績糸の輸出がようやく始まったばかりという状況が、日本紡績業の現実だった。

　条約調印4か月余り後の9月初め、大阪の同業聯合各紡績会社は、堺の朝日館で協議会を開き、馬関条約すなわち下関条約後の中国における工場建設の可否、および現地への調査委員の派遣について話し合った。それによると、同条約による開市にいち早く着目したのは欧米人であり、欧米資本による紡績工場設置計画が続々と立てられ、うち5工場はすでに起業に着手していた。日本紡績業も工場建設を試みるならば、この5工場はただちに競争相手となるが、果たして日本の紡績資本が外国資本に対抗できるのか。工場設置が可能な居留地の土地所有権は、たいていが外国人の手に渡っている状況下に

あって、工場設置に適する地所を入手できるのか。中国で中国人を使用して生産した場合、日本人労働力による国内生産よりも利点があるといえるのか。いずれも考慮を要する重要事項であり、ただちに日本の紡績会社が中国に紡績工場を起こすには、種々困難な事情があって不可能というのが大方の見方であった。そこで、まずは外国起業者の中国での工場設立状況を調査するために、調査委員を派遣することにした。

調査委員は、上海における紡績事業の視察にしぼって派遣された。ところが、折悪しく上海では渡航の際の9月にコレラが流行していて、居留地だけでも600人以上の患者が出ていた。そのため、十分な調査が出来ず、概略の報告にとどまったが、よほど大きな保護がなければ彼の地に工場を設けることは困難とのことであった。これまでの居留地区域はもちろんのこと、将来拡張されるべき区域の候補地もすでに外国人の手にあり、たまたま残った地所はあまりの高値で買えるはずもなかった。

諸外国は、居留民保護のために義勇兵を組織し、自国の軍艦を出入りさせていた。日本人居留地には、三井物産会社のほか1、2の会社が営業するのみだった。上海に紡績工場を設置するには、少なくとも数百万円の資本金を備え、数万錘の精紡機械を据え付けた大工場を設けなければならないが、日本人居留地の現状からみれば、とても安心しては投資ができないというのであった。居留地の保護は、貿易上の一大問題との認識が示されていた。

さまざまな困難を抱える状況下にあっても、日本紡績業の中心地たる大阪の紡績業者には、開放主義を抱持して外国に当たり、ますます進取して業務の拡張を図るべしとの強い意見があった。彼の地に工場を設立し、ますます紡績工業の盛大を期し、日本の富源を開いて東洋の商権を掌握することを企図するというのであった。そのためにも、日本人居留地の保護を十全たるよう、政府と帝国議会への請願が必要とされた。

ところで、日清戦争の終結は、同年下半期から、「紡績事業いよいよ膨張せん」との勢いをもたらした。三井物産会社大阪支店を経て英国に注文した紡績機械の数は、6万2788錘であった。同時期に自動消火器、すなわちオートマチックス・スプリンクラーを英国に注文した会社は、摂津紡績、金巾製

第1章　悲しみと希望　35

織など大阪の紡績会社を含む全国11会社であった。

　10月には、日本紡績会社が瓦斯糸製造を目的として西成郡上福島村に工場を新築し、三連成精紡機を設置した。昭和紡績は細番手綿糸の製造を目的として増資に着手し、野田紡績は、精紡機7000錘を増加するため、三井物産会社を通して機械の購入を進めた。紡績事業の進展は、太糸綿糸の輸入を抑えたが、瓦斯糸の輸入は年々増加していて、細糸綿糸輸入を減ずることは依然日本紡績業界の課題であった。

　翌1896年（明治29）になると、紡績業の利益は一層増大する好況を示したものの、急速な発展の背後にはさまざまな問題を抱えていた。工場生産面において見ても、英国著名のドブソンバーローのドブソン社長は、インドおよび中国の紡績事業の視察を終えて神戸に着し、大阪の紡績会社を視察して、工場整理の不十分を指摘していた。

　すなわち、紡績会社の急増と職工不足の中で、手工を減じ労働を省略しているため、屑綿や落綿が多いというのであった。職工に技芸の修養を与えるならば、雇用者と被雇用者の双方に大きな利益をもたらすだろうと述べている。また、繊維の長短を均一にする打綿機械に精良なものが見られず、良い機械を備えるか否かは会社の損益に関わることと指摘していた。その上で、ドブソンは、中国は日本紡績業にとって、国内の供給過多を吸収して余りある好市場であると語っていた。

職工の争奪

　紡績会社の増加は、既設会社からの職工引き抜きによる紛争を発生させた。摂津および和泉の紡績会社は、職工雇い入れに関する取り締まりを厳重にする目的で、東区伏見町に摂泉紡績同盟役場を置いていた。1892年（明治25）9月には、大阪紡績会社から浪華紡績会社へ職工が移った問題が同盟役場で取り上げられた。規約に基づき、同盟会社協議の上、両会社役員を同盟役場に呼んで紛争解決を図っている。

　翌1893年には、大阪紡績会社の職工を泉州紡績会社が誘引使役したとの問題が発生している。大阪紡績会社は、紡績聯合会事務所を通して泉州紡績会

社に対し100円の損害賠償金を要求したが、泉州紡績はこれに応じず、4月初めに紡績聯合会事務所宛に書面をもって脱会を伝えた。紡績聯合会事務所は、廃業するのでなければ脱会できないとの規約に基づき、脱会申出の書面を差し戻したという。このほか、大阪紡績会社と朝日紡績会社との間にも、職工誘引に関する係争が生じ、紡績会社同盟会の裁定事項となっていた。

1893年8月には、伊予紡績会社が浪華紡績会社の職工を引き抜いたとの問題が生じ、紡績会社同盟会は徹底的にその事実を追求した。同盟会が地方の小さな紡績会社を責め立てるのも、引き抜きを防止するための同盟規約を強固にするねらいからとの見方がなされていた。

既設紡績会社と新設会社との間の職工募集をめぐる紛争は、ますます増加する傾向にあった。1894年には、朝日紡績会社が他の複数の紡績会社から職工の引き抜きを行い、紡績会社同盟会と対立する事件などが起きている。

大阪府は、こうした状況に対応し、94年4月に紡績場職工募集並紹介人取締規則を公布し、職工募集紹介人・募集方法・募集区域・募集人員等についての所轄警察所への届け出を義務付け、雇い入れまたは紹介にあたって騙詐（かたりいつわること）の言行を禁じた。そして、他人に雇われ中の者について、その雇い主との間で交わされている年季が未了の場合、親族または後見人の承諾書を所持した者でなければ、募集紹介または雇い入れをしてはならないと定めた。

この取締規則から見ると、他の工場から職工（多くは女工）を引き抜く場合、たくみに甘言を用い、いつわりを並べるケースが多かったことがうかがえる。さらには、雇い入れの際に親族または後見人に渡された前借金によって、女工が縛られていたことがうかがえ、同規則には引き抜きによって生じる雇い主の金銭的損害をも防止する意図が見て取れる。

大阪の紡績会社の職工募集は、この時期までは府内を中心に行われていた。1893年から94年にかけて大増築した平野紡績会社は、第1工場800余人、第2工場1400余人の女工を平野、八尾及びその近在から募集している。通勤可能なものは通勤させ、不可能なものは寄宿させた。94年10月には、天満紡績が400余人の女工を山口県から募集している。これは同時期に、大阪の紡績

業界がそうとう遠隔地からの女工募集に着手したことを示している。一方、他社からの引き抜き問題は、ますます深刻化した。

　94年9月には、明治紡績会社が他社の職工を雇い入れたことから、天満紡績会社ほか数社の職員が40人余りの手勢を集めて、中津村の明治紡績に押し寄せる事件が起きている。明治紡績の引き抜き事件の紛争が続く中で、11月には朝日紡績の職工取締が、天満織物工場に赴いて、引き抜かれた自社の職工の調査を行おうとしたことから、口論となり殴打事件に発展し、裁判沙汰となっている。大阪府は、同年12月に、職工の取り合いや、紹介人による不祥事への対応から、紡績場職工募集並紹介人取締規則を改正している。

　95年1月には、紡績同盟会が、摂津・朝日両紡績会社間の職工雇い入れ問題について裁定を行っており、2月にも職工雇い入れ紛議の仲裁があった。4月末には、中之島銀水樓に大阪府内および隣接地域の紡績会社代表二十数名が集まり、東京の鐘淵紡績会社が開設を予定している兵庫分工場への職工引き抜きに対する警戒および対策を話し合っている。9月には大阪紡績会社ほか1社と野田紡績会社の紛争、摂津紡績会社より朝日紡績会社に係る紛争、天満紡績会社から泉州紡績会社に係る紛争などについて、紡績同盟会の裁定があった。

　11月には、農商務省技師加藤末郎が大阪に5日間滞在し、平野紡績など各社の紡績事業を視察した。この時加藤技師は、至る所で「職工の欠乏を告げ、起業者は大に困難を感ずるものゝ如し」、職工は、「日夜劇務に疲労し、顔色憔悴の状あり」「之が救済の法を講ぜずして可ならんや」ともらし、今こそ紡績業者は、職工の継続的養成を怠るべきではないとも語っていた。

　翌96年1月には、摂津紡績から朝日紡績に対する職工引き抜きをめぐる紛争があり、2月には、紡績同盟会から、同会に加入していない鐘淵紡績への一層の警戒が呼びかけられた。そして、同盟会は6月に規約を改定し、他の会社から女工を引き抜いた場合、引き抜いた女工1名につき15円の補償金を相手会社に支払う義務を追加した。その矢先に、尼崎紡績会社の女工64人が夜陰に乗じて連れ出され、鐘淵紡績会社兵庫和田岬の同社分工場に引き抜かれるという事件が起こった。

大阪伏見町の大日本綿糸紡績同業聯合会は、別に中央綿糸紡績同業同盟会を組織して、職工使用に関する交渉を処理していたが、職工引き抜きの防止効果は薄かった。同年末までに鐘淵紡績に引き抜かれた女工は、尼崎紡績のほか、摂津紡績30余人、大阪紡績20余人、天満・浪華両紡績100余人など、合計300余人に及んだという。

　職工紹介人には、1人につき2円から4円の手数料が支払われていた。女工の引き抜きにあたって紹介人は、新設の兵庫分工場は、日給が3銭高く、休み時間に裁縫・習字・算盤の教授があり、食べ物と衣服がとても良いとの甘言を並べたてていたという。

雇用の実態

　1892年（明治25）6月の『大阪朝日新聞』は、駐日イギリス公使フレーザーが日本工業の現状を調査し本国に報告した内容が、「倫敦支那エキスプレス」に掲載されたとして、その概要を「内外紡績業の比較」の見出しで報じている。それによると、日本紡績業がマンチェスター及びボンベイ両地に勝るところは、就業時間が長いこと、給料が安いこと、市場が近接し内国用を主とすることであった。

　就業時間は昼夜にわたり、正味12時間、1日3度の食事時間の各1時間は就業時間外とされた。工場は1週6日開業し、賃金は男子が1日8ペンス以下4ペンス以上、女子は5ペンス半より2ペンスだった。1ペンスは2銭8厘だったから、女工の最も低い賃金は1日5銭6厘、最高で15銭4厘だった。なお、同報告書には、「支那北部に向かって綿糸を輸出する計画」があるようだが、「此国に於て他の綿糸と競争するは容易の業にあらざるべし」と記されていた。

　工場の増加によって、大阪市とその周辺地域に流入する労働者の数が増え、劣悪な居住空間が社会問題化しつつあった。貧民が集まる安宿が寄宿所となり、衛生上も風紀上も放置できない状況があって、同年10月に大阪府警察部保安課は職工寄宿所の取締法制定に乗り出した。

　好況期を迎えた1892年には、紡績・織物各会社の生産増加は、労働時間を

さらに延ばした。天満織物会社は、縦糸は浪華紡績、横糸は大阪紡績の製品を使用していた。同社の機織り女工156人の1日平均賃金は8銭だったが、同年秋には10銭に増加した。わずかの賃金増加は、ただでさえ長い就業時間をさらに延長したことによるものであった。

1893年9月、農商務省商工局は、職工調査に着手することにした。東京では同省商工局員、関西では地方官管轄下で実施することとした。調査事項は、賃金の額と支給方法、貯金または保険の方法および有無、疾病負傷罹災者に対する救済法の有無、欠勤日数の平均及び原因、教育法、衛生法、労働時間、徹夜業、勤務状況にたいする罰則など、多岐にわたっていた。10月に入ると、商工局第3課の仁礼課長が大阪の工場を視察した。『大阪朝日新聞』は、同課長の「職工保護説」を紹介し、「世に職工保護問題の出る蓋し数年を出でざるべし」、「都会の工場を見れば全く其趣を異にし」と述べた上で、次のように記している。

　六、七歳の小児を携へ来り、些少の仕事を為さしめて、一、二銭の賃金を貪るものあるが如き、其一端を知るに足らん。労働過度と云ふ一点に至りては、殆んど一体にて到底欧米労働者と日を同じうして論ず可らず。

職工に関する調査は、大阪府では内務部第5課商工掛が担当した。蒸気汽鑵は昼夜間断なく稼働し、年齢8、9歳からの幼年工が使用されていた。1896年（明治29）4月に公表された大阪私立衛生会の「職工調査報告」中の「職工年齢及労働時間調査報告」は、次のように記している。

　織物、燐寸、紡績等の各工場に於ては、悉く十一時間以上の作業を為し、最低位たる煉瓦工に於ても尚ほ平均九時間半の作業を為す。（中略）十歳未満のものが最も長時間の執務を為せるが如き、実に寒心せざらんとするも能はざるなり。

『大阪朝日新聞』同年4月3日付に掲載された「府下各種工場職工年齢及労働時間調査表」によると、紡績職工1万5446人のうち、女工が1万2655人、男工が2791人となっている。これを年齢別に見ると、女工では15～19歳が最も多くて4994人、12～14歳2293人、10～11歳480人、10歳未満135人と記され

ている。男工の12〜14歳は225人、10〜11歳が93人、10歳未満は36人となっていて、男工の場合20〜59歳が最も多くて1666人となっている。これらの職工の1日平均労働時間は、男女ともいずれの年齢においても、11時間または11時間強と記されている。

なお、紡績職工についての調査対象会社は、天満紡績・浪華紡績・朝日紡績・岸和田紡績・摂津紡績・平野紡績・桑原紡績・堺紡績・泉州紡績・大阪紡績・日本紡績・大阪毛糸・堺製糸・大阪撚糸の14社であった。

ところで、『大阪朝日新聞』1894年1月27日付欄外記事は、「ストライキ」「ストライキ余聞」の見出しで、26日夜業開始時に職工13人が検挙された天満紡績会社のストライキについて報じている。続いて同紙は、「同盟罷工余聞」（1月28日）、「同盟罷工の事」（1月30日）、「職工尚穏やかならず」（2月4日）、「同盟罷工伝染の模様」（2月6日）、「罷工」（2月6日）、「同盟罷工の処罰」（2月18日）といった記事を掲載して、天満紡績におけるストライキの顛末や紡績各社の対応などについて報じた。1月28日付記事は、「工業社会の悪弊として最も恐るべき同盟罷工こそ起りたれ」と記した上で、「二、三の些細なる原因」、すなわち例年の新年宴会で配られる15銭の賞与が廃止されたこと、新任の工務係補助の男性が容貌によって女工をえこひいきしていて、賃金の差や賞与の廃止もその工務係らの仕業であろうとの不満が引き金となったと報じている。「些細なる原因」が騒動に発展するような労働環境の中に、女工たちは置かれていたのである。

起訴された6人の男工のうち、4人に2か月の重禁固と罰金が科せられた天満紡績のストライキについては、『新修大阪市史』第5巻の「第4章社会問題と社会運動」に、『大阪朝日新聞』の記事を参考にした「明治二十七年の天満紡のスト」の記述がある。

衛生問題

1892年夏の赤痢は、西成郡伝法村の浪華紡績会社に発生した。同社の社宅と称する長屋建てには、245人の職工が寝起きしていて、衛生状態は劣悪だった。翌93年9月には、上福島村の堂島紡績会社の職工寄宿舎に集団赤痢

堂島紡績（日本紡績協会所蔵）

が発生した。9月中旬までに届けられた大阪府内の患者数は2310人、うち死亡者は502人にのぼった。堂島紡績では、さらに患者が増え続けた。大阪私立衛生会は、西成郡北東部の各村及び大阪市近接町村において、朝夕に衛生談話会を催した。

　1894年7月には、大阪紡績会社の寄宿舎に赤痢が発生し、一時猖獗をきわめ、患者58人に達し、うち20人が死亡した。天満紡績会社の寄宿舎にも発病者があった。同社では、数日間赤痢が発生した事実を隠していたため、月末に12人、8月初めには35人と増え続けた。同時期、摂津紡績会社にも発病者が出た。大阪府内務部は、警部1人医師1人を派遣して伝法村の浪華紡績、撚糸紡績、四貫島の金巾製織の三紡績会社を巡視させた。10月になっても、摂津紡績の寄宿職工に患者が発生してなかなか終息しなかった。

　1894年5月には、金巾製織の女工に疑似コレラが発生した。6月には平野紡績会社の女工がコレラと赤痢に罹った。西成郡には、コレラ患者が多数発生していた。下流の川南村大字八幡屋と市岡、三軒家村・川北村・九条村・伝法村等には、紡績工場、紡織工場、その他製造場が増加していた。したがって、多数の職工が流入したが、住むところがないため、にわか作りの長屋に集まり住む状態であった。不衛生な住環境が、伝染病流行の原因となっていた。

1896年5月には、浪華紡績会社が香川県から募集した女工30余人に、回帰熱と呼ばれる伝染病が発生した。この病気による死亡率は低かったが、治癒するのに6週間から10週間もかかった。健康な者への伝染経過が長いため、職工寄宿舎の予防消毒を怠り多数患者が発生した場合、一時休業は避けられないと憂慮された。浪華紡績では患者1人が死亡し、残り42人を隔離室に入れ、汚水排除工事を行い、炊事場を別にした。その後、金巾製織でも患者が発生した。

　6月1日に開かれた大阪私立衛生会評議員会では、府内各種工場における取調事項、伝染病予防費の支出、上水道に対する審査方法などについての協定案件が議決された。工場の取調事項は、「職工寄宿舎の広狭」「職工飲食物の適否並に食器洗浄法」「職工衣類並びに身体洗浄の程度」「職工場周囲の掃除法」「職工罹病の主なる種類」であった。同評議員会の内容を報じた『大阪朝日新聞』は、その意義を次のように記した。

　　夫の紡績工場の如き、孱弱（せんじゃく）なる工女が寄宿舎等に於ける起臥飲食如何に健康と相関するかは、衛生的知識なき者一目するも、猶（なお）知るに難からずといふ。今衛生会の取調漸く縝密（しんみつ）に入る。其成績之を匡（きょうきゅう）救するに力あらんと期して俟（ま）つ所なり。

　ところで、この年2月、大阪府は製造場取締規則を公布し、その第4条に水道水源地の堤防より5丁以内の土地に工場の設置を許さない規定を設けた。4月にはこれを改正し、煤煙または粉塵を飛散し、有害ガスを発散する製造場を、水道水源地5丁以内の地に設置することを許可しないとした。なお、大阪市の水道敷設工事のための鉄管製造は、1893年から大阪砲兵工廠で進められたが、製造過程において、製造場の問題や製造技術の問題など、いくつかの難題が発生していた。

紡績会社と火災保険

　大阪紡績会社の大火災から2年後の1894年暮れ、西成郡川崎村の天満紡績会社第1工場1棟1466坪が全焼した。内部のリング5000、ミュール1万500と精紡機、櫛綿機、綛場（しつめん）（かせ）付属物などことごとく焼失し、損失額は二十数万円

にのぼった。1か月後には、西成郡川北村の金巾製織会社第1号工場から出火し2階建て1棟が焼失した。1892年の大阪紡績大火災の2か月前には、浪華紡績でも火災による損害が生じていた。

　紡績工場は、巨額の資金を投入して設備を整えたものであるにもかかわらず、火災保険の契約をなす会社はなかった。欧州及びインドの紡績会社は、防火設備を整え、火災保険契約をなしていた。日本の紡績会社が欧州及びインドの紡績会社より利益が多いのは、職工賃金が低廉であるばかりでなく、防火設備や火災保険をなさず、事故対応投資などを省略しているからでもあった。

　日本の紡績会社が保険契約をなすとしても、設立されたばかりの国内の弱小保険会社では、とても損失補償を担えるはずもなく、外国の保険会社との間で契約するほかなかった。ただしこの場合、防火設備を完全なものにしなければ、契約は不可能であった。

　大阪府警察部保安課による府内各紡績会社の防火状況調査によると、94年1月時点でいずれも不備であり、やや整備が認められるのは金巾製織のみであった。浪華紡績が自動消化器を備えて英国ユニオン保険会社と契約し、大阪紡績が工場機械に対する火災保険を同ユニオン会社と契約することを、ようやく決めたところというのが実情だった。紡績会社の多くは、資金上からみて火災予防の準備をすぐには整えられないのが現状であった。そこで考案されたのが、各紡績会社が積立金をなして、この資金を救済金に充てるという共済保険制度であった。

　1895年2月、大阪付近の12紡績会社重役が平野町堺卯樓に集まり、共済保険制度の方法を定めることを決定し、大阪紡績の社長佐伯勢一郎が総代となり、関西地方紡績各社に集会開催の書面を送付した。火災共済保険についての関西紡績業者の協議会は、2月15日に平野町堺卯樓で開催され、満場異議なく決まり、その方法調査のための委員6人が選出された。

　この6人の委員、すなわち佐伯勢一郎（大阪紡績）・亀岡徳太郎（尼崎紡績）・藤本清兵衛（泉州紡績）・田村正寛（金巾製織）・金沢仁作（平野紡績）・豊島佳作（桑原紡績）は、4日後に再び堺卯樓に集まって協議したが、実際

に火災共済保険制度を設けるのは容易ではなかった。日本の紡績会社の事業そのものが日なお浅く、火災に対する対応経験も乏しく、その準備さえも未だ十分ではないというのであった。

したがって、共済方法を設けるに先立ち、まずは欧米・インドにおける紡績その他の工業会社の火災統計、および共済保険方法等の調査を行う必要があった。欧米の方法は農商務省に調査を請い、インドの状況はボンベイ領事にその報告を依頼することにした。あわせて、これまでの国内紡績会社の火災損害等の調査、および製造所の火災に関する外国の法律の調査も不可欠であり、これらは紡績聯合会の法律顧問に調査を託することにした。火災共済保険制度の発案はあったものの、当時の日本の紡績業界は、こうした基礎調査から着手しなければならなかった。

燐寸工業と清国商人

日本の産業革命期にあって、燐寸(マッチ)製造はいち早く輸出産業として注目された。大阪・兵庫は立地条件が良く、燐寸製造業者が多く出現し、女性と子供を使ったわずかな工賃による生産が行われた。

1892年（明治25）10月1日、大阪・兵庫の燐寸業者は、清国商人への反抗を申し合わせて休業に入った。燐寸原料の暴騰に抗議し、製品の値上げを要求しての同盟休業であった。ただし大阪府庁では、この休業による貧民の生計への影響が心配だった。わずかの工賃によって、その日の糧を得ている多数の職工の困難は明らかだったからである。

1週間の同盟休業によって、1箱につき50銭値上がりしたものの、1円以上に至るまでは始業しないとの方針が申し合わされた。大阪の燐寸業者は、平野町堺卯樓に清国商人を招いて、事情を詳しく説明したが、中国人は仲買人の立場を主張し、需要地において高値で買い取りさえすれば、値上げに異存はないと答えるだけで、一向にらちがあかなかった。

燐寸に限らず、日清戦争前までの輸出入では、清国商人がそうとう大きな実権を握っていた。たとえば、朝鮮貿易における商権も、機敏に立ち回る清国商人に圧倒され、特に重要貿易品の金巾は、英国製造元と特約して直輸入

を始めた中国人に太刀打ちできない状況になっていた。貿易商品を扱う大阪の業者は、外国商館、特に清国商人を介する場合が多かった。これを克服し、直接外国と貿易する実力を付け、中国人による中間マージンを排除することは、1890年代初めの大きな課題であった。

東成郡天王寺村の燐寸製造会社大阪製燧社(せいすい)の職工数は、1892年に男367人、女920人、合計1287人であった。同年上半期の製造高は332万7340ダース、このうち国内向けは80万3550ダースで、その他は海外輸出向けであった。海外輸出には三井物産会社を経てシンガポールへ送る製品と、川口居留地の清国商人に売り込んで中国に輸出する製品があった。

1893年は燐寸製造高も輸出高も前年に比べて大きく伸びたが、11月からは輸出の不振が続いた。原料の値上がりと、清国商人の買い付けの減少が原因だった。翌94年3月になると、海外輸入の原料品、塩酸カリ・赤燐・亜鉛板・パラフィン等が為替相場の変動により2割以上も騰貴した。これに応じて製品価格も上げざるを得なかったが、折しも上海・香港では黄燐燐寸のほかは買い控えの動きになり、安全燐寸の輸出は滞った。大阪の燐寸製造業者の大部分は安全燐寸を製造していた。特に大阪北西部の燐寸業者には安全燐寸の製造業者が多かった。安全燐寸製造業者は、ただでさえ低い職工賃金を2割引き下げたため、困窮する貧民が少なくなかった。大阪南部には、海外各地に需要地が広がる黄燐燐寸の製造業者が多く、こちらの方は製品の値上げによって輸出が滞るようなことはなかった。

日本の燐寸製品の輸出先は、仏領インドシナ及び蘭領諸島が需要の4割を占めていた。ほかにボンベイ・カルカッタ・豪州・上海・天津へ送られていたが、94年半ばに仏領及び蘭領において燐寸の関税が引き上げられたため、大きな痛手となった。阪神燐寸業聯合会は、6月初めに大阪商業会議所で協議会を開き、輸出販路開拓地として重要なジャワ・安南・シンガポール・ルソンなどへ、実況視察団を派遣することを決定した。

まもなく日清戦争が始まると、清国商人は店を閉じて帰国することになった。神戸の十六番商館怡和号(いわ)のような大商人は、1200箱の燐寸を船積みして8月半ばに帰国したという。

浪花橋南畔より船場一面を望む(『大阪経済雑誌』第12年第4号、1904年8月、関西大学図書館所蔵)

　日清戦争後の95年5月、インドへ輸出した黄燐燐寸に発火しないものが多く存在していて、不評判との連絡が外務省に入った。大阪・兵庫の燐寸業組合は、大国インドへの輸出に支障を来しかねない重大問題ととらえ、さっそく調査に乗り出した。同製品は、94年4月から95年2月の間に積み出したものであり、同じ見本が組合事務所に保管されていた。保管品には異常がなく、原因究明を続けることになった。

　95年秋には、国内向け軸木が不足するほどの好景気を迎えた。大阪では、翌年にかけて、燐寸製造所新設の動きがみられた。96年6月、西成郡川崎村の燐寸工場に火災が発生した。就業中の職工は、男女合わせて265人だった。爆発質の薬品を使用する燐寸工場の火災は、悲惨をきわめた。多数の死者のうちには、手足や頭部を吹き飛ばされた者があり、黒焦げになった子供にすがって発狂する母親の姿があった。

　96年11月には、天王寺村の山城燐寸製造所の職工が、工賃引き下げに抗議してストライキを行った。諸物価騰貴の折、工賃を下げられては生活できないというのであった。工賃の復旧とスト解消をめぐって、職工間に対立が顕在化し、天王寺組と称される職工たちが楓寺に集会して抗議を続けた。リーダー格の4人が天王寺署に拘引されて取り調べを受けたが、40人余りの職工は就業せずに相談を続け、警察の説得に応じようとしなかった。『大阪朝日新聞』は、「此職工は大概女なれども、なかなか制御しがたきものどもなり

第1章　悲しみと希望　47

といふ」と記している。

工業化の様相

『大阪朝日新聞』1892年11月15日付は、論説「大阪の工業」を掲げ、工業地化が進む大阪の街の変化とその意味を、次のように記している。

　　工業殊に新式工業の創起より、以来年を閲(けみ)する未だ多からずと雖ども、其の駸(しん)々(しん)として隆運に赴く、誠に驚絶駭(がい)絶(ぜつ)、今日にして工業の盛を語るに、海(かい)内(だい)能(よ)く我大阪に比隆するものあるか。彼の東京は全国の首府にして貨財の匯(わい)する所なるも、新式の工業に至りては見るべきものなし。京都の如(ごと)き旧来の手工こそ纔(わずか)に保持して失はざれ。新事業の得失相償ふものは落々たり。東西両京にして此の如し。其他知るべきのみ。人或は我大阪を以て関西の商業市と称せんよりは、寧(むし)ろ日本の工業地と称するの適(かな)へるに如(し)かずといふ。実に溢(いつ)言(げん)にあらず。規模こそ小なれ、倫(ロン)敦(ドン)にしてマンチエスターを兼ぬ。赤(ま)快(た)ならずや。我大阪の前途、望や大と謂ふべし。

続いて同紙は、「市街の尽くる頭(ほとり)、南北の郊野、林立雲表に聳(そび)えて日夜黒煙を吐くもの、問はずして各種製造所の煙突なるを知る」と述べ、「我大阪の工業が隆盛の状は、高津の高台に登りて四望すれば足る」と記している。

大阪は海陸の運輸に適し、安価な石炭が入手しやすく、川と平地に恵まれていた。近世以来、関西の「咽喉たる」大阪は、明治維新から四半世紀にして、未だ規模小なりといえども、「倫敦にしてマンチエスター」を兼ねた大工業都市への発展が期待された。

大阪府第2課農商係が実施した府内各会社等景況調査によると、1891年12月末現在における工業に関する会社は78社、その職工数1万5421人、蒸気汽鑵数59、水車1であった。工業に関する合資組合は205、職工数2699人、蒸気汽鑵数56、水車5であった。2年後の93年12月末現在における大阪府警察部保安課統計では、工場総数は2390、職工数4万173人、汽鑵数217、汽機177台だった。この年10月における同保安課の工場および技術者統計によると、陸上汽鑵、汽機を使用する工場総数191、これに従事する機関手は104人、油差91人、火夫184人、機関手・油差兼業8人、機関手・油差・火夫兼業124

人、油差・火夫兼業30人だった。機関手と油差および火夫の総数は541人、うち187人が紡績工場に雇用されていた。

　1892年10月に、川口の硫酸製造会社の新工場が完成した。同社の旧工場は、明治初年に造幣局内に設けられた硫酸製造所の構造に倣い、1879年（明治12）に建てられたものだった。鉛室2か所、コークス塔2か所の簡単な装置しか持たず、生産効率が低かった。新工場は、欧州で改良が重ねられた最新式装置を備えた大規模なもので、生産効率は従来の3倍だった。新工場の建設は、工業の進展に伴う硫酸需要の増加に対応したものであった。

　大阪硫酸会社は、1893年にソーダ・塩酸カリ等の生産拡張をねらってアルカリ会社と社名を変更し、95年から従来の硫酸・硝酸・塩酸類の生産に加えて、増設工場においてソーダおよび塩酸カリの生産を開始した。

　1893年から96年にかけて、石炭会社・コークス製造・石鹸製造・セメント製造・時計製造・小型造船・鉄工・製銅・製綱等々と、工場の新設や増設が進み、生産増加が進行した。工業生産の原動力となる石炭は、国内需要が伸びるとともに輸出高が増加し、94年春には好況期を迎えた。まもなく日清戦争が始まったので、清国への石炭輸出は一時停止したが、戦後はアジア地域への輸出が増加した。95年12月に設立発起人会を平野町堺卯樓に開催した日本石炭会社は、コークスの製造販売を目的として、上海・漢口・シンガポールへの進出を計画していた。

　大阪電灯会社は、96年1月の定期総会で事業の拡張を決定した。同月1日現在の点灯数は、白熱灯1万6623、アーク灯59であった。諸工場を中心とする前年からの需要拡大に対応するため、同社は米国ゼネラルエレクトリック社に、最新製作のモノサイクリックダイナモーと発動機を注文した。

　大阪瓦斯会社の創業総会は、96年8月20日に開催と『大阪朝日新聞』に報じられている。11月28日の臨時会では、西成郡九条村の7500坪の地所を購入して敷地とすることが決定された。同地は、大阪紡績織布工場の裏手に位置していた。西成郡川北村の桜島船渠は、日清戦争中に軍人検疫所に充てられていて、工事を中止していたが、95年5月に再び工事に着手した。その船渠は、2000トン以下の汽船を修繕できる設計になっていた。96年に西成郡南新

田に設立された大阪舎密（化学）工業会社は、アンモニア及びタールを精製して種々の化合物を製出するのが目的だった。同年前半に欧米視察を終え、翌年の営業開始を目指して工場建築を進めていた。なお、船場道修町2丁目に大阪製薬会社を設立するための発起願書は、96年9月に府庁に提出され、11月16日に認可指令を受けている。発起人は、薬種商日野九郎兵衛・宗田友治郎・小西久兵衛・乾利右衛門・小西儀助ほか16人であった。同年9月26日には、井上浅ほか12人が、船場安土町4丁目に大阪傘具製造会社を設立するための発起願書を提出している。同社では、蝙蝠傘を製造することにしていた。

夢と現実

東京と大阪の大資本家が帝国ホテルに集まり、大阪に汽車製造の大工場を建設するための協議会を開いたのは、1896年3月であった。6月の発起人会で資本金64万円と定め、出資割合を毛利公爵・黒田侯爵・前田侯爵・岩崎久弥・住友吉左衛門が各5万円、渋沢栄一・安田善次郎・今村清之助・川崎八右衛門・大倉喜八郎・高田慎蔵・原六郎・藤田伝三郎・田中市兵衛・松本重太郎・井上勝・真中忠直・田島信夫が各3万円とすることが決定された。9月には、住友家所有地だった西成郡恩貴島新田の工場建設地2万坪の登記手続きを済ませ、地上工事の準備が進められた。汽車製造会社の専任担当者となった井上勝子爵は、同工場建設の意義について語っていて、その要旨が『大阪朝日新聞』同年10月11日付に「汽車製造（井上子談）」として掲載されている。それによると、機関車及び車両製造所の設立は、正貨の流出を減じ、鉄道発達に寄与するものであり、直接には外国品購入額を減じ、廉価な機関車車両を供給し、国内労働者に職業を与え、労働工賃の国外への流出を防ぎ、資本家の収益を増すものであった。間接には、日本における鉄工事業の発達に寄与するというのであった。

汽車製造工場の建設は、着実に計画が進められた大事業であったが、高度な技術と資金を要する工場建設の願望が噂となって飛ぶこともあった。1893年2月に流れた一大製鋼工場建設の話は、願望だけが膨れた噂話だった。堺

市吾妻通りの製鋼所は、大阪砲兵工廠の鋳工長だった森山盛行と船場南久太郎町の事業家らが始めた製鋼工場だった。ここで製造された鋼が、東京・大阪両砲兵工廠から優等の評価を受けたというので、松方伯爵と税所子爵がたまたま同工場に立ち寄ったことがきっかけとなり、夢は噂となって膨れ上がった。多額の社債を募集して日本製鋼株式会社の社名で立ち上げる大工場建設計画は、松方伯爵を通して農商務省の工学博士の意見を得て草案が完成しているというのであった。大阪朝日新聞社において、これを直接松方伯爵に確かめたところ、「勧めらるゝまゝ兎も角もとて、過日見物せし迄なり」、「僅かに坩堝法によりて針金刃物の類を作るに過ぎず」とのことであった。製鋼所の建設は、国防上・経済上将来に起こるべき国家的事業であり、「数百万円の資本を要すれば、到底民間事業として目的を遂ぐべきに非らず」との認識であった。

　ところで、93年には、工業学校の開設・水道の敷設・築港工事が大阪の三大画策として掲げられ、実現に向けての動きが始まっていた。92年11月には、大阪府において大阪築港の測量に関する取り調べが実施された。これまでに、大阪商業会議所及び大阪商工協会、築港研究会は、築港測量のことは市の事業として費用支出案を市会に提出すべきことを市参事会に建議していた。だが、同事業は元来府の事業たるべき性質のものであり、場所も郡部に属するからには市郡連帯の地方税の支弁とすべきである。ゆえに、まず府会に測量費案を提出し、もし否決されれば市会に提出するという方針が示されていた。ただし、市の負担で測量する場合、水道および下水道の竣工の後でないと、築港には着手しないとも語られていた。

　93年1月、大阪市会の協議の結果、築港工師としてデ・レーケを雇い入れることが決まった。このデ・レーケの紹介により、横浜在住のオランダ人ボウゲルを測量技師として雇うことになった。1月下旬、天保山沖の風浪が荒くて測量困難との事情から、ボウゲルの到着は延期された。ただ、大阪築港工事は種々困難が予想されるだけに、風浪高く海上が荒れている真冬にこそ、測量を実施すべしとの意見があった。あるいは、川口に出入する汽船、和船の乗組員をはじめ、天保山あたりの人びとからもよく意見を聞くべきだとの

第1章　悲しみと希望　51

考えも示されていた。なお、築港測量の監督には、1月21日付で大阪府技師が任命された。

　大阪工業学校の設立は、92年11月の閣議でいったん見合わせとなったが、工業化が進む大阪にとって、工業学校の設立は急務であった。そこで、93年中の達成を目指すことに決し、校舎建築費は大阪市が全額負担することにして、市会から文部大臣に建議するための協議会開催の調整が進められた。大阪における工業の益々の発展を望むならば、技芸への習熟と学理を一体化した「真の職工」を養成することこそ、「急務中の急務」であると考えられた。工業都市形成期の大阪の現実に即した工業学校の設立が、強く望まれていたのである。

　『大阪朝日新聞』93年5月14日付付録は、「大阪の工業学校」の記事を掲げ、東京工業学校の「分校の名義では好ましからず」「近来大阪の工業の盛んなるに従ひ、益々学校を設立するの必要あり」と記した上で、教授方法が理論に流れず、「実業上の相談場となるべきものを設立」すべきとの意見を紹介した。6月10日付同紙は、当初計画の煉瓦造の工費五万円を半額に減じて木造に変更し、諸機械を備え付けての竣成後に政府に寄付することになったと報じ、敷地は北区中之島五丁目の旧高松藩邸の跡、すなわち大阪電灯会社に隣接する空地と記した。同月28日付は、市参事会から文部大臣に建議した官立工業学校創設は、第5議会の協賛を経て実行に移されれば、東京工業学校の諸学科に加えて醸造科が開設される見込みと記した。94年1月3日付は、政府が帝国議会に要求する建設費は9万7152円、その半額が大阪市の寄付金となると記し、東京工業学校に開設されている学科のほかに醸造科が設けられることは「疑ひなかるべし」、予定のごとく北区玉江町1丁目大蔵省用地（旧高松邸）に設立と報じた。同紙の96年6月14日付は、「九月よりの開校予定にて目下校舎の建築に着手せる」大阪工業学校は、「政府が大阪府民の要望を容れ、議会の協賛を経て工業旺盛の地に設けたるもの」と記した上で、「生徒は高等小学卒業以上の者に採り、各種工場の職工長たるべきものを養成する目的」なるも、官立であるかぎり府県立の実業学校とは異なる難度の高い選抜を実施し、優秀な人材を育てるべきとの見解を示していた。同校の

表1　大阪市と近郊地域における工場数の推移

年度	大阪市(4区計)	北区	東区	西区	南区	西成郡	東成郡	住吉郡	合計
1892	94	36	16	33	9	117	7	7	225
1896	129	49	16	53	11	190	39	−	358
1902	454	151	118	96	89	48	22	−	524

(注)『大阪府諸会社製造所及銀行表』(大阪府内務部第2課、1893年3月)、『大阪府諸会社工場及銀行表』(大阪府内務部第5課、1897年5月)、『工場通覧(明治三十五年)』(農商務省商工局工務課、1904年3月)から作成。なお、1896年に住吉郡は東成郡に合併された。

表2　大阪市と近郊地域における職工数の推移　(単位：人)

年度	大阪市(4区計)	北区	東区	西区	南区	西成郡	東成郡	住吉郡	合計
1892	5,002	2,453	567	1,303	679	18,152	1,634	726	25,514
1896	4,415	1,755	743	1,524	393	27,825	4,862	−	37,102
1902	36,314	14,002	3,534	10,940	7,838	9,736	2,829	−	48,879

(注)『大阪府諸会社製造所及銀行表』(大阪府内務部第2課、1893年3月)、『大阪府諸会社工場及銀行表』(大阪府内務部第5課、1897年5月)、『工場通覧(明治三十五年)』(農商務省商工局工務課、1904年3月)から作成。なお、1896年に住吉郡は東成郡に合併された。

開校は、多少の建築の遅れがあって、同年10月に実現した。

工業の街、職工の街

『大阪朝日新聞』1896年3月24日付は、「沿革概略」の見出しで、「今回新たに市に編入せらるべき町村の由緒あるもの概略を左に採録す」と書いて、木津村・三軒家村・天保町・北野村・豊崎村・天王寺村・鶴橋村・玉造村・都島村の沿革を記している。隣接町村の一部または全域の編入が決定されたのは同年7月であり、翌97年4月に東成・西成両郡のうち、13か町村全域と15か村の一部が大阪市に編入された。

全域が編入されたのは、東成郡では東平野町・玉造村・西高津村・清堀村の1町3村、西成郡では天保町・西浜町・九条村・三軒家村・北野村・曽根崎村・上福島村・下福島村・難波村の2町7村であった。村域の一部が編入されたのは、東成郡では天王寺村・生野村・鶴橋村・中本村・鯰江村・都島村・野田村の7村、西成郡では川南村・川北村・伝法村・木津村・今宮村・川崎村・野田村・豊崎村の8村である。

表1と表2は、1892年(明治25)・1896年(明治29)・1902年(明治35)の各

年における大阪市4区と東成・西成両郡の工場数、および職工数をそれぞれ示したものである。1892年は『大阪府諸会社製造及銀行表』(大阪府内務部第2課、1893年3月)、96年は『大阪府諸会社工場及銀行表』(大阪府内務部第5課、1897年5月)、1902年は『工場通覧(明治三十五年)』(農商務省商工局工務課、1904年3月)の統計数字である。表1をみるとわかるように、92年の市域の工場数は94、西成郡が117、96年には市域129、西成郡190に対して、東成郡では92年がわずか7、96年は39である。つまり、大阪の工業化は、市域と西成郡において進行したことがわかる。1897年の市域拡張後の1902年には、市域454、西成郡48、東成郡22となっている。市域の工場数の著しい増加と、東成・西成両郡の工場数の減少は、市域に編入された隣接町村地域に多くの工場が存在したことを如実に示すものである。しかも、この数年間における工場の増加が著しかったことがうかがえる。なお、工場の多い西成郡域の市域編入地域は、大阪市北部から南西部にかけての隣接町村であった。図1と図2は、1892年、96年における工場の分布を示したものである。これをみると、大阪市と市域周辺部における工業化の進行状況がわかる。

職工数でみると、92年には市域が5002人、西成郡が1万8152人、東成郡1634人であったものが、96年には市域4415人、西成郡2万7825人、東成郡4862人となっていて、西成郡において1万人近い職工の増加がみられる。これは、同地域における工場の増加と、紡績工場など規模の大きい工場の新設や拡張があったことを示している。隣接町村編入後の1902年における市域の職工数は3万6314人、西成郡9736人、東成郡2829人である。大阪市の職工数の増加は、多数の職工を擁する西成郡の工場地域を編入したことに加えて、全域においてさらに工業化が進行したことによるものであった。図3と図4は、1892年、96年における職工の分布を示したものである。これによって、職工の街へと変化する市域の姿をとらえることができる。

大阪市域とその周囲部は、1890年代前半に急速に工業地化し、職工をはじめとして、さまざまな労働に従事する人びとが流入し、同市と隣接地域の様相は一変した。図5と図6は、市域拡張5年後の1902年における大阪市と東成・西成両郡の工場および職工の分布状況を示したものである。図1から図

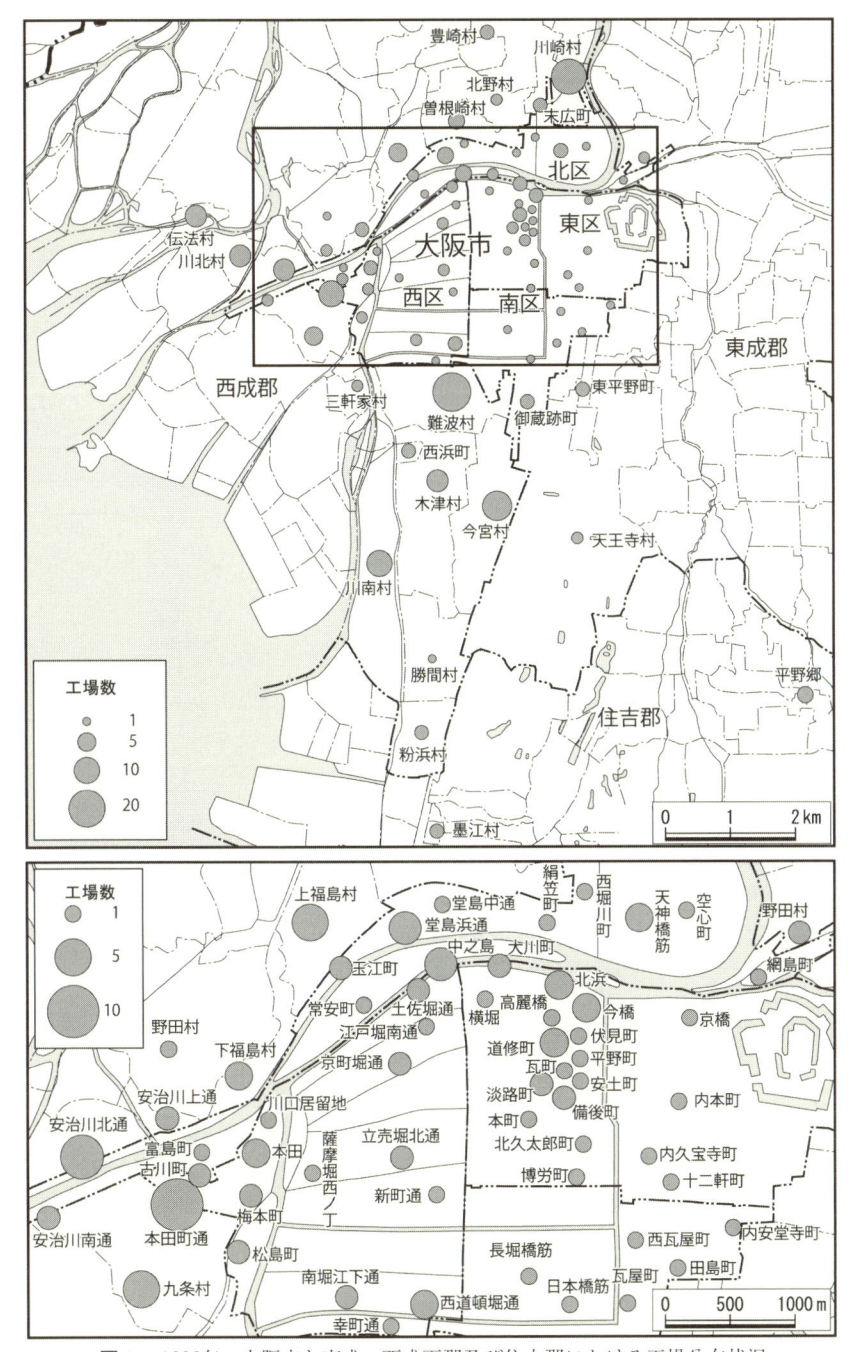

図1　1892年の大阪市と東成・西成両郡及び住吉郡における工場分布状況
（注）『大阪府諸会社製造所及銀行表』（大阪府内務部第2課、1893年3月）から作成。

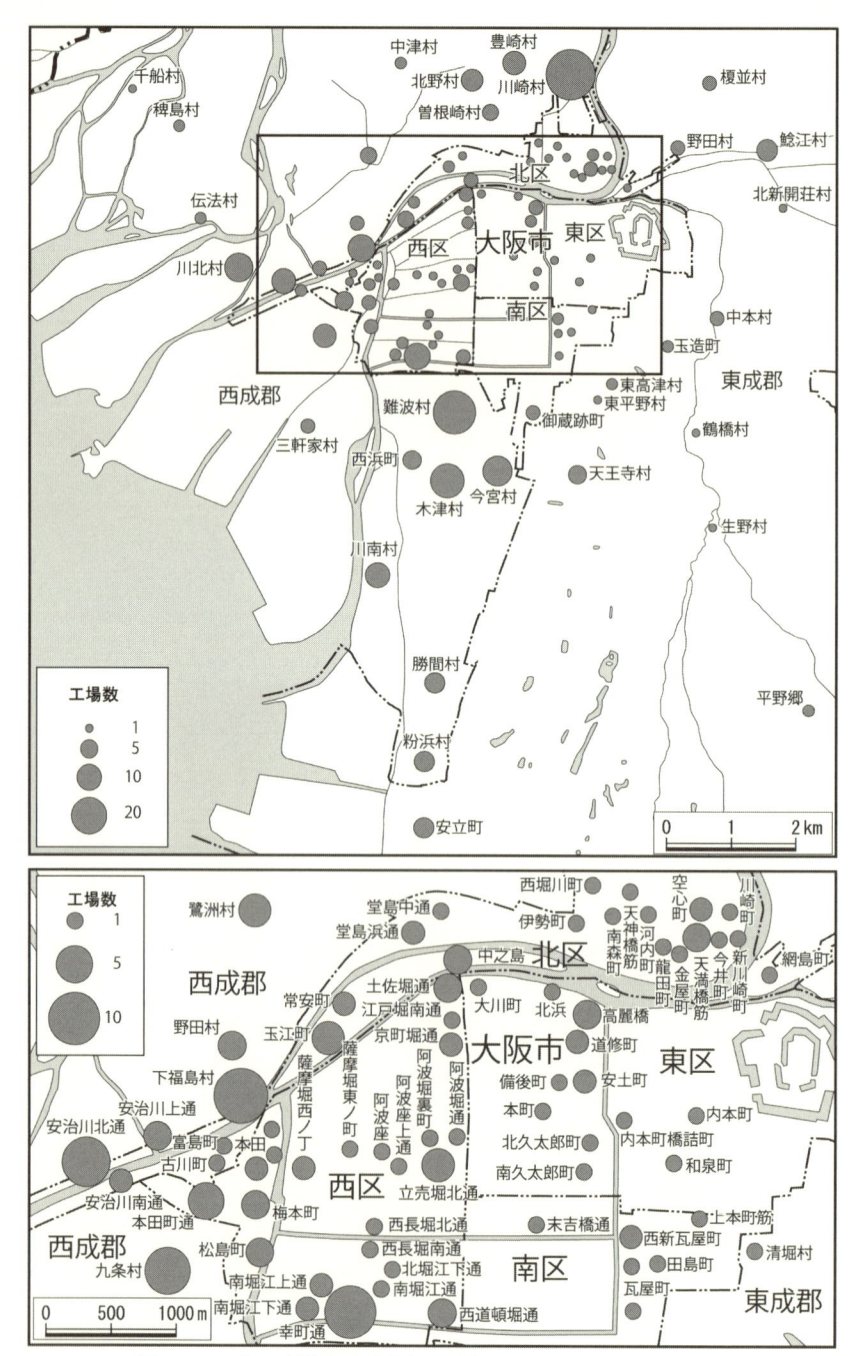

図2　1896年の大阪市及び東成・西成両郡における工場分布状況

(注)『大阪府諸会社工場及銀行表』(大阪府内務部第5課、1897年5月)から作成。住吉郡は1896年(明治29)東成郡に合併。

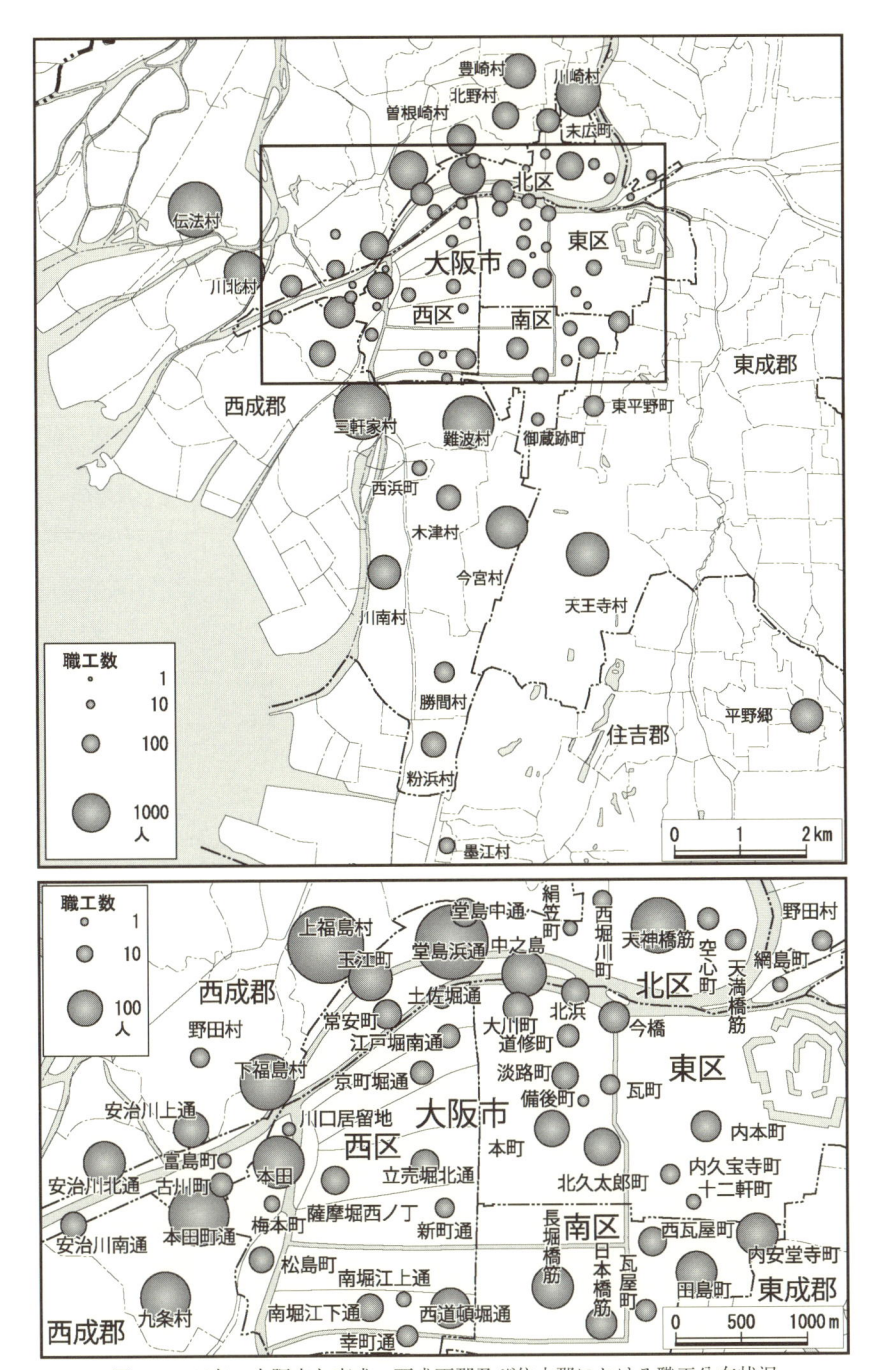

図3　1892年の大阪市と東成・西成両郡及び住吉郡における職工分布状況
（注）『大阪府諸会社製造所及銀行表』（大阪府内務部第2課、1893年3月）から作成。

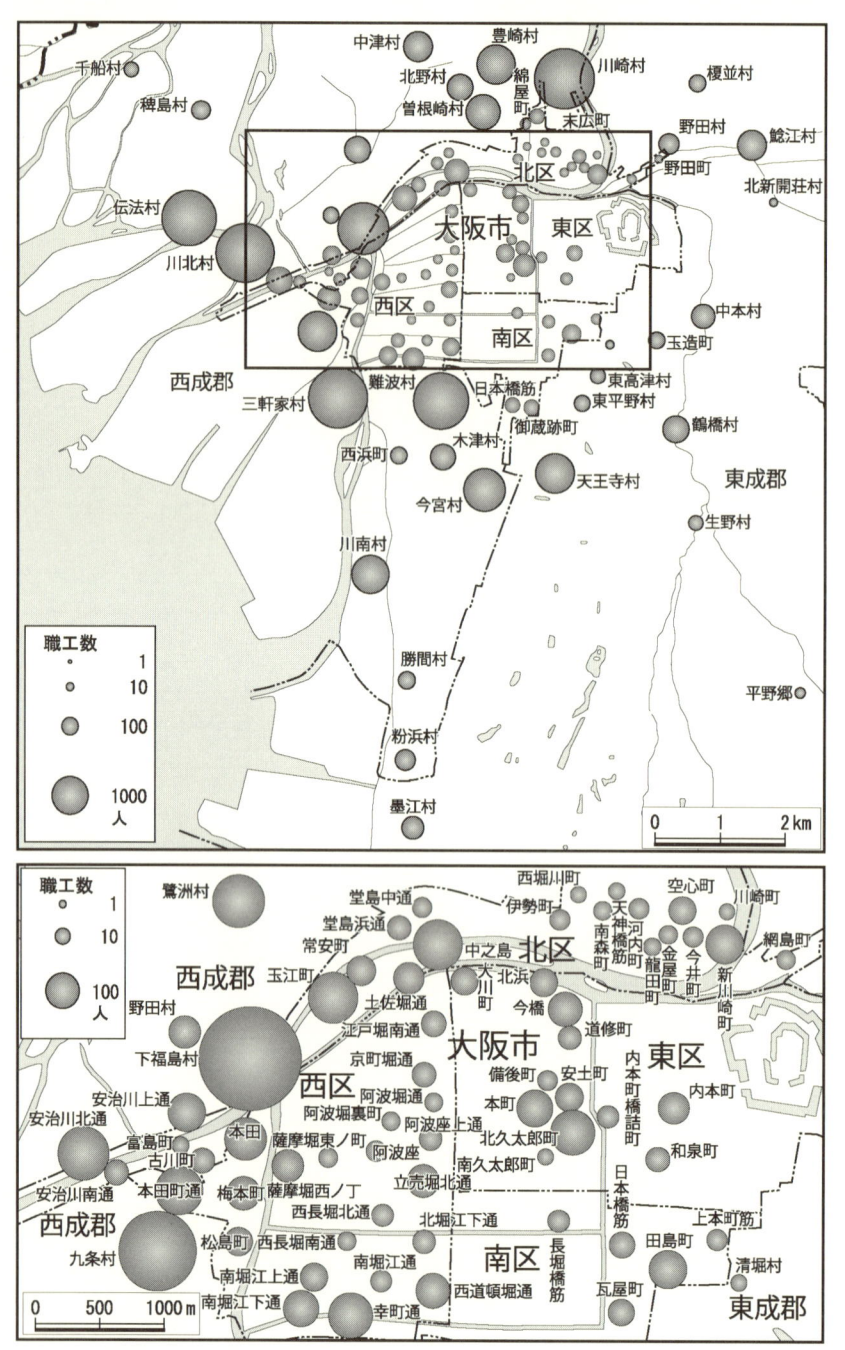

図4　1896年の大阪市及び東成・西成両郡における職工分布状況

（注）『大阪府諸会社工場及銀行表』（大阪府内務部第5課、1897年5月）から作成。住吉郡は1896年（明治29）東成郡に合併。

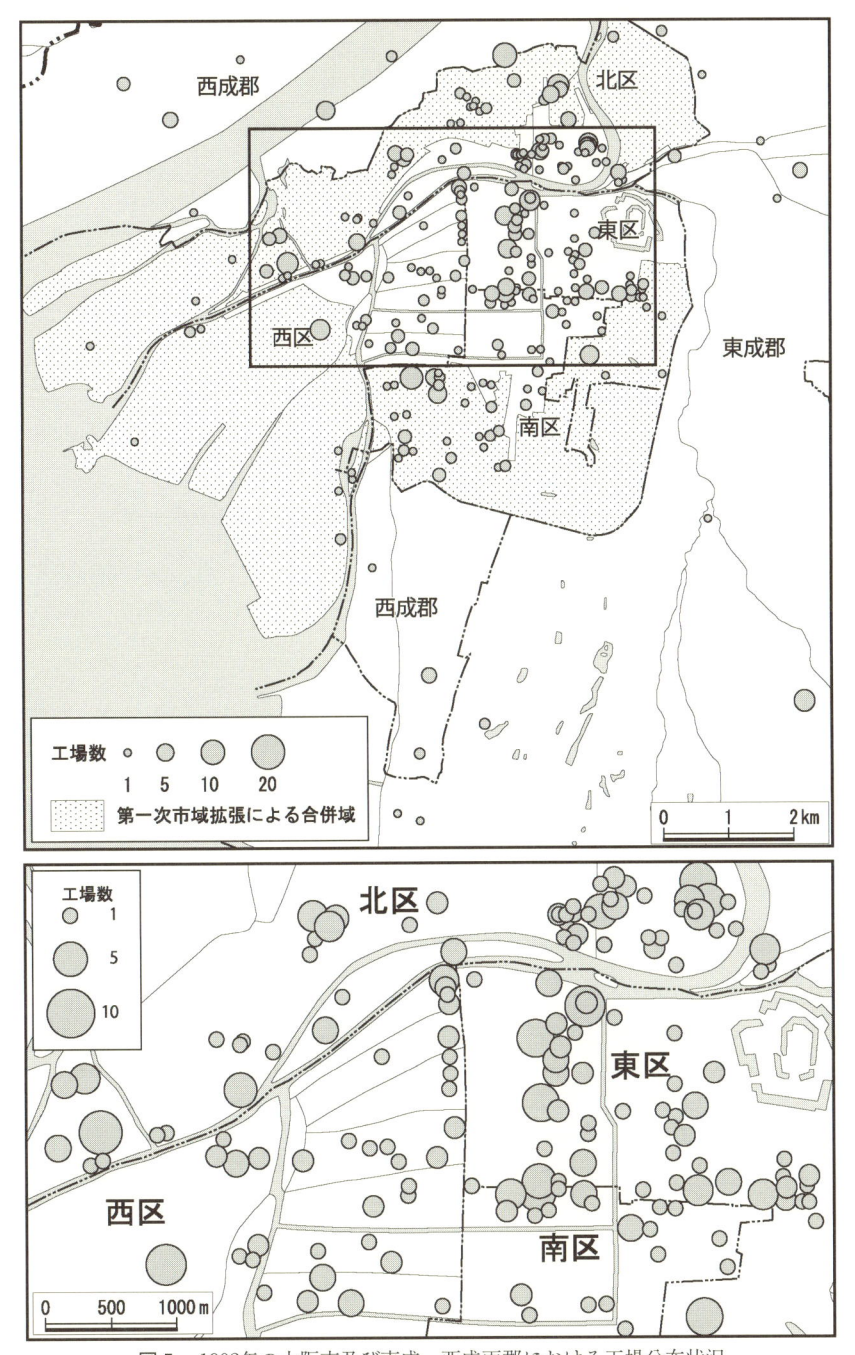

図5 1902年の大阪市及び東成・西成両郡における工場分布状況
(注)『工場通覧(明治三十五年)』(農商務省商工局工務課、1904年3月)から作成。

図6 1902年の大阪市及び東成・西成両郡における職工分布状況
(注)『工場通覧(明治三十五年)』(農商務省商工局工務課、1904年3月)から作成。

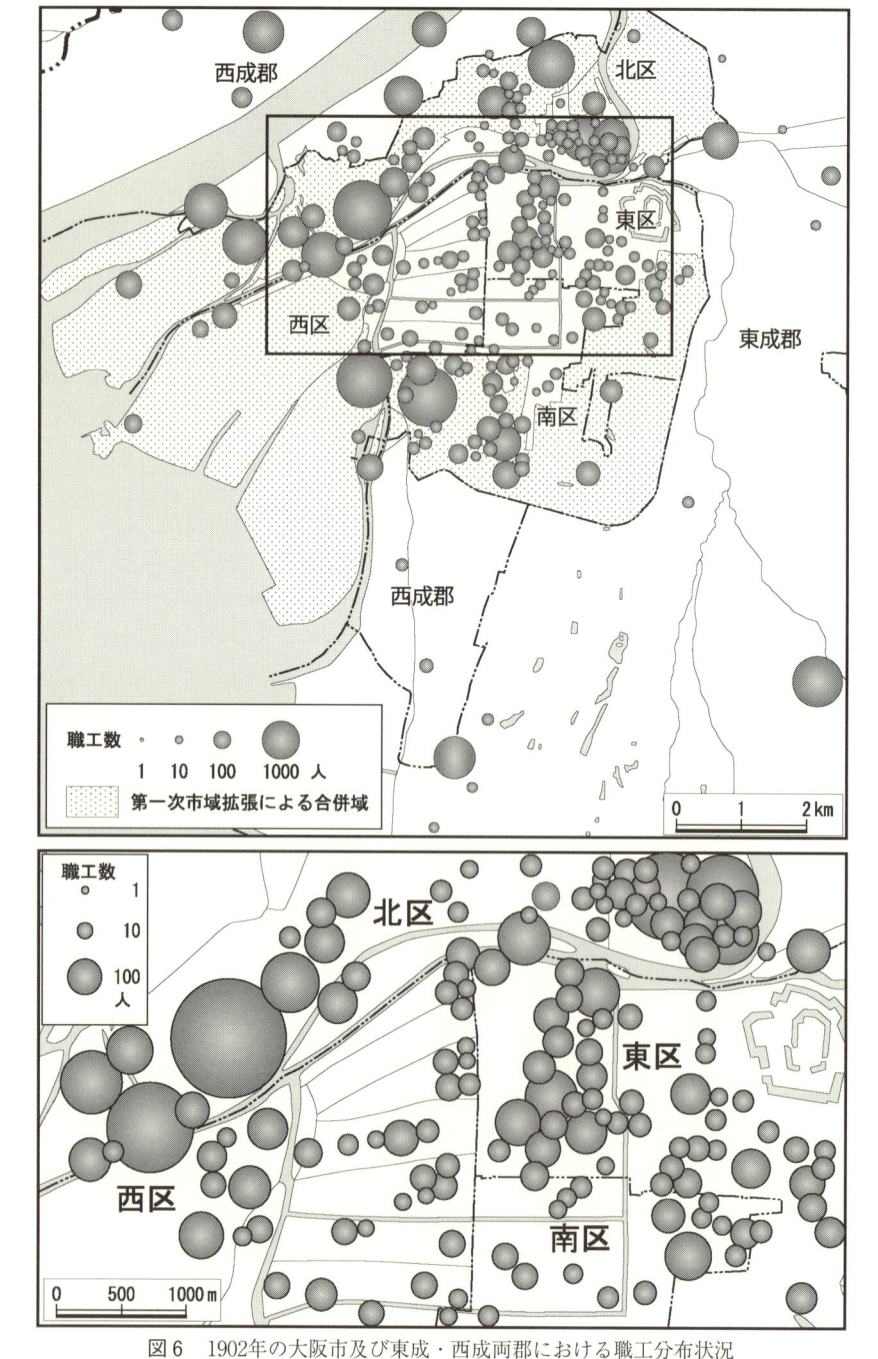

6をみることによって、1890年代後半から1900年代初めにかけて、大阪が近代工業都市へと変貌していく様子をとらえることができる。

　1890年代において、大阪が近代工業都市としてその基盤を築いたことは、その後の膨張を経て今日に至る大都市大阪の性格を知る上できわめて重要である。大阪は、日本の近代化を象徴する工業の街、職工の街として、文化的にも社会的にも自らの姿を形成したのであり、このことを抜いては今日における大阪の街の姿の本質も見えてこないように思われる。

　なお、本章に掲げた表と図の工場数と職工数は、民間の工場について示したものであり、大阪砲兵工廠と造幣局は含まれていない。大阪砲兵工廠の各年の「職工人員」は、『陸軍統計年報』に「一ケ年職工延人員」として記されている。造幣局については、『造幣局百年史　資料編』（1974年）に、「年度末現在職員数変遷表」が掲載されている。　　　　　　　　　（大谷　渡）

第2章 『大阪時事新報』に見る明治後期の衛生環境

明治後期の衛生状況

　明治20年代から30年代に、大阪の工業化が進行し、大小さまざまな工場が創業と廃業を繰り返しながら急激に増加した。北区や西区、西成郡を中心に煙突が林立し、大阪市域とその周囲部の生活環境は大きく変化した。
　煤煙によって大気が著しく汚染され、工業化と急激な人口増加によって河川の汚濁が進み、伝染病が流行した。上下水道は徐々に整備されつつあったものの、地域によっては川の水が生活用水として使用され、コレラや赤痢が大流行した。屋根が低く光が入らない湿った造りの家屋には、鼠が大量に繁殖し、ペストが大流行した。大規模な家屋の改築が必要であるということが何度も新聞紙上に取り上げられたが、一向に進まなかった。
　職工の衛生状態はひどいものだった。職工宿舎や貧民の住居では、1つの蒲団に2人以上で寝ることもめずらしくはなかった。蒲団を陽や風にあてることもなく、蚤や虱が湧いていた。寄宿舎の職工に、赤痢やペストで死者が出ても、治療を受けさせず、隠蔽しようとした工場主もいた。
　『大阪時事新報』1906年（明治39）10月7日付に掲載された「工業発展の新現象（上）」には、次のように記されている。

　　暗濁なる河流は汚泥と悪臭とに充実して、之に無数の醜悪荷船を浮べて街の一方を限り、又彼屹々屋上に聳立せる無数の工業大煙突は、到る所濛々の黒煙を吐出して低く雲際を画せり。

　続いて、木造家屋は、「只全然汚物の同化とも疑はれ」とも記されている。
　『大阪時事新報』が発刊されたのは、1905年3月15日である。同紙には、大阪の街について詳細に記した記事が多い。工業や商業、社会状況との関連で街の衛生状態について記した連載記事は、特に目を引く。具体的な出来事が取材によって詳しく報じられていて、産業革命達成期における大阪の衛生

環境を知ることができる。

天満の煤煙

　明治期の産業革命によって登場した近代工場では、蒸気機関が動力として使用された。大量の石炭が燃やされ、林立する煙突から煤煙が噴出して市内に拡散した。『明治三十九年第二十六次衛生年報』（大阪府警察部、1908年5月）によると、大阪市内と東成・西成両郡を合わせた死亡者数2万4864人中、呼吸器疾患による死亡者数は6341人であった。他の死因と比べて、市内各区および東成・西成両郡のいずれにおいても、呼吸器疾患による死亡が最も多かった。同時期の『大阪時事新報』を見ると、とくに天満の煤煙問題について報じた記事が多い。たとえば、次のような記事がみられる。

　　天満には大小の工場群をなして烟突林立、成程煙の都だワイとの合点が往く、樹木の枝葉の青かるべきものも煤煙の為め黒色に染り、空を飛べる雀までが翼が黒いから驚く。　　　　　　　　　（1907年1月28日付）

　　築港の桟橋に立つて四辺（あたり）を眺め、天王寺の塔や北野の九階や高津や生魂の舞台に登つて遠く目の及ぶ限り市内を俯瞰（ふかん）すと、四六時中林の如く簇（むらが）り立た烟突から盛に吐き出す黒烟は、雨降らざるに何の雲ぞと怪しむ許り大きな羽を拡げて濛（もう）々と大空に漲（みなぎ）り、重苦しい黒い息に全市を包んで肺の弱い者は、此の凄まじい景色を見た丈でも呼吸（こ）が塞（す）がる様な思ひがする。大阪市に於ける各種工場の高さ六十尺以上の烟突の総数は約七百基を算し、一ヶ年の石炭消費量は十七億万斤にも上るといふ。然（さ）もあるべし。難波、九条、福島や造幣局の付近一帯の地などは、人も物も万象総て煤烟に塗（まみ）れ汚れて、泉水の魚は育たず。庭の木は勤（く）すんで葉枯する様、一見凄愴（せいそう）たる感に打たるゝ程である。

　　大阪衛生試験場に喜多尾技師を訪ふて其の意見を叩くと、大要左の如き面白く注意すべき談話を得た。技師の宅は元北区天満橋二丁目にあつたが、其辺（そのあたり）は一体の土が黒く、同心町与力町なども煤烟と石炭の零れの為めに余程掘り返しても地質が黒いのみか、総て市の南西北の三方面は庭木の緑葉までが煤烟に塗れて殆（ほとん）ど真黒になり、白い着物などは到底物干

中之島豊公社前より大川を隔てて大阪市北方一面を望む（『大阪経済雑誌』第12年第2号、1904年4月、関西大学図書館所蔵）

に懸ける事が出来ない。　　　　　　　　　　　（1907年7月1日付）

　1907年10月3日から10月10日にかけて連載された「続天満繁昌記」は、深刻化した天満の煤煙問題について報じている。天満宮の北側にあったガラス工場を取り上げ、次のように記している。

　　幾星霜を経て川崎村は人家稠密（ちゅうみつ）して大阪市の中へ編入せられ、天神様の裏門からズット人家が櫛比（しっぴ）して仕舞つて、天満大根の花盛りが美しかつた辺が今や烟突林の如き工場と変つて了つた。
　　北部天満の中心は、与力町界隈（かいわい）であらうと思ふ。与力町、南同心町、北同心町は今、硝子（ガラス）工場や製薬所と変じて、僅（わずか）に屋敷塀や武者窓の残骸が、そのかみの東西町奉行配下の派振凄（はぶりすさま）じかつた名跡を留めてゐる。

　　　　　　　　　　　　　　　　　　　　　　（1907年10月3日付）

　　天満宮の裏門を出て北を望むと、濛々たる煤烟は秋高い空に漲つてゐる。烟の都の中で天満北部はその中心に当つてゐる。
　　与力町界隈を半日ブラ付いてゐたら、チックを付けた頭は石炭滓（かす）だらけになり、鼻の孔は真黒になる。
　　天満煤烟を醸（かも）し出す工場の種類は種々であるが、其七分は硝子製造場である。大阪の硝子製造場の巣は、南北同心町与力町辺に跨（またが）つて勇しい「活動」の響を戸毎に相競つてゐる。けれども、余りに規模の大きな工場には適しない。丁度硝子工場には誂（あつらえ）向きの処。　（1907年10月4日付）

第2章　『大阪時事新報』に見る明治後期の衛生環境　65

農商務省商工局工務課編『工場通覧』(日本工業協会刊、1909年5月)によると、ガラス工場は、大阪市と東成・西成両郡を合わせて91軒、このうちの19軒が、北同心町・与力町・南同心町の3町に集中していた。北同心町には、福永硝子製造所・吉田硝子製造所・山本硝子製造所など10工場があった。「吉田硝子」はランプのホヤ、「山本硝子」はビール瓶製造などで有名な工場だった(「続天満繁昌記(二)」『大阪時事新報』1907年10月4日付)。北同心町の北が天満橋筋西である。ここには、天満織物や島田硝子製造所、天満紡績などの大規模工場があった。

　煤煙防止のための調査機関を設置する話が出始めたのは、1910年(明治43)7月である。2年後の1912年1月の南の大火は、風呂屋の煙突から出た火の粉が原因だった。これを機に、ようやく煤煙防止に向けて動き出そうとする様子が『大阪時事新報』に報じられている。同紙1912年2月28日付の「煤烟防止器発明」に続いて、「煤烟防止の研究」(3月22日)、「煤煙を防ぐ器械　苦心惨憺して遂に成る」(4月30日)、「煤烟防止の実験」(6月18日)、「煤烟竟に絶えん」(8月9日)などの記事が掲載された。

　　「煤烟防止調査」機械工業の発達と共に益々烟突の数を増加し、日夜噴出する濛々たる黒烟は四囲の空気を悪化し、之が為め市民の健康に及ぼす悪影響は既に一般の認むる所となり居れるも、未だ之が除害を唱道するものなかりしが、這回小林林之助、志方勢七の両氏は、右除害方法を具体的に研究する官民合同の調査機関を設けんものと、安永高等工業学校長、佐多高等医学校長、佐立大阪府技師其他の意見を聴くと同時に、賛同を求め頻に有志の間に奔走中なれば、近々の内事実となりて顕(あらわ)るべしと。
　　　　　　　　　　　　　　　　　　　　　(1910年7月16日付朝刊)

　　「防烟調査進捗」当市小林林之助、志方勢七両氏の主唱に係る煤烟防止調査機関設置の議は、其後多数官民有力者の賛同を得て準備大に捗(はかど)り、今は発起人会を開催するの運びと迄なり居れる。
　　来月早々には発起人会を開催し、直に組織に着手する筈なり。右に付、発起人の一人たる小林林之助氏は語りて曰く、吾々が這回の企画は衛生の理由は勿論、煤烟の為め年々枯死せる樹木の損害、之が為めに汚損せ

らる、建具畳衣類の損害等を積算すれば年々莫大なる金額に達すべく、之が救済方法に付ては多年心を潜め居たるも、何分古来人烟稠密とか称して、一般に煤烟の濃厚なるは却て都市の繁栄を実証するものゝ如き感を抱き居る為め実行頗る困難なりしが、今や当市の膨張と製造工業の発達は、愈々其害を激甚ならしめ、最早市民の衛生上経済上捨置き難き大事となりたれば、先づ之れを如何にして防止すべきやに付、慎重なる調査を遂ぐる為め、各専門学者と実際家を網羅せる一機関を組織し、其研究の結果に依りて広く市民一般の公徳に訴へ、着々之が実行を計らんとするものに外ならず。　　　　　　　　　　　（1910年7月22日付朝刊）

松といはず、樹木の総ては樹幹枝葉皆黒味を帯びた緑である。試みに市中に生ぜる松の日々に枯衰せる一葉を取つて験せよ、手に忽ち印するは真黒の煤烟が残せる遺物、此煤烟には主として恐るべき亜硫酸瓦斯及び硫酸を含む事は、茲に分析表や学者の説を引用する迄もなく何人も夙に知了してゐる事実である。此の亜硫酸瓦斯や硫酸は毛髪、皮膚を害し、歯牙、呼吸器を害し、遂に肺や内臓を破壊する事は、都会に此種肺病患者の多い事に依つて明らかにせられるので、大阪全市人口の三分の一は確かに肺病に犯されたもので、其大部分は煤烟が原因であること位は何人も知つて居やう。　　　　　　　　　　　（1911年7月10日付夕刊）

「煤烟竟に絶えん」大阪は水の都と一には烟の都とさへ称へられ、市内六千有余の工場の烟突より吐き出す烟は昼夜濛々として中天に流れ、百万の市民は殆んど煤煙の中に棲息し居るが、本年一月南地の大火が湯屋の煤烟よりなりしより、第一着に湯屋の煤烟防止をなし、夫れより一問題たりし市営電車発電所の煤烟と見事防止されたるより、中村保安課長は注意として有力なる大工場六十六ヶ所へ、八日付にて燃焼器を据え付けるか又は他の方法を施しても、烟突より全く煤烟の出でざることに為すべしと通告書を発したり。何れ近き内には市内に全く煤煙の影をも断たしむるべし。　　　　　　　　　　　（1912年8月9日付朝刊）

大都市の塵芥

　大阪市は、尻無川の堤防に塵芥処理場を設け、掃除夫を雇って都会が吐き出す大量のごみを処理することにした。『第二十六次衛生年報』には、1906年の掃除夫は253人と記されている。『大阪時事新報』の記事から、河川へのごみの投棄が止まず、取り締まりに苦慮した様子がうかがえる。

　　市内横堀、道頓堀川及び木津川筋の沿岸には、塵芥の堆積場十を以て数ふる多数の箱場ありて、市役場にては特に塵芥監督吏を設け、多くの人夫を使役して、其塵芥は日々各郡部の特約地方へ運搬し、肥料用として売却しつゝあるに、近来川筋に多くの塵芥浮流し、時節柄衛生上甚だ杞憂すべきものあるより、水上署長は部下に命じて塵芥散布の防圧法及び其投入犯者に就て捜査中、昨日午前零時三十分頃西区三軒家上ノ町岩崎渡の下流西側河岸に於て、市役場雇人夫が昼間郡部に運搬すべく、塵芥船に塵芥を満載したるものを夜間に乗じて木津川へ投入しつゝある処を、木津川水上分署の巡査が認め有無を云はせず同署へ引致して目下処分中。

　　　　　　　　　　　　　　　　　　　　　　　（1905年7月18日付）

　一日の塵埃の容積が五号船に六十艘、重量が三万六千貫。

　三十六年、内務省から総て塵埃は之れを一定の場所に集めて悉皆焼棄せよと云ふ省令が発布されたので、市役所では新たに市掃除夫と云ふものを雇ひ入れて、毎日朝の八時から午後の五時まで箱車を挽かして、市内各所の塵埃を集め廻る事にした。で、集めた塵埃は何うするかと云ふと、尻無川の堤防に運んで行つて、其処に拵へてある十三個の竈で焼き棄てるのである。十三個の竈は、一年三百六十五日昼夜の別なくぶすぶすと燻ぶつてゐて煙の絶間が無い。十人の焼却夫は竈の前に駢んでゐて、集まつて来る尻から塵埃を竈に投込んで燃やして居る。此の竈は幅一間半高さ三尺計りの物で、一昼夜かゝつても一竈で千二百貫位しか焼棄つることが出来ぬ。今十個ばかりの竈を拵へなければ、到底全部を焼き尽すことが出来ないので、遂には尻無川の堤防に小山が出来やうと云ふ位である。

　　　　　　　　　　　　　　　　　　　　　　　（1907年4月30日付）

淀川減水問題

　1907年8月に、毛馬閘門が竣工した。これを設けたことで市内を流れる川の水量を調節できたが、河川の水量・水流ともに減退して汚泥が溜まり、臭気立ち上り衛生環境は悪化した。

　　毛馬閘門設置以来淀川の水流に減退を来し、為に船舶業者の困難並に各工業会社の被りつゝある悪影響の甚大なる事は既記の如し。然るに減水の結果は、市の衛生上に有害なる事は驚く可きものありて存す。

　　十年の昔を顧みれば、縦横に通ぜる市内各運河は水尋の深きが為に、流水亦清く、従つて市民の大半は之にて日常の用を達せるのみならず、毎朝の洗面は殆んど各運河の水を使用せしなり。

　　水流の流暢を欠くに至りし結果、東西両横堀を初め、道頓堀川の如き始終停滞勝にして新陳代謝を為さず、終に水の腐敗を見るに至れり。

　　堂島川土佐堀川の二川を除くの外、各支川の河底は塵芥と泥土を以て充たされつゝあれば、其臭気の高き驚く可きものありて存す。

　　十年前に於ける道頓堀沿岸の緬類業者は、其流水にあらざれば使用せざりしなり。否な、水道の水にては真味を生ぜずと迄思惟せられたるものなるに、近年其腐敗と臭気の甚しき結果として全く使用に堪へず。最早一人として之を使用する者はなかるべし。

　　其他、野田及福島、曽根崎近傍に於ける小運河に沿へる一帯は臭気の激烈なる到底永住に堪へず。

　　更に之に下水を放捨し、塵芥を捨棄して顧みざるより、日一日と混濁を増しつゝある現状なり。　　　　　　　　　　（1908年9月24日付）

上記のように、「其臭気の高き驚く可きものあり」と記される状態だったにもかかわらず、同時期の大阪市内の各川には、多数の料理船が浮かべられ、不衛生な川の上で飲食が行われていた。この状況を、『大阪時事新報』は次のように報じている。

　　大阪には有名な料理船と遊船とがある。料理船に就て云へば、淀川から堂島川、土佐堀、木津川、千代崎橋上流、尻無川中流以北、六軒屋川安治川筋全部、東西横堀並に長堀川以北の東西諸川、即ち安治川水上本署

管轄内の水上七十三艘あり、天保分署の管轄内即ち築港内尻無川中流以下、正蓮寺、伝法の諸川には全くなく、木津川分署の管轄内即ち木津川千代崎橋下流、道頓堀、堀江とに於て十六艘。全市諸川合計八十九艘。料理船とは、例の牡蠣船、川魚料理夫に此頃流行するビヤーホール船抔のことである。

広島牡蠣船の如き、昔は必ず秋に来て春帰ると丁度雁の様な塩梅であつたが、今は損益から勘定して春四月になると牡蠣の雇人のみを帰広せしめ、更らに船の装飾を変え、酌婦、料理人の雇替えをして、ビヤーホールと早変りするのもあるさうな。　　　　　　　　（1908年6月6日付）

川辺の生活

1909年9月には、『大阪時事新報』に「現実暴露裏の大阪」が連載されている。この連載記事は、道頓堀川と東横堀川の境にある「上大和橋乗船場」を起点として、道頓堀川を西へ下り、木津川を松島まで上る巡航船から、川岸を眺めるかたちで記述している。この記事から、川岸に住んでいた人たちの衛生状態の悪さが見て取れる。なお、川岸に住む人びとは、川の水を生活用水として暮らしていた。次の記事は、道頓堀川の両岸の光景である。

船に乗つて、大阪の川筋を行くと、春の裏が秋であるが如く賑はしい、立派な大阪の表町に比較して、染み染みと河岸に沿うた、数々の家の裏手の見すぼらしさが感ぜらるゝ。

吾輩の茲に云ふ「裏の大阪」とは、即ち此の河岸裏の光景を指すので、大阪人の生活は此の河岸裏で、最も大胆に其の現実を暴露して居る。

物の表に比して裏の汚い如く、人間の生活も、表に比して裏は汚い、殊に表を飾る大阪人の生活に対して、彼の様な汚い河岸裏の、さらけ出しは、一層汚い見すぼらしい、哀れな、動物的の感じを深くせしめる。

　　　　　　　　　　　　　　　　　　　　（1909年9月9日付朝刊）

若し大阪にして、水の都の名を空しうせざらんと欲せば、今後百段の考慮を廻らし、以て六根清浄、無垢潔白の水を、彼の四通八達の、運河に流すべき大計画を樹てねば駄目である、今の大阪の水は、決して美的で

無うて、実用的である。
其の水の穢い事に就て大阪人は何にも感じて居らぬ、殊に穢い水に面した、幾多の穢い生活のパノラマを見ても何とも思はず、日本一の大阪だすと澄まして鼻を蠢かしてゐる。　　　　　（1909年9月10日付朝刊）
河岸に沿ふた数数の家、何んの事は無い古ぼけた折箱を或は三つ或は四つ五つ、甚だしきに至つては六つ許りも積重て、夫れへ一段毎に窓を開けて杉楊枝見たいな柱を立てたのだ。殊に河岸裏は表の街道より一段低くなつて、水面との間に少しの空地を存してゐるから、表から其の上にお家がぴんとお尻を出して居る。之れを支へる小さな丸太が幾本もあつて、其処は大抵物置場と為つてゐるが、酷いのになると形許りの物置が取られて、直ぐ其の上から人が住つてゐる。此の有様を表の方面から見たら先づ穴居生活で、裏から見たら桟出生活だ。随分千番一番の兼合と云ふ危ない所を歩いてゐる生活である。だから其の不秩序な事、乱雑なこと、到底之れを名状すべからずで、頭の上からド……と水が落ちて来る。之れは地下第一層で生活してゐる人の、米か漬物かの洗汁で、其のド……と水の落ちる、脇に、水平線を為した小さな烟突がある。
此の烟突は地下第二層に住つて居る人の飯炊く烟を逃す設備で、恁極端になると、表街の地平線下に二層の所帯が持たれてゐるのである。此の所恰も豚箱の上に鶏の塒があつて、其の上に蟋蟀駕籠があつて、其の上に目白が飼はれて、其の上を鶯が鳴いて居る様な図が出来る、だから家と云ふ家に中心が取れて居ない。甚だしきは、一見した丈けで、非常に傾斜して居ることが瞭然と判るのがある。　　（1909年9月11日付朝刊）
下の河岸で赤湯巻を濡し乍ら、せつせと洗濯を仕てゐる二人の女を見てゐられた品の可い質素な姿を仕た令夫人が、「本当にこんな穢い水で能く洗濯を為さること」と、細く一の字を引いた眉をお顰めになる。全く様で、御覧の通りの御有様、家は寄木細工の、風にも雨にも堪へ難なの痛々しい造り、水は八種伝染病の黴菌が悉く仕入済みになつて居らうと云ふ泥濁り。
何んとか云ふ博士が、大阪は地震地だ、而かも未だ免疫されてゐない地

震地だと云つたことを思ふ、ぎよとしずに居られない。
　今少し建築は、確り仕たものに改め無くちや、地震、風雨を俟たず、何時如何なる大事が起るか知れぬが自分は職人と同じく、此の河岸沿ひの家々を危険と感じた、而して令夫人と同じく、不衛生な所だと思つた。
　　　　　　　　　　　　　　　　　　　（1909年9月13日付朝刊）
　今少しく市政当局者が意を用ひれば斯くまで汚れ、悪臭のする、危険な、乱雑なものとし無くとも済む。美観の欠けた都市は、不具の都市で、衛生行政を無視した政治は、政治として其の大なる必要条件を忘却した、乱暴な政治である、大阪市に其の跡の昭々たるものあるは、如何にも遺憾の限り。
　　　　　　　　　　　　　　　　　　　（1909年9月14日付朝刊）

飲用水と水系伝染病

　『大阪市統計書』（1900年、1911年）によると、大阪市の人口は、1896年（明治29）には50万4226人だった。翌年4月に市域の拡張が行われ、東成・西成両郡のうち、13か町村全域と15か村の一部が市域に編入され、大阪市の人口は75万8285人となった。1904年（明治37）には100万人を超え、その後も年間約4万人から5万人ずつ増加し続けた。

　当時大阪市は、1日50万石80万人分の給水を目標とする上水道拡張工事を進めていたが、急激な人口の増加にともなって給水量が不足し、深刻な水不足が生じた。新市域のみならず、旧市域においても、上水道が敷設されても給水栓を設けず、これまで同様井戸水や川の水を使用する者が後を絶たず、コレラや赤痢などの水系伝染病の流行の原因となった。

　「販売給水停止問題」場末の貸長屋等にありては、上水道の敷設あるも、給水栓の設置を怠り、依然悪水又は販売水を用ゆるより、当局者は茲に断乎として本月限り販売給水の停止を命じたるより、川崎、北野、曽根崎、福島、野田、木津、難波、今宮、三軒屋、西浜、天王寺等に於て一大恐慌を惹起したる内情を聞くに、始め市が上水道を敷設するや、場末の箇所まで一時に設備を完ふする能はざるより、以上の各所を通じて十余箇所の販売給水栓を設置せしめ、一日五百石乃至六百石の上水を供給

し、一万余戸四万余人は悉く販売給水の恩恵に浴しつゝありしが、彼等は此給水に馴れて、市が上水道を敷設したる後までも給水栓を設置することなく、又家屋の持主側にありても、或は設置費を惜み、給水料を免れんとして其儘に放擲する者あり。或は給水栓を設置するも、使用者（借家人）より給水料を納付せざるが為め、止むなく中止する者等ありて、未だに上水道を使用せざる者頗る多きを以て、斯ては折角の上水道設置も衛生上何等の効能なきに終るべしとの意見より、茲に断然販売給水を停止するに至りたる次第。　　　　　　　　（1905年3月20日付）
一方には燃ゆるが如き工場の煤煙に咽びつゝ、僅かに之を癒すべき上水は有れども無きが如く、午前九時より午後五時まで、甚だしきは更に長く一滴の水を得られず、斯る苦熱と煤烟と闘はざるべからざる市民は実に憐れむべき哉。両三年前まで当局者は断水を以て市民の濫用に対する正当防衛と為したるも、市民の膨張百余万を数ふる今日に於ては、六十万人相当の給水量を以て遂に耐ゆる能はざるは明瞭なる所、当局者は遅蒔ながらも水道拡張を計画したるも、年々四五万人づつを増殖する大阪は、五年後の新水道を待つの余裕ありや。少くも三年を猶予するの時間ありや。　　　　　　　　　　　　　　　　　　（1906年8月6日付）
「水道上水の欠乏」当市水道は夏時欠乏の為め例の通り毎日午前九時より午後三時まで全市断水を行ひ、市民は常に水責めの苦みを受けつゝあるが、殊に水源地に遠き編入新市の各町は通水時間中にても途中の使用量多き為め何時も欠乏し居るを察し、市役所にては断水時間中特に其方面に当る一管を開放して配水し居るも、是亦途中にて横取りせられ、従つて新市方面は終日断水の有様にて大に当惑し居る由。
　　　　　　　　　　　　　　　　　　（1908年7月16日付）
「貧民窟と飲用水」虎列剌尚は猖獗を極め居れるに、市内辺鄙の貧民窟にとりては未だ上水道の給水を受くるを得ざる為め随つて不良水を飲用するより、之が為め同病発生の虞あり当局にては協議の上愈よ無料給水する事と成り、臨時百三十ヶ所の給水栓を施設して戸数約五千戸に対する供給の準備をなし、十日より工事に著手したれば、多分十二日頃よ

り普く給水する事となるべしと。　　　　　（1910年10月11日付夕刊）
　虎疫流行の一原因として見るべきは、水道給水を制限されたるより場末の貧民等は共同水栓を節検すべく共詮議といふ具合に互に他人の用水を掣(せいちゅう)肘するに至りしを以て、遂に不良水を飲用するもの多く、為めに此忌はしき虎列刺病をして益(ますま)す盛んに流行せしめたるものなるべし

　　　　　　　　　　　　　　　　　　　　（1910年10月31日付朝刊）

下水道の未整備

　大阪市の中心部である船場地域は下水道が完備されていたが、上水道の敷設状況と同様、中心部から離れた旧市域と新市域では下水道の整備がなかなか進まなかった。下水道の未整備は、伝染病発生の原因となった。汚水の停滞による臭気が問題となったが、いっこうに改善されなかった。その様子が次の記事からうかがえる。

　嚢(さき)に施工したる下水道改良工事は、僅(わずか)に市内の中部に止まり、明治三十年本市に編入したる新市街に至つては、其改良を感ずること急にして、既に市会の建議を受くるに至れりと雖(いえど)も、経費約千万円を投ずるも、尚ほ完備の域に達すること難きを以て、現今の処は漸次小部分の改良を施すに止まれり。然れども早晩大施工の必要あるを以て、現今専ら其財源調査中なり。　　　　　　　　　　　　　　　　（1906年1月18日付）
　当市の下水道改良を要する地点一千八十箇所の中、既成三百十四ケ所、未成七百六十六ケ所にして東区船場は全部改良済みとなりしも、市の大部分は未だ起工の運びに至らざるが、下水道は独り市民衛生上の関係のみに止まらず、都市として欠くべからざる最要の設備にして現在の儘に捨置き難く、且つペスト予防の為め急を要する事業。

　　　　　　　　　　　　　　　　　　　　　（1906年5月27日付）
　当市編入の木津、難波、今宮、天王寺、玉造、曽根崎、福島等の新市に於る下水道改良は、先年来大藤工学博士に嘱託して既に其設計成り工事費も四百万円と決定し、其財源には全市の糞尿汲取(ふんにょうくみとり)を市営とした該収益金を以て之に充つる計画なるも、糞尿汲取は勅令市街掃除法の改正を要

するより、今日まで遷延せるも、新市下水道の設備なき結果として年々発生するペスト、虎列刺、赤痢等の伝染病は、此不潔なる新市より特発し、毎年数十万銭の衛生費を要するのみならず、第二の都会たる市街の体面上一日も早く実行の必要を認むる折柄、去る十三日の市会に新市選出議員中谷徳恭氏より該下水改良の建議を提出し全会一致之を可決したる。　　　　　　　　　　　　　　　　　　（1908年10月24日付）

下水は排水管の設備完全せざるが故に、新市街は蚊蛆群を為し臭気鼻を衝く許りにて、歳々幾多の伝染病患者を発生せしめつゝあるに非ずや。是実に百万市民の健康を奈何せんの嘆なきを得ず。然かも一日を忽にせば一日の損失を生ずる、之れが改良工事の急施は大声疾呼せざるを得ない。

旧市街は下水排水の途を講じたが、新市街に在ては全然排水の途を欠き、汚水停滞して不潔言語に絶する状態である、抽水所の如きも排水区十一ケ所の内、僅に九条抽水所を建設したのみで他の十ケ所は未だ建設し得ないのだ。　　　　　　　　　　　　　　　　　　（1909年3月29日付）

家屋とペスト

　ペストは、鼠や蚤が媒介して感染する伝染病であった。1905年から1908年夏ごろまで、大阪にペストが大流行した。当時の大阪の家屋は、軒が低く採光が不十分で、薄暗くて湿っていた。鼠が大量に繁殖していたため、ペストが流行すると、市民に鼠の捕獲を奨励し、これを捕えれば市が買い取った。東京でもペスト対策として、大量に鼠が買い取られた。『大阪時事新報』の記事からは、問題視されていながら、家屋の改良がなかなか進まない状況がうかがえる。

　　今度の流行に就て、ペストに侵された家は、多くは斯る狭隘なる薄暗き湿潤つぽい家で、固より其中には大阪での大きな家と見做された家もないではないけれども、衛生家の目から見れば矢張前同様の薄暗い湿潤つぽい部屋たるに過ぎないので、此点に於ては大阪の旧家屋は一般に甚だ衛生の趣旨に反して居る。如何なる大家でも、戸口が甚だ狭く、取れ

得べき庭をも充分に取らず、開け得べき窓をも開けず、昼猶ほ夜かと疑はるゝまでに薄暗きが通常である。而して不思議なのは、斯る家の装構が近来に至つても改まらぬことである。　　　（1906年11月4日付）
大阪私立衛生会にては、ペスト病予防上に関し家屋修築方法調査の必要を認め委員を設けて調査したる。　　　　　　　　（1906年11月18日付）
「衛生的家屋は如何にして造るべきか（大阪私立衛生会調査）」流行病中最も恐るべきペストは、執念く食ひ入りて絶へざる中にも、大阪の地は最も猛烈を極めて、市民の損害商工業の妨害、延いては貿易上にも及ぼし、全市を挙げて之れが撲滅に、是れ日も足らざるの風あるは遺憾とすべき次第なるが、ペストの病毒が鼠族に依りて伝播せられ居る限りは、鼠族を退治する方法こそ最も肝要のことゝ云ふべし。今日の如く如何なる懸賞を用ゆるも、其根本たる家屋の構造が何時までも在来の儘にて、鼠族の侵入に任せ居たらんには劫々にペスト退治も覚束なかるべく、左ればとてペスト発生区の家屋を残らず焼き払ふことは、所謂出来ぬ相談として其儘に棄て置くべくもあらず。　　　（1906年11月19日付）
総ての事物が長足の進歩をして居るにも係らず、如何いふ訳か家屋のみは依然として旧の如く、少しも改善を加へられた模様が無い。全市中をずうつと見渡すと、銀行会社及び心斎橋通りなどの気の利いた商店の内でも西洋造りに為たものや和洋折衷のものは極めて僅々たるもので、其の八九分通りは旧幕時代の遺物とも言ふ可き一種の迷信から起つた軒の低い床の地面に着いた暗い家ばかりで、終日太陽の光線に浴せず、雨天などになると洋灯（ランプ）でも点けなければ仕事や商売は出来ないといふ様な家さへ珍しくは無い。
警察署の規則にさへ抵触せなければ、夫れで好いと云ふ調子で縦横無尽、空地さへあれば、何様な処でも構はず矢鱈無性に建てゝ行くものだから、其の不規律は実に驚くべきもので、難波の端々や九条辺へ行つて見ると、何れが本道だか路地だか薩張り訳が分らぬ。東西の方角さへも付かぬ様な有様で、丁度蜂の窩の様な具合である。而して其家屋は小さい狭い苦るしいもの計りで、便所と台所とが隣り合つて居る様な処さへある。現

今の大阪市民の数から見ると、家屋を何程建てても未だ未だ充分と云ふまでには行かないので、建てる尻から借り手が出て来て宛がら餓ゑた狼が餌を漁ると同様、争つて借り受けるものだから、貸家持ちの連中は高利貸よりも尚残酷に甚しい暴利を貪り、滅法界高い家賃を取つて平気な顔を為て澄して居る。　　　　　　　　　　　（1907年4月1日付）

一区内及び危険と認めたる土地の如きは、亜鉛版と鉄網をもつて防鼠の設備を為す筈なるが、亜鉛を用ゐて各戸を囲繞するは、此際商家にとりては気の毒なれば、之等は一一店頭に模範防鼠なる札を掲出せしめ、一見して危険なき事を示し居れりと云ふ。　　　（1907年12月14日付）

元来大阪市の家屋は、床と軒が低く入口が細ふて奥が深い。勢い光線の通りが悪く、空気の流通が悪くなる道理だ。市の目貫であると云ふ船場の中央ですら、白昼に洋灯を点さねばならぬ様な所が沢山ある。夫であるから、伝染病とあれば真先に大阪市へ侵入して来る。現にペストに引続いて天然痘でもつて悩まされつゝあるのでも合点の往く筈。斯程悪疫の流行が速やかで病毒の侵入が猛烈なのは、畢竟家屋の構造が不完全であるからである。　　　　　　　　　　　（1908年3月9日付）

市内の家屋は年々一万戸も増加する。此増加する家屋は何所へ建つかと云ふと、重に市の外囲即ち新市街面である。試に福島、西野田、本荘、玉造、難波、木津等の街衢の有様を見ると、今ですら街路錯雑且つ屈曲して一度足を踏入れるが最後、恰も八幡の薮知らずも斯くやと思はるゝばかり。這麼工合で今後年々歳々家屋が増加、膨張し行く大阪市此新大阪市の街路什麼の問題に思至る時は慄然たるを禁じ得ない。

　　　　　　　　　　　　　　　　　　　（1908年3月13日付）

家屋の改良も亦目今大阪市の急務である。

大阪市の首要街衢と称せらるゝ心斎橋通の家屋が極めて矮小で且つ構造の不秩序なる、是等繁栄の区画よりして改造の先鞭を着くるの必要を感ずる。

悪疫の流行は鼠族の駆除に依て防ぎ得るとすれば、少くとも鼠族の侵入し得ざる家屋を建築する必要がある。兎に角家屋改良に依て諸種の伝染

病の幾分を防遏し得るは疑ひない処だ。　　　　（1909年3月17日付）

伝染病と職工

　職工の衛生環境は劣悪だった。満足な食事もなく1つの蒲団に2人以上で寝ていたため、感染者が出るとたちまち伝染病は拡大した。治療を受けさせず、別室に隔離し隠蔽しようとした工場主もいた。その有様を次の記事から詳しく知ることができる。

　近世的工場内に於て最も敏活なる機械と共に働かざるべからざる労働者に取りては、此の如き粗食は体力の破壊を伴ふものなること無論なり。左れば紡績工場内には脚気、赤痢、眼疾、肺労等の病疾流行すること往々にして、其結果の如何に恐るべきかは、体質に於て些細の欠点を有する者なれば、労働二ヶ年に及べば遂に健康を害して工場を去るの已むなきに至るか、然らざれば死亡するに至るの事実に依りて明かなるべし。工女の寝室を見るに、二十四畳敷の一室三十六人の寝具を展べたるを見たり。而して彼等は一枚の布団の下に二人臥床するものにして、甚だしきに至りては、四人の幼女工を包容する場合ありと云ふ。而して此寝室は昼夜共に使用さるゝこと勿論なることを以て、寝具を空気に曝らすが如きことなければ、有ゆる有害黴菌を以て囲繞さるゝこと勿論にして、到底安眠を得らるべきにあらず。
　中には、二十四畳敷の寝室内に、四十八人の工女群居せるも敢て珍らしからずと云ふ。　　　　　　　　　　（1907年11月24日付）
　「製麻会社の赤痢」西成郡伝法町にある帝国製麻株式会社の女工数十名が赤痢病に罹り、同社嘱託医が隠蔽して予防法を講ぜざりしため、病勢益々猖獗となりて、病毒既に蔓延し居にければ、些も閉息する模様なく、同社女工三百十五名の内百五名迄伝染して、死者六名を出し、尚伝播する形勢ありて、今は殆ど手の付け様もなき有様。

　　　　　　　　　　　　　　　　　　　　　　（1907年9月15日付）
　「桜川町の百斯篤」南区難波桜川町一丁目四千七百三十番邸村部豊七（四十五）は、一家の五名の外に二十八人の職工を傭ひ入れて、盛んに

鋳造業を営みつゝありしが、同家工場の二階には雇人の梯喜次郎（十九）正木清市（十三）福原利三郎（十五）の三名が枕を並べて唸き苦しみ居り。殊に其枕頭なる一方には同じ雇人の鍵岡一二三と云ふが既に死体となりて横り居る。　　　　　　　　　　　　（1907年11月11日付）

　上の文に続いて、「桜川町の百斯篤」の記事は、「検疫官は何れも苦心して市民に誤解なきやう懇諭しつゝ取調べ居れるが何分にも隠蔽するもの多く」と記している。なお、前掲『工場通覧』によると、同年の帝国製麻株式会社大阪製糸工場の職工は、男113人女421人計534人であり、村部鉄工所では男工22人を雇用していた。

紡績職工日記

　大阪合同紡績会社天満支店への潜入取材の様子が、1907年12月17日から12月30日まで「紡績職工日記」（全14回）として掲載された。同記事は、「第二の監獄と世人は戦慄し、野獣のやうに頑強な労働者ですら夫と聞けば先づ二の足を踏む其紡績職工の生活状態」（12月17日付）と書き、工場内における男女職工の労働状況や、天神橋筋東2丁目65番地の「林」という「紡績宿」、すなわち男の紡績職工が寝泊まりしていた「下宿」について記している。

畳数合計四十畳程の家に、下宿人が九十二人も居るのだから堪らない。四畳と三畳と二畳と二畳、合計四間を押放した、通計畳数十一畳の処に縦横無尽に煎餅蒲団を引き廻し、真裸体の大男が足の踏入るゝ処もない程、或は牛の如く或は豚の如くごろりごろりと転んで居るのである。
　　　　　　　　　　　　　　　　　　　　　　　（1907年12月28日付）

空腹に駆られて一口食ひは食つたが、其油臭いバラバラの支那米が到底咽喉を通る筈がないので、早速箸を投げて退却に及んだ。此家は入口の暖簾が既に油臭く、人の身体も畳も家具も洗面盤も油臭く、遂に飯まで油臭いには閉口した。　　　　　　　　　　　　（1907年12月20日付）

機械の煽風に吹捲られて、宛然吹雪と舞散る綿屑の埃に頭髪から紺足袋まで真白に浴びて働いて居るのは組紡部の工女である。
男工でも女工でも一度紡績会社の中へ入つたならば嫌でも応でも倒れる

まで機械と共に運転せなければならない。　　　　（1907年12月21日付）
蒸熱い工場内の空気は、成程下宿の主人の云つた如く、一枚の襯衣が汗ばむ位であるけれども、重くろしい腐敗した空気と耳を聾する許りの轟々たる機械の音は、過激の労働に疲れた身体を麻痺し終つて人間らしい感覚を失はしめる。　　　　　　　　　　　　（1907年12月22日付）
油臭い垢染みた煎餅蒲団二枚で二人宛寝るのだが、夫は尚忍ぶべしとして、冷たい身体を蒲団に包んで薄い乍らも聊か温りかけると忽ち蠢々と蚤か虱か何かしらぬが、頸筋から足の先まで匍い集つて全身処嫌はずに刺すには閉口だ。　　　　　　　　　　　　（1907年12月24日付）
獰悪なる工女募集員は、女衒よりも呪ふべき哉。彼等は親の許諾が有うが無からうが其麼事には頓着して居らぬ、黄金の卵を養む工女等は何程あつても足らぬのだから、瞞さうが賺さうが脅さうが、目的の為には敢て手段を選ばぬ。
吹雪と舞散る綿埃の中に腐敗した空気を呼吸し、十一時間は全く機械の前に佇んで居らねばならぬ。頭痛はする、腰は抜けるやうになる、眼は眩む。而して食物は何うか。油臭い支那米の飯にお菜は朝古沢庵の香の物、昼は芋大根牛蒡などの煮付が椀に一杯限り、晩は味噌豆の煮たのが僅に一皿、芋なら芋、大根なら大根が二日も三日も続いて、生魚や肉類は一ヶ月に一度も呉れぬ。一週に一度棒鱈のやうな干物を食はす許りである。　　　　　　　　　　　　　　　　　　（1907年12月27日付）
紡績職工の声は男でも女でも不思議に皆皺嗄れてゐる。
工場の不潔な空気と綿埃は、鶯の如な美しい声の少女も一ヶ月と経たぬうちに忽ち咽喉を害はれるのである。　　　　（1907年12月29日付）
工場の夜は早や一時を過ぎた。
然ども紡績職工は此の偉なる天地の法則を破つて、轟々と運転する機械に使役せられて居る。紡績職工は人ではない。言い得べくんば一種の機械である。少くとも機械の奴隷である。成程彼等は夜の代りに昼眠る。然し乍ら、彼等は猶且人の子である。天地の法則を全く破ることは出来ぬ。昼間十時間の睡眠は、夜間五時間の睡眠の休息を人の神身に与へな

い。工場の夜は今六時を過ぎた。見よ、激しい労役に疲れた工女は綿埃に塗れて工場の隅、機械の前に頽然(たいぜん)と取乱して仮睡(うたたね)して居るではないか。噫(ああ)可憐なる彼等は此の仮睡の暫(しばし)の夢もコツコツと云ふ工務係の靴音に破られるのである。自分の殊に憐れに堪へなかつたのは、奈良県生駒郡郡山町大字今井から母と共に来たと云ふ今年十一歳の少女が、工務係に発見(みつけ)られないやうにと綿屑箱に隠れ、頭から全然(すっぽり)と綿屑を被つて他愛なう眠つた姿を見た時である。　　　　　　　　　（1907年12月30日付）

「紡績職工日記」は、記者の潜入取材による連載記事であるだけに、明治末期における大阪の紡績工場の労働実態と男女職工の生活環境が、直接的に伝わってくる貴重な資料である。

明治末年の桃山病院

　市立桃山病院は、1887年（明治20）3月に臨時の避病院として設置され、1896年4月に常設となった（『大阪市立桃山病院百年史』1987年）。1905年（明治38）から1908年におけるペストの流行時には、真性患者を収容する石造室、擬似患者を収容する隔離室、快方に向かった患者のための東北病室が設けられていた。石造室や隔離室への入り口には医師と看護婦が予防衣に着替えるための準備室があった。

　　此頃桃山病院と云へば、ペスト菌が其辺に沢山散らばつて居る如くに思はれ、ペスト患者を出した家族は、行けば到底助からぬ地獄のやうに思うて居るが、扨(さて)行つて見ると、人家は離れて居る、掃除は綺麗である、消毒は十分に行届いて居ると云ふので、更に危険などゝ云ふやうな考は起らない。而已(のみ)ならず、伝染病患者の収容所としては至極適当な場所であるかの如くにも思はれる。

　　石造室、此室は真性患者を収容する所。床はコンクリートで固め、鉄製の寝台を置て其上に患者が寝ている。普通の病室なれば戸棚も一つ位付いて居るのであるが、鼠が巣を造つては大変であると云ふので、総て斯う云ふものを設けない事にしてある。

　　室の入口とか玻璃窓(ガラス)とか云ふ所の内側には、目の細かい金網を張つて伝

染病の媒介をする蠅や鼠の出入を防いだ。　　　　（1907年12月16日付）

　準備室、此室は石造室の入口にある小さな室で患者を収容する所ではない、医師なり看護婦なりが真擬両患者の室に行くに際し、予防衣を着し予防具を纏うて行く準備室で、再び患者の部屋から戻つて来ると石造室の出口で着物と予防具とを脱で之等の総ての器具に蒸気消毒を施す。

（1907年12月17日付）

　なお、1908年4月24日に、軽症の水痘で桃山病院に入院した1人の男児が、看護婦の注射を受けた直後に死亡するという事件が起きていて、これに関する記事が5月6日から7月17日までしばしば掲載され、8月4日と8月9日にも関連記事が掲載されている。幼い子供の突然の死亡に、疑いがもたれたのである。この事件について、1912年に『医海涓滴』を出版した田中祐吉は、この時の男児の死亡はアナフィラキシーショック、すなわち急性アレルギー反応によるものだと記している。

　明治後期の大阪は、急激な工業化と人口増加に伴い深刻な環境問題を抱えていた。大気汚染・水質汚濁・劣悪な住環境は伝染病流行の原因となり、人びとの身体をむしばんだ。急形成された工業の街、職工の街の空と川はますます汚くなった。公衆衛生への取り組み、病院の整備、上下水道の敷設など、衛生対策は試みられてはいたが、とても追いつかないというのが実情であった。

（相良真理子　岩田陽子）

第3章　新聞作家と道頓堀五座

道頓堀という空間

　江戸時代に歓楽街として形成された道頓堀には、明治の初めに筑後芝居・中の芝居・角の芝居・角丸芝居・若太夫芝居・竹田の芝居とよばれる6座の芝居小屋が存在した。筑後芝居は戎座と名のったのち浪花座と改称し、中の芝居は中座、角の芝居は角座、角丸芝居は朝日座、竹田の芝居は弁天座と称し、若太夫芝居は廃座となった。明治初年における文明開化政策を経て、明治10年代から20年代にかけて道頓堀五座と称される5つの劇場が形を整えた。

　道頓堀川の北側が宗右衛門町、南側に櫓町、櫓町の西に九郎右衛門町、南に阪町があり、西櫓町西部と九郎右衛門町の南が難波新地である。宗右衛門町・櫓町・九郎右衛門町・阪町・難波新地は、南地五花街とよばれる遊廓であった。江戸時代の公認遊所地を含むこの地域は、明治になって貸座敷営業を認める公娼地に指定された。南地遊廓の目抜きに位置する櫓町に、5つの劇場が建ち並び、芝居茶屋や貸座敷が混在して遊客や芸娼妓でにぎわった。

　明治中期の1895年（明治28）における櫓町の娼妓数は102人、明治後期の1907年（明治40）には133人だった。芸妓数は、1899年（明治32）に西櫓町で18人だった。1909年の『大阪時事新報』は、「道頓堀は芝居町たると共にお茶屋町」と記しており、明治末の櫓町には「重亭」「松緑」「油屋」など37軒の貸座敷があり、「丸万」「伊勢万」「目さまし」などの料理屋、「大吉」「船竹」「紙幸」などの芝居茶屋があった。

　道頓堀芝居町の演劇興行に、近代化の波が押し寄せたのは、1870年代後半から80年代だった。江戸時代の町人社会の風俗や人情を題材とした世話物や、武将の軍記に取材した時代物に代わって、散切物・活歴劇・壮士芝居とよばれる新しいタイプの芝居が道頓堀五座でも演じられ、まもなく大阪における演劇近代化への取り組みが始まった。

大阪演劇改良会結成のための会合が開かれたのは1886年（明治19）8月であり、翌月25日に南歌樓に集まった安井健次・扇谷五兵衛・中村宗十郎・中村雀右衛門らが中心となり同会が発足した（『大阪朝日新聞』1886年8月15日付、9月29日付）。会員には、著名な新聞記者・小説家の宇田川文海、脚本家の竹柴諺蔵、人気役者中村宗十郎、画家の久保田米僊らが入っていた。竹柴諺蔵はもと勝彦輔といい、河竹黙阿弥の高弟で勝諺蔵または竹柴諺蔵と名のった父の名を継いでいた。同年10月には、大阪演劇改良会発足後の第2回会合が開かれた。『朝日新聞』は、9日夕刻の難波新地の割烹店南鏡園における「大坂演劇改良会」の開催予告を掲載している。『歌舞伎新報』によると、当日の出席者は、「俳優でハ宗十郎、璃寛、雀右衛門、和三郎、市十郎」、「其他狂言作者の竹柴諺蔵」や「画家の久保田米僊」らであった。

　翌1887年には、大阪における演劇改良運動が本格化した。2月に中座で上演された「薩摩潟浪間月影」では、尊攘を唱えて西郷隆盛と結んだ僧月照の入水場面の写実的研究に力が注がれた。『歌舞伎新報』1892年5月25日付には、翠笠園執筆の「大坂改良演劇の始末」が掲載されていて、「演劇改良論の盛んなりし」時、「浪華にては宗十郎、吉三郎、雀右衛門、琥珀郎等の一座にて月照の履歴を演ずる」こととなったと述べた上で、次のように記している。

　　織田純一郎、宇田川文海、早川衣水、岡野半牧の諸氏と拙者等、改良の
　　主唱者となり、月照の僕にて、当時清水辺に水茶屋を営める重助と云へ
　　るものを大阪中の島の水明館に招き、其の履歴を問ひ、明めたり。重助
　　ハ元月照が清水寺の成就院にありし頃より仕へて、入水の折までも傍ら
　　を去らず随ひし者とて月照の履歴はいとも明白になりたれバ、其のまゝ
　　を脚本て演じたるに、可なりの大入にて有りし。

　87年6月には、中村宗十郎・市川右団次らが中之島洗心館に「俳優懇親会」を開き、大阪府内の紳士200人を招待して、「演劇改良のことを協議」することとなった（『大阪日報』1887年5月31日付、同年6月7日付）。8月には、戎座に浪華演劇改良会社が設けられ、脚本の内容や俳優の品行に対し、近代的風紀上の観点から改善を目指すとともに、劇場構造・狂言組織・舞台大道

具・観客対応などの改良を打ち出した。戎座は江戸時代の芝居小屋から近代的劇場に改築され、劇場名を浪花座と改称した。戎座の改築について、『朝日新聞』1887年8月14日付は、「其図面は、西京の久保田米僊氏が欧米劇場の建築と自己が従来意匠を凝したる雛型(ひながた)とを併せて作りたるもの」と報じ、9月17日付は、外面が落成して浪花座と改称したと報じている。浪花座の外観は京都の祇園座に似ていて、仮開業式は10月6日に行われた。

新聞小説の上演

　演劇改良の試みとして、「薩摩潟浪間月影」が中座で上演された時、その史実性と写実性に取り組んだのは、明治前期に大阪における新聞連載小説作家として揺るぎない地位を築いた宇田川文海であった。『朝日新聞』に連載された宇田川の作品が、新ストーリーの演劇として、道頓堀の劇場において上演が始まったのは、演劇改良運動が開始される数年前だった。
　1882年9月から10月にかけて、中座で上演された「盛名橘北国奇談」は『朝日新聞』同年5月から7月まで連載された宇田川の小説「北国奇談橘乃(のきの)橘(たちばな)」を脚色改題して上演されたものである。1884年に戎座で上演された「若緑二葉松」は、『朝日新聞』連載の宇田川文海の代表作「勤王佐幕巷説二葉松」を脚色したものであった。
　翌85年に戎座で上演された「何桜彼桜銭世中(さくらどきぜにのよのなか)」は、同年に『朝日新聞』に連載されたものであり、シェークスピアの「ベニスの商人」を宇田川文海が翻案した小説として知られている。「若緑二葉松」においても、「何桜彼桜銭世中」においても、主役を演じたのは、宇田川文海とともに大阪における演劇改良運動の中心的役割を担った中村宗十郎であった。
　宇田川文海や中村宗十郎たちが目指した演劇の近代化は、大阪の演劇史、劇場史を語る上で欠くことのできないものである。しかも、演劇の近代化過程との関連で、新聞連載の小説が脚色されて上演され、観客を引き付けたことは重要である。それらの小説と脚本には、何がどのように描かれていたのだろうか。明治中期から後期へ、そして大正期へと、『大阪朝日新聞』『大阪毎日新聞』に連載された新しい作品が次々と上演される一方で、繰り返し

上演された人気作品もあった。

　読者を引き付けた新聞連載小説を脚色した演目に、観客はどんな反応を示したのだろう。そこには、急速な近代化による社会の変化と、人びとの文化や社会生活上の好みが色濃く反映されていた。その内容や変遷の詳細を具体的に見ることによって、近代大阪における演劇を時代に即してとらえ得るのではなかろうか。

　だが、これまでは、宇田川文海らが演劇改良運動に取り組んだ1880年代末以降は、古典歌舞伎の世界に戻り、古典化の度を深めたとの観点から、その後の大阪における演劇界の流れを全体的に把握した叙述は見られないというのが一般的傾向であった。新聞連載小説の上演についても、個別に取り上げられることがあっても、その全体を歴史的に位置づけた文献はないように思う。

　大阪における演劇の常設公演といえば、やはり道頓堀五座が中心的位置を占めている。道頓堀五座における宇田川文海・渡辺霞亭・菊池幽芳の新聞小説の上演を取り上げ、内容や劇評、観客の反応などを具体的に叙述することによって、上演時期ごとの変遷やその特徴を明らかにしてみたいと思う。

宇田川文海の人気作品

　『朝日新聞』の1883年10月から、翌年1月にかけて連載された「勤王佐幕巷説二葉松」は、数多い宇田川文海の小説の中でも代表的作品である。小説の題材となったのは、戊辰戦争が始まった1868年1月に、尾張藩で起きた藩士一斉処刑事件だった。

　徳川御三家の1つ尾張藩は、前年10月の大政奉還後も公武合体を主張していた。その藩論を転換し、藩の立場を新政府、すなわち官軍側たることを明確にするため、佐幕派と目されていた家老を含む藩士が斬罪に処せられたのである。事件の中心人物とされたのは、家老の渡辺新左衛門だった。彼は「青松葉」の異名があったことから、この処刑事件は青松葉事件と呼ばれた。

　宇田川文海は、青松葉事件の顛末をどのように取材したのであろうか。資料提供者の名を明かしていないが、前書きや作品の構成などからみて、相当

確かな取材を行ったようにも思われる。ただし、作品は創作である。宇田川の小説では、渡辺新左衛門をモデルとする家老の若松三左衛門が、ストーリーの中心に据えられた。佐幕派の筆頭若松三左衛門は、勤王派の藩士宮津左京を排除し、藩権力の掌握をねらって藩主殺害をたくらむ謀反人として描かれている。

すなわち、宇田川の代表作「勤王佐幕巷説二葉松」は、尾張藩家老渡辺新左衛門らが処刑された歴史上の事件に材を取り、勤王・佐幕両派の対立にお家騒動を絡ませ、勤王派を善、佐幕派を悪として描いた小説なのである。この連載小説の魅力は、色とりどりの人物が登場し、それらの人間関係が複雑に絡み合いながら話が展開していくところにある。

家老若松三左衛門の企みにより、藩主を父の仇（かたき）と思いこまされてその命を狙う妙子、命を助けられたことから若松の悪事に手を貸す松田文吾、いくつもの人間関係が相互に絡み合って生き生きと展開する話の流れは、今日においても読者を十分に引きつける面白さがある。

宇田川文海は、作品中において、佐幕派の描写として「栞に膠（ことじにかわ）す」大義に暗い愚人という表現をしばしば使った。時勢に目を開くことができず、幕府を支えることのみを正直と心得、旧体制に固執する愚昧（ぐまい）の輩が佐幕派だというのであった。宇田川の別の連載小説「朝桜日本魂（やまとだましい）」においても、佐幕派の描写として「琴柱（ことじ）に膠す」が使われている。この言葉は、宇田川の佐幕観を端的に表し、同時に明治維新観をも表現するものであった。

「勤王佐幕巷説二葉松」では、古い体質を持つ固陋な佐幕派を、新しい思想を持った開明的な勤王派が打ち破る姿が描かれた。古いものを切り捨て、新しい時代を肯定する。それは新時代の潮流に棹（さお）さし、新聞記者、そして小説家への道を歩んだ宇田川文海の思想そのものを表現したものだった。

「若緑二葉松」の上演

新聞小説の上演は、1875年（明治8）頃から始まり、明治20年代に定着した。表3は、1881年から1892年までの12年間に大阪市内で上演された新聞小説を掲載紙別に示したものである。明治10年代末以降に上演回数が大幅に伸

表3 大阪市内における新聞小説上演回数の推移
（1881年-1892年）

	朝日新聞（大阪朝日）	大阪毎日新聞	その他	計
1881	8	0	3	11
1882	2	0	4	6
1883	5	0	6	11
1884	13	0	2	15
1885	15	0	12	27
1886	5	0	2	7
1887	3	0	3	6
1888	14	2	2	18
1889	15	0	4	19
1890	19	3	1	23
1891	22	2	3	27
1892	38	3	2	43
計	159	10	44	213

(注)『近代歌舞伎年表』第1巻、第2巻から作成。

びていること、全体の7割以上が『朝日新聞』（1889年から『大阪朝日新聞』）の新聞小説だったことがわかる。この状況は、『大阪朝日新聞』が明治20年代半ばに、「道頓堀五座の内に、近ごろ吾社の続物たえたるとき」がないと記していることからもわかる。

1884年（明治17）3月、観客が待ちかねていた「若緑二葉松」が戎座の舞台に上った。場桟敷を含む上場、すなわち平土間席は、上演5日目までを早々に売り切る勢いだった。初日の幕が開くと、我先にと押し合う人波で大混雑となった。

勤王派を演ずる2人の主役は、上方での人気を二分する中村宗十郎と実川延若であった。実川延若は勤王派筆頭の宮津左京、中村宗十郎は勤王派の藩主を演じた。実川延若が舞台に上がれば必ず大入り満員との定評があり、その芝居には熱と色気があった。中村宗十郎は新派劇に影響を与えた役者であり、芸の品位が高く、緻密にして巧みに真を写すことから芝居通に人気があった。2人は関西の「団菊」、すなわち市川団十郎と尾上菊五郎と称されるほどであった。

佐幕派の敵役である家老の若松三左衛門は、実力派といわれた三代目市川荒五郎が演じて芝居の脇を固めた。市川荒五郎は、上演中に観客から罵倒され、火鉢を投げつけられるほどの力のこもった演技をみせた。美しく妖艶な娘妙子は、女形を得意とする嵐璃寛が演じた。

中村宗十郎が謡いながら花道に差し掛かると、後ろから市川荒五郎と嵐璃寛が付け狙う。舞台には梅と菜の花が彩る。狙われていることに気づきなが

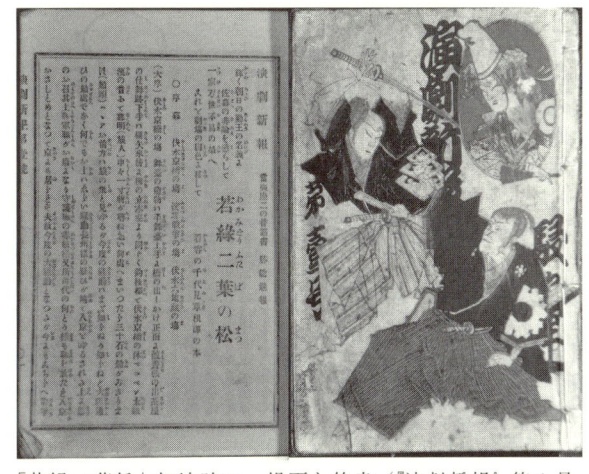

ら酔いに紛らせ、油
断なく荒五郎らを制
する。緊張感のある
場面に謡を入れ、大
胆な大道具を取り入
れた演出に、観客は
うっとりと見入った。
ただし、この場面は
小説にはなく、舞台
効果を上げるために、
上演時に付け加えら
れた。

「若緑二葉松」初演時の一場面と筋書(『演劇新報』第1号、駸々堂刊、1884年3月、関西大学図書館所蔵)

　「若緑二葉松」は、1884年の初回上演以降、1921年（大正10）に至るまでの37年もの間、各地で上演され続けた。大阪では、上演すれば必ず大入りを取ったので、「若緑二葉松」は「第二の忠臣蔵」と呼ばれた。しかし、時代の推移は人びとの好みに確実に変化を生じさせた。明治後期の劇評をみていくと、日露戦争後の時期からその変化を読み取ることができるようになる。1909年（明治42）4月の中座での上演を最後に、「若緑二葉松」は道頓堀五座では上演されなくなった。それでも、人びとの記憶には、魅力ある芝居として「若緑二葉松」は永く残った。

　1938年（昭和13）1月の『演芸画報』に掲載された食満南北執筆の「大阪での顔ぞろひ」には、その魅力の核心に触れるような記述がある。

　　実に芝居の定石のやうな場面に、本当にウットリしたものだ。今から考へて見ると、聊か妙な芝居ではあるが、其頃は何かなしに、こんな立派な役者ぞろひで、しかも各々がピツタリとはまつてゐるので、幕毎によだれをたらしたものだ。

　配役や時期からみて、食満南北が観たのは、おそらく1893年（明治26）の角座での上演と思われる。「若緑二葉松」は40年以上も経った後でもこれだ

第3章　新聞作家と道頓堀五座　89

観客と役者の様子（『旅の家土産』第23号、光村写真部刊、1899年9月）

け記憶に残り、もう1度観てみたいと思わせる芝居だったのである。

　うっとりとするほどの華やかさと美しさ、その娯楽性の高さから、「若緑二葉松」は、1880年代後半から1890年代にかけて、大阪の人びとを魅了した。同時期は日本資本主義の形成期と重なっていて、そこには近代工業都市形成期の大阪庶民の嗜好が反映されていた。

渡辺霞亭の「青松葉」

　宇田川文海の小説「勤王佐幕巷説二葉松」が『朝日新聞』に掲載されて22年後、1905年（明治38）に渡辺霞亭の小説「青松葉」が『大阪朝日新聞』に連載された。渡辺霞亭が朝日新聞社（大阪朝日）に入社したのは、1890年（明治23）6月であった。以後『大阪朝日新聞』はもちろんのこと、『東京日日新聞』『読売新聞』『報知新聞』や地方新聞、雑誌などに1000編を超える小説を発表して活躍した。

　渡辺霞亭（本名渡辺勝）は、尾張藩の青松葉事件で斬罪に処せられた渡辺新左衛門の甥である。1864年（元治1）11月に尾張国名古屋主税町に生まれた渡辺霞亭は、青松葉事件が起きたとき満4歳、下人に負ぶわれた彼は、徒歩の父、駕籠の母とともに美濃国との国境の下品野村（現・瀬戸市）に移り住んだ。父源吾はここで、第六十一番同帰学校（のち上品野小学校、現在の品

野台小学校）の習字教師となって生計を立てた。在来の研究文献には、青松葉事件で斬罪に処せられた渡辺新左衛門を霞亭の父とも伯父とも記しているが、詳細な史料調査と実地調査の結果、新左衛門は霞亭の伯父であることは明白である。霞亭自身の書いたものにも、「伯父」と記されている。

　渡辺霞亭の「青松葉」は、宇田川文海によって藩主殺害をたくらむ謀反人として描かれた伯父新左衛門の名誉回復を図ろうとした作品であった。「青松葉」が『大阪朝日新聞』に連載されたのは1905年だったが、実はこの小説の原型となる作品を霞亭は15年前の1890年に、小説「小弓引」として『東京朝日新聞』に連載していた。

　「小弓引」の連載が始まったのは同年2月27日、青松葉事件の犠牲者13人の「大赦証明書」が下付されて19日後のことであった。『岐阜日日新聞』同年2月16日付には、大審院検事長名村泰蔵名の「大赦証明書」と、処刑までの経緯と処刑された人びとの辞世の句、新左衛門が生前に詠んだ和歌が掲載されていて、渡辺霞亭は「俯仰追懐の感に堪えず」と記している。「大赦証明書」には、「旧名古屋藩亡渡辺新左衛門」「右明治元年戊辰正月中、朝命に依り名古屋藩庁に於て処分したる罪科は、明治廿二年勅令第十二号大赦に依り消滅す」と記されていた。

　処刑された伯父新左衛門の無念に、思いを馳せて描かれた小説が、「小弓引」であった。ただし霞亭は、「小弓引」第1回の「口上」に、「実ハ地名も人名も有りのまゝに斯う斯うと書きたきハ山々」ではあるが、「古例に依りて一切合才変名」としたと記している。

　小説「小弓引」は、『お家物語』と改題して1893年5月に出版され、次いで95年8月に『二葉の葵』として出版された。『お家物語』と『二葉の葵』は、まったく同じ内容である。小説「小弓引」は、昭和女子大学近代文学研究室『近代文学研究叢書』第25巻では、渡辺霞亭の「著作年表」に記されているものの、本文中では取り上げられていない。小説「小弓引」は、モデルや話の筋から小説「青松葉」の原型となったものだが、渡辺新左衛門は和田三右衛門、尾張徳川家は葵家とされているため、おそらく通常のお家物として、見過ごされたものと思われる。『お家物語』の作品名は記されているが、

「要再調」の印が付けられているし、『二葉の葵』は、「著作年表」にさえ記されていない。

　なお、渡辺勝（霞亭）は、1878年（明治11）から81年までの3年間、名古屋の好生学校に学んだ。好生学校は、1875年に名古屋城の堀端の北鷹匠町に設立された私立医学校であり、陸軍軍医監横井信之が自宅内に設けていた。渡辺が入学したころから、生徒数が急激に伸び、後には大きな病院となった。好生学校在学中から、『転愚叢談』や『我楽多珍報』、『団団珍聞』などに投稿した渡辺は、明治10年代中ごろに、岐阜日日新聞社に入社し、同紙に執筆していたのである。

「青松葉」の上演

　渡辺霞亭は、「小弓引」執筆の際には「地名も人名も」一切を「変名」としたが、15年後の1905年に、「青松葉」を『大阪朝日新聞』に連載する時には、伯父渡辺新左衛門の実名を使った。藩主徳川慶勝も実名とした。大赦によって罪科消滅が伝達された1890年には、まだ実名を記すのがはばかられたのである。それから15年、事件が起きた1868年（慶応4）から流れた37年の歳月が、実名による記述を可能にした。

　小説「青松葉」は、尾張藩家老の渡辺新左衛門を忠義の人として描いた。多くの藩士が斬罪の憂き目にあったいわゆる青松葉事件は、勤王派の策略による陰謀事件であって、家老渡辺新左衛門は謀反人に仕立てられた犠牲者であると強調された。霞亭はここで、伯父新左衛門を忠義心厚く、不器用で清廉な人物として描くことに力を注いだ。

　ただし、小説の大筋は、宇田川文海の小説「勤王佐幕巷説二葉松」と同小説上演の「若緑二葉松」をなぞる形で叙述された。伯父新左衛門を謀反人・悪役として描いた宇田川の作品を強く意識し、これを否定しようとするあまり、かえって宇田川の筋書によらざるをえないという矛盾が生じた。その意味では、作品としての充実は望むべくもなかった。

　明治維新から三十数年を経て、「勤王派＝善」という見方からようやく解き放たれ、実名を用いた記述が可能となったことは歴史的に重要である。た

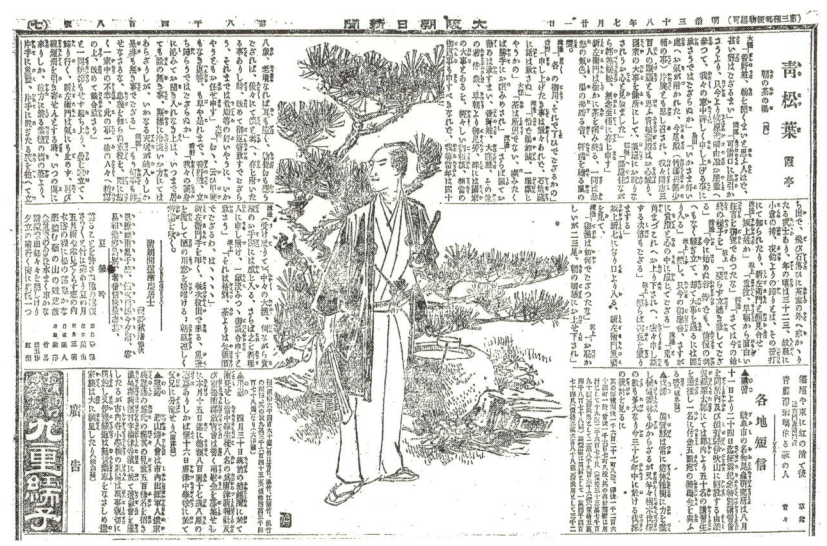

渡辺霞亭執筆の「青松葉」(『大阪朝日新聞』1905年7月21日付)

だ、これを新たな視点から明治維新を描いた作品とするには、まだしばらくの時間的経過と社会の変化が必要であった。おそらく、子母沢寛が、大正時代を経て明治維新60年にあたる1928年（昭和3）に、『戊辰物語』に新選組について執筆し、同年に『新選組始末記』を出版して、新しい新選組像を描き上げたような時期を待たなければならなかったのであろう。

ところで、渡辺霞亭の小説「青松葉」は、1905年11月に道頓堀の角座と弁天座のほか、市内の福井座・明治座で上演され、12月には「当世青松葉」や「新青松葉」の名で、道頓堀の朝日座のほか、市内の平林座・弥生座・繁栄座で上演された。

「青松葉」が角座と弁天座で同時上演されたときには、弁天座に中村鴈治郎、角座に片岡我当が出演し、両座が互いの脚色と演技を競った。実川延若と中村宗十郎が明治20年前後に相次いで亡くなった後、中村鴈治郎と片岡我当の2人が大阪演劇界の後継者として名を馳せた。特に中村鴈治郎は、容姿・芸風ともにすぐれ、昭和初期まで活躍して絶大な人気を誇った。

「青松葉」の上演が始まると、当時の新聞や雑誌が両座の腕くらべとして

第3章 新聞作家と道頓堀五座 93

劇評を掲載したが、脚本は不評だった。『大阪朝日新聞』の劇評によると、「青松葉」の上演は連載終了前から始まったこともあり、脚本に無理があると記されている。角座で上演された脚本は、原作の筋に沿おうとした形跡はあったが、展開があまりに突飛なため、観客が呆気に取られたという。

　弁天座に比べると、角座の脚本の方がまだましだった。弁天座の脚本は、小説の精髄をほとんど没却しているというのであった。このように、劇評は辛口だったが、弁天座の「青松葉」を観た客が角座も観て、角座を観た客が弁天座を観て両座の劇を比べる人は多かった。同時上演による腕くらべの形になったことが、脚本の悪さを補って興行上の効果があったようである。

新派劇の人気

　1905年暮れには、不人気だった「青松葉」が、華族の当世風お家物語に書き直され、新派劇「当世青松葉」として朝日座で上演された。出演者は福井茂兵衛や秋月桂太郎ら、天満座と朝日座を拠点として活躍した新派俳優だった。朝日座での上演は好評だった。翌年1月にかけて、新派劇「当世青松葉」は大阪各地で上演されたが、本来の「青松葉」の上演は少なかった。渡辺霞亭が小説「青松葉」を書いた目的は、伯父新左衛門の名誉回復だったが、小説をそのまま上演したものは、観客にはうけなかったのである。

　明治後期から大正中期にかけて、道頓堀五座においても新派劇が頻繁に上演された。それらの演目の原作は、菊池幽芳や渡辺霞亭らが『大阪毎日新聞』『大阪朝日新聞』に連載した同時代を描いた新聞小説だった。菊池幽芳の小説「己が罪」は、『大阪毎日新聞』1899年8月から10月にかけて前編が、翌年1月から5月にかけて後編が連載された。小説「己が罪」の爆発的人気によって、掲載紙の『大阪毎日新聞』の発行部数が伸び、『大阪朝日新聞』と並ぶ勢いとなった。この時期から、道頓堀の五座では、両紙の連載小説を競って上演し始めた。大阪毎日の菊池幽芳と大阪朝日の渡辺霞亭は、実力においても人気においても、両紙を代表する人気作家であった。1912年2月発行の『演芸画報』は、菊池と渡辺について次のように記している。

　　何故に両氏は関西芸壇の二大勢力といふかと云へば、両氏の作品は必ず

関西では劇に脚色されて道頓堀の舞台に現はれる。すると、これが又すぐに京都、名古屋、神戸、それから其れへと関西の各地へ伝播して、其の勢力を遺憾なく発揮する。尤もこれに就ては、両氏とも大なる武器を持つてゐる。即ち霞亭氏は大阪朝日、幽芳氏は大阪毎日といふ日本での大新聞を楯に奮闘するのであるから、筆＋新聞＝勢力といふ現象を致すのである。

続いて、「両氏は関西の劇界に於ても、新旧の両派を分担して営業してゐる松竹合名の白井大谷両氏の如く、新旧の両方に別れて鎬を削らんとしてゐるらしい」とも書かれている。菊池幽芳は新派劇の脚本を、渡辺霞亭は歌舞伎の脚本を執筆して大いに活躍していた。

ところで、大阪における新派劇の上演は、成美団の人気によるところが大きかった。成美団は、道頓堀の朝日座を中心に、明治30年代から40年代にかけて活躍した新派の劇団であり、1896年（明治29）9月に高田実・小織桂一郎・喜多村緑郎・秋月桂太郎らによって角座で旗揚げされた。1898年にいったん解散したが、1900年6月に朝日座で再結成され、以後明治末まで朝日座を拠点に活動した。

観客層の変化と菊池幽芳

1904年1月に、道頓堀の朝日座で菊池幽芳の小説「乳姉妹」が上演されたとき、その劇評を掲載した『大阪毎日新聞』同月17日付は、観客層の変化について次のように記している。

> 見物の種類は頗る奇麗で、良家の嬢さん奥さん方が五分を占め、我輩の見物した日には宗右衛門町辺のそれがしの姐さん、顔を見せること少いのは、蓋し狂言の上品なためでもあらうか。

翌1905年6月に中座で上演された「恋か情か」の劇評にも、「各方面を通じて好評なる事は紳士、奥様、令嬢などいふ教育ありと見ゆる今日中流以上の観客多き事は、実に誉とすべき現象」と記されている（『大阪時事新報』1905年6月7日付）。

道頓堀五座のある櫓町は南地五花街遊廓であり、もともとは中流以上の家

第3章　新聞作家と道頓堀五座　95

庭の妻や娘が出入りすることのない場所だった。明治後期になると、花街の中の道頓堀五座において、清純な演劇が上演され、かつては足を踏み入れることのなかった「奥様、令嬢」を新たな観客として引き寄せるという変化が起きていた。ピューリタン的思想を背後に持つ菊池幽芳が描く小説の劇化は、新しい時代の教養を身につけた富裕層の妻や娘も観賞できる演目として登場したのであった。

　水戸の士族の家に生まれた菊池幽芳（本名清）には、茨城県で小学校教師を勤めた1888年から90年の３年間に、その後の人生を定める２つの重要な出合いがあった。その１つは、下宿先の隣家の長女たまとの恋愛と結婚であり、いま１つは巌本善治主宰の『女学雑誌』との出合いであった。この時期に菊池は、「清教徒的基督教主義雑誌」であった『女学雑誌』を愛読し、毎号掲載される巌本善治の「長い論文」に魅せられ、「熱心な恋愛神聖論者」となった（菊池幽芳「三十年間の私の記者生活」）。たまとの恋愛と結婚も、小説家となって後の創作活動にも、巌本善治主宰の『女学雑誌』から得た思想、すなわち女性の地位向上と、男女の純粋な精神に至上の価値をおいた恋愛の自由という思想が流れていた。

　菊池が大阪毎日新聞社に入社したのは、1891年だった。東区大川町の同社２階にしばらく間借りしたのち、網島の大長寺近くの稲野年恒宅、桜ノ宮の荒物屋の２階、大長寺、桜ノ宮の借家、紅梅町、桜ノ宮神社境内の料理店八百市の離れ座敷など、1890年代を通して桜ノ宮とその近辺を何度も転居したのち、桜ノ宮の借家に落ち着き、1907年ごろまでそこに住んだ。1890年代の桜ノ宮には、渡辺霞亭・山内愚仙・須藤南翠・稲野年恒・本田美禅など、『大阪朝日新聞』『大阪毎日新聞』に小説を連載した作家や、連載小説の挿絵を描いていた画家たちが居住していた。明治の終わりごろになって、菊池が気に入っていた桜ノ宮を離れることになったのは、「近所に晒し場や工場などが出来て、桜宮の価値が半減された」からであった（菊池幽芳「桜宮回顧」）。

「乳姉妹」の劇評

　菊池幽芳の「己が罪」と「乳姉妹」は、いずれも明治30年代に『大阪毎日新聞』に連載された代表作である。「己が罪」は1900年10月に上演が始まり、戦前では1936年（昭和11）まで各地で上演され続けた。「乳姉妹」は、1904年1月に上演された後、1926年までの上演が確認できる。新派劇流行に伴って、人気を集めた「己が罪」と「乳姉妹」の魅力は、どこにあったのだろうか。

　小説「乳姉妹」は、乳母の娘が、姉妹として育てられた侯爵家の娘になりかわるという設定のもとに、虚栄心の強い乳母の娘君江と、心優しく育った乳姉妹の房江（侯爵家の実の娘）が出生の真実を明かされる過程を通して展開される恋愛と結婚の物語である。

　「乳姉妹」の初演が1904年1月、朝日座だったことはすでに記した。このとき朝日座は、開演時間の短縮、切符制度の導入、座席での飲食禁止、祝儀の廃止など、改良観劇制度を導入した。出演者は、河合武雄・高田実・秋月桂太郎ら、新派の人気役者たちだった。『大阪朝日新聞』は、「乳姉妹」の劇評に、「殆ほんど大阪劇界の人気を一手に掌握したるの観あり」と記した。

　『大阪毎日新聞』の劇評は、「全編の山」として、侯爵家の実の娘が自らの思いを殺して、乳母の娘に恋を譲る場面を挙げ、恋する相手との会話について、「其蜜そのみつの如き恋を語る処、少しも卑猥ひわいに陥らず、余韻嫋じょう々として、なるほど清き恋とは斯かくの如きものかとよく会得されました」と記している。

　1905年と1908年に、「乳姉妹」が角座で上演された時には、片岡我当らいわゆる旧派の俳優たちが出演した。1905年は、「乳姉妹」の上演が最も多かった。同年4月の『大阪毎日新聞』は、「乳姉妹の当り年にて、当地及び全国各地の劇場にても、この狂言を演じ当りをと得らざるはなく、その縁喜を祝ひ種々の売品うりものまでに、乳姉妹の名を付ける事になり」と記し、上演の様子をさかんに報じてその盛況ぶりを伝えている。

　大正期に入って1914年暮れに、久しぶりに「乳姉妹」が角座で上演された。出演は、喜多村緑郎・井上正夫・木下吉之助・秋月桂太郎らであった。『大阪毎日新聞』には、「久し振の新派劇の事とて、開場早々木戸締切の盛況を

呈せり」と記されたが、山場であるはずの「恋譲りの場」については、「房江の有ってゐる雪のやうに白い性格は見えなかつた」と記されている。

『大阪毎日新聞』のライバル紙『大阪朝日新聞』は、「乳姉妹」の上演について、「六幕十場の場面を通じて、吾人の眼に稍自然であり芸術的価値ありと認められた点は、僅に二箇所しか無い」と記した上で、「多少の芸術味を破壊し去つて尚余りある悪写実や不自然の技巧は、殆んど全編を貫いてゐる」、「新派をして遂に度し難しの感を抱かしめる」と酷評していた。

その後、道頓堀で「乳姉妹」が上演されたのは、10年以上後の1926年だった。昼と夜の演目が異なる昼夜二部制で、「乳姉妹」は昼の部、夜の部は『大阪毎日新聞』連載の前田曙山の小説「孔雀の光」だった。このとき同紙は、「孔雀の光」を演芸欄や劇評欄で取り上げたが、「乳姉妹」に触れることはなかった。

なお、菊池の作品「乳姉妹」に関する論文に、関肇「商品としての『乳姉妹』」(『国語国文』第79号、2010年)があり、劇場での「乳姉妹」の上演から映画化に至るまでの過程が丁寧に記されている。関論文は、国文学研究の立場から、標題に関する「新聞小説の商品性」について論じたものである。

「百合子」の上演

大正期には菊池幽芳の作品が、初演から数か月間に大阪市内の各劇場で同時上演されることが多かった。なかでも、「百合子」「小ゆき」「毒草」の3作品は、初演年間上演回数が突出して多かった。

1913年の『大阪毎日新聞』に、212回にわたって連載された「百合子」は、登場人物の心の動きが丁寧に描かれ、読者をひきつけるいくつもの筋が用意され、相交錯して話が進むので、先を読まずにはいられない面白さがあった。

没落した伯爵家の娘百合子が、財力ある貴族院議員に無理やりに嫁がされながらも、高潔な精神を貫き、ついに真実の愛を得る過程を描いた小説が「百合子」であり、菊池幽芳の真骨頂を示す作品である。

『大阪毎日新聞』連載の「百合子」には、鏑木清方の挿絵が入れられ、作品を引き立てた。新聞小説の挿絵を数多く描いた鏑木清方は、日露戦争後に

「百合子」が上演された頃の道頓堀（『大阪府写真帖』大阪府刊、1914年11月）

　その名を確立し、「百合子」が掲載された1913年ごろには著名な挿絵画家として活躍していた。1913年7月の『大阪毎日新聞』には、「本紙所載菊池幽芳氏の小説百合子は非常の好評を博してゐるが、それと共に鏑木清方氏の挿画が近来の呼物となつてゐる」と記している。各回の挿絵を編集した『百合子画集』は、1914年に2巻に分冊して刊行された。この画集の上編「はしがき」に、菊池は「挿画を切抜き保存するものが極めて多く」、「出版を慫慂し来るもの」が少なくなかったと記している。

　1913年6月6日の「百合子」第43回の挿絵は、敵役の千枝子が百合子を睨む場面を描いている。その絵の雰囲気が上演時に再現された。挿絵に似せた衣装も用いられた。劇評では、百合子に嫉妬する千枝子が、「怨みの籠つた目で凝と百合子を睨みながら花道へ懸る辺は、云ひ知れぬ凄味が現れてよかつた」と記されている（『演芸倶楽部』1913年11月）。また、千枝子が「青海波と千鳥の刺繍模様のある紋縮緬の羽織を着て、清方の挿画の通りの肩掛をして出る」とも記された（『大阪毎日新聞』1913年10月10日付）。

菊池幽芳の作品には、百合子のように控えめで芯の強い女性がヒロインとして度々登場する。「己が罪」の主人公環や、「乳姉妹」の房江、「月魄（つきしろ）」の倭文子（しずこ）などである。主人公を支える女友達は、善良で魅力的に描かれ、観客に人気があった。「百合子」に登場する千枝子のように、敵役は知的で妖艶（ようえん）かつお洒落（しゃれ）に描かれ、社交界の華としての一面をもっていた。
　「百合子」は、1913年10月に大阪市内だけでも15か所で上演された。道頓堀の浪花座では、同月6日から27日まで上演され、弁天座では喜劇仕立てにして13日から上演された。浪花座では、百合子を川上貞奴が、千枝子は喜多村緑郎、百合子の夫は高田実が演じた。上演前の新聞では、「百合子劇の喜多村と貞奴」の見出しで、川上貞奴は「甘い中に毒を含んでゐる女をさせると、他の俳優が一寸（ちょっと）企及し難い技倆（ぎりょう）を持つている」「何う（ど）考へて見ても千枝子としては適役たる事云ふまでもない（はまりやく）」と記していた（『大阪毎日新聞』1913年9月7日付）。だが、実際には、川上貞奴が百合子を演じた。
　百合子が友と語りあう場面は、とりわけ観客に人気があった。浪花座上演「百合子」の劇評には、「見物を一番喜ばして居るのはこの場であつた」とあり、「あどけない娘気質をよく表し、云ふに云はれぬ情合が出て、その一挙一動が見物にどよみを作らせて居た」、「手を取合ひ泣くところなど惹（ひ）き入れられるやうな美しい情緒が動いて居た」とも記されている。

新派劇の行方
　菊池幽芳の小説「小ゆき」は、1914年10月から翌年7月にかけて『大阪毎日新聞』に連載された。新聞連載中の1915年4月に、「小ゆき」が浪花座・朝日座・弁天座において上演された。浪花座の初日は、「桟敷から土間から、二階三階の隅々まで、爪も立たぬ程の大入」となった。弁天座でも、「瞬く間に満員客止札」が掲げられ、場内は立錐の余地がない状態となった。
　浪花座上演「小ゆき」の『大阪毎日新聞』の劇評は、「しんみりとした情調が、深く見物の胸に食入る」、「強い心臓の鼓動が、舞台に聞えるほどに思はせた」と記し、次のように述べていた。
　『小ゆき』劇は、心と心との劇で、所謂（いわゆる）新派劇に付物になつてゐる冒険

的な筋の興味ではありません。心の色合から発展する人生の事実であります。
　観客は、登場人物の心の動きに目を注ぎ、新派役者の芸に見入ったのである。そこには、これまでの演劇史に関する文献が記すような、義理と人情の家庭悲劇とか、歌舞伎作品の封建道徳の悲劇とたいした本質的ちがいはないといった評価ではくくりきれない、新派劇の魅力があったように思われる。少なくとも、菊池の作品の上演からみれば、そのように言えるのではなかろうか。確かに、筋書きだけを追えば、古くて画一的な手法も目立つ。だけれども、小説の人気や上演の状況に目を向ければ、違ったものが見えてくる。新しい時代における作品と、観客の新たな嗜好に目を凝らすと、人びとの文学的な関心や大衆演劇における歴史的な変化が立ち現れてくる。
　ところで、1913年に小説「百合子」が『大阪毎日新聞』に連載されて３か月後の７月に、『大阪朝日新聞』は渡辺霞亭の小説「渦巻」の連載を始めた。明らかに、菊池の連載小説「百合子」に対抗するものだった。『演芸倶楽部』1914年１月号掲載の「大正二年劇壇史」は、大阪朝日の「渦巻」は「大阪毎日が『百合子』を連載せるに対して、霞亭氏が応戦的に書いたもの」と記している。
　華族の家庭を舞台にした渡辺霞亭の連載小説「渦巻」は、新派俳優によって道頓堀の弁天座・浪花座で上演された。大阪朝日と大阪毎日は、紙上で連載小説を競うとともに、劇場において「渦巻」と「百合子」の新派劇による競争を繰り広げた。11月に「渦巻」の上演が道頓堀で始まると、『大阪朝日新聞』の演芸欄は「渦巻」の記事一色となった。
　大正初期まで、人びとの人気を大いに集めた新派劇も、その後はしだいに陰りをみせた。1925年（大正14）に、「小ゆき」が角座で上演された時、『劇と映画』同年２月号は「黴臭い」と記した。この年６月から『大阪毎日新聞』が連載した「小夜子」は、翌年１月に角座で上演され、２月からは朝日座で活動写真として上映された。角座での上演は、「初日以来大人気で連日満員」となり、掲載紙の『大阪毎日新聞』は「ストーリーとしての面白味では申分なし」と記している（同紙１月７日付夕刊、１月10日付夕刊）。だが、

もはや大正初期のように、大阪中の劇場を席巻するブームは起こらなかった。

劇場の変化

　道頓堀の5座は、松竹合名会社によって大正期に次々と買収された。1917年（大正6）に浪花座と角座が、1919年に弁天座が買収され、道頓堀五座はすべて松竹合名会社の傘下に入った。

　1920年には、浪花座が一番の大歌舞伎で、同年1月まで中村鴈治郎がここを拠点に活躍していた。浪花座の定員は1200人余りだった。角座は定員1137人で椅子席、山長一座と成美団が上演していた。山長一座は、山崎長之輔が1913年に角座で立ち上げた一座で、一時は、上演中にスクリーンを下ろして劇の一部を無声映画で映すという連鎖劇で人気を集めた。だが同時期には、すでに新国劇の沢田正二郎が拠点とする弁天座に人気が移っていた。弁天座は、「新国劇がかゝればいつも大入」といわれた（『新演芸』1920年7月号）。弁天座は定員1121人の椅子席であった。

　中座には2代目実川延若一座の芝居がかかっていたが、1920年2月に新築されて以降は、中村鴈治郎がここを拠点とした。新築後の中座は、道頓堀一の大劇場となった。朝日座は活動写真の専門館だった（『演芸画報』1920年1月号）。

　1910年代後半から1920年代になると、工場労働者が集団で観劇するようになった。1919年6月には、大阪砲兵工廠の「作業開始五十周年祝賀職工大慰安会」として、「職工総人員一万二千」が浪花座・角座・弁天座・松島八千代座の4座で観劇した。角座では、成美団の小織桂一郎の芸に「女工などはオイオイ泣」き、弁天座では沢田正二郎が演ずる月形半平太の「大立廻り」が「大受け」だった（『大阪毎日新聞』1919年6月8日付）。

　同年6月、大阪府の援助を受けた松竹合名会社が、「職工労働者に安い芝居を見せる」方針を打ち出し、「さかえ日」なる日を設けて、浪花座・中座・角座・弁天座の4座を労働者に開放することにした。『大阪毎日新聞』1919年6月5日付夕刊は、「一回五千名宛とし、内四千名は工場課の手にて、南区の工場主を呼んで、観劇希望の職工労働者を選択して貰つて、二十銭均

一の切符を渡し、残一千名は救済課の手で下級民中から選択をして貰つて、無代切符を配布する筈」と報じている。

『演芸画報』1920年1月号の「関西劇場案内」によると、浪花座の見物料が「四円八十銭位」、角座が「一等一円二十銭から三等三十五銭位」であった。大阪府と提携した労働者の観劇では、全劇場の全座席が20銭均一であったことから、破格の安値だったことがわかる。労働者と貧民の観劇は、大阪府が松竹合名会社と提携して実施した社会政策事業であった。なお、産業革命期の1892年（明治25）に、堂島紡績所が職員・職工800人の慰労として「道頓堀の中の劇場」、すなわち中座での観劇を実施したことが、『大阪朝日新聞』の同年4月16日付の記事からわかる。

1919年7月に実施された観劇では、職工50人以上の南区内の55工場の労働者7200人から3700人を抽選し、残り1000人は「方面委員の手で細民から選択」された。当日は、労働者・貧民に配布された会員章の色と、各座の前に掲げられた団幕や内部装飾の色を一致させた。淡紅色は浪花座、青色は中座、藍色は角座、紅色は弁天座であった（『大阪毎日新聞』同年6月26日付夕刊）。

南区労働者の観劇当日、浪花座では中村鴈治郎一座、中座は実川延若一座、角座は曾我廼家十郎一座、弁天座は新国劇一座の芝居がかかり、人気のあった一流の俳優たちが出演した。大阪中之島中央公会堂では、同年6月29日と30日に、松竹の「さかえ日に対抗して市内労働者六千人を招待」し、浪花節大会が催された（『大阪毎日新聞』同年6月28日付夕刊）。

『大阪毎日新聞』1919年12月26日付朝刊は、労働運動の高揚について次のように報じている。

> 我国に於ける本年の労働運動は、破天荒の猛烈さであつた。世界的自由解放の思潮は休戦と共に我国に流入し、一部の経済学者、従来抑圧されたる社会主義者等は、言論の自由に対する制限が何時しか緩和せられるに乗じ、続々として其の主義主張を発表し、労働者の権利を主張した。

こうした社会の動向を背景として、労働者慰安のための道頓堀での観劇や中之島公会堂での浪花節大会が企画されたのだった。

1926年5月には、大阪毎日新聞社主催による、角座における職業婦人観劇

会が実施された。『大阪毎日新聞』は、「平素公衆のため、奉仕的生活に健闘しつゝある職業婦人に対して、いさゝか感謝慰安の意を表するため」、松竹合名会社と協力し、角座の「孔雀の光」劇への招待を企画したと報じている（同紙5月4日付夕刊）。招待された職業婦人は、大阪医大病院・赤十字病院・市民病院・桃山病院・済生会病院・難波病院・山口厚生病院などの看護婦、逓信局や電信局などの婦人職員1300人であった。この年1月の同紙掲載記事には、「我国の職業婦人は、今やその数五百万人を超えてゐます」とあり、「新しい時代の生んだものゝ中、職業婦人ほど世の注意を惹いてゐるものはありません」と記していた（1月29日付朝刊）。

　新しい時代の到来、大衆社会の出現は、道頓堀の劇場にかかる演目にも大きな変化を生じさせた。観客層の変化も手伝って、次第に入場料の安い角座や弁天座で上演される大衆向けの新声劇や新国劇などに、芝居の人気は移っていき、まもなく映画が大衆娯楽の中心を占めるようになった。大阪府内の芝居小屋も、そのほとんどが映画館へと姿を変えていった。道頓堀の5座では、すでに常設の映画館となっていた朝日座に続いて、弁天座でも映画上映に移行してゆき、浪花座は戦後に映画館となった。角座は戦後演芸館となり、中座は1999年に閉鎖された。

（相良真理子）

大正期の「角座」改修図面

　明治・大正期における角座の改築・改修関係の図面42枚と、仕様書や摘要書が現存する。角座（角の芝居）の建物が、1884年（明治17）に洋風意匠になったことは、錦絵などで知ることができる。その後、同劇場の外観及び内部がどのように変化したのか、その詳細は不明だったが、上記の現存資料によって、主として大正期における改修状況のいくつかを把握することができる。

　図Aは、角座の客席が、平土間から椅子席に改修された時の図面である。これは、「角座表正面、在来之客席椅子席ニ変更、及ビ外面正面櫓修繕仕様書」と関連する図面であり、仕様書には1914年（大正3）12月21日付大阪府知事大久保利武名の許可印がある。この図面には、椅子の配置が朱で書き込まれていて、座席間隔や席数の検討が行われた様子がうかがえる。

　図Bは、上記の仕様書に添付された角座正面の立面図である。両側に3階建の楼を配する構成と、全体のプロポーションは、大正期の写真に見る角座の姿とほぼ同様だが、一階玄関中央に描かれた唐破風は、実物の角座にはなかった。

　大正中ごろにも、角座は大改修されている。敷地の南東隅に鉄筋コンクリート造の楽屋と観客用便所を増築し、あわせて客席天井の改修と通風装置を設置するものだった。1936年（昭和11）刊の『近代建築画譜　近畿篇』には、1920年（大正9）に角座竣工、設計者岡部顕則、施工者中村儀右衛門と記されている。

　大正期の角座改築・改修資料には、岡部顕則の署名と「岡部建築事務所」の押印のある図面がいくつか含まれている。岡部が描いた図面には、鉄筋コンクリート造の構造図などが多い。平面図では、新築部分は詳しく描いているが、劇場本体部分はあっさりとしている。従前からの間取りを踏襲していて、大きくは変更していないことが推測できる。岡部印のある平面図のなか

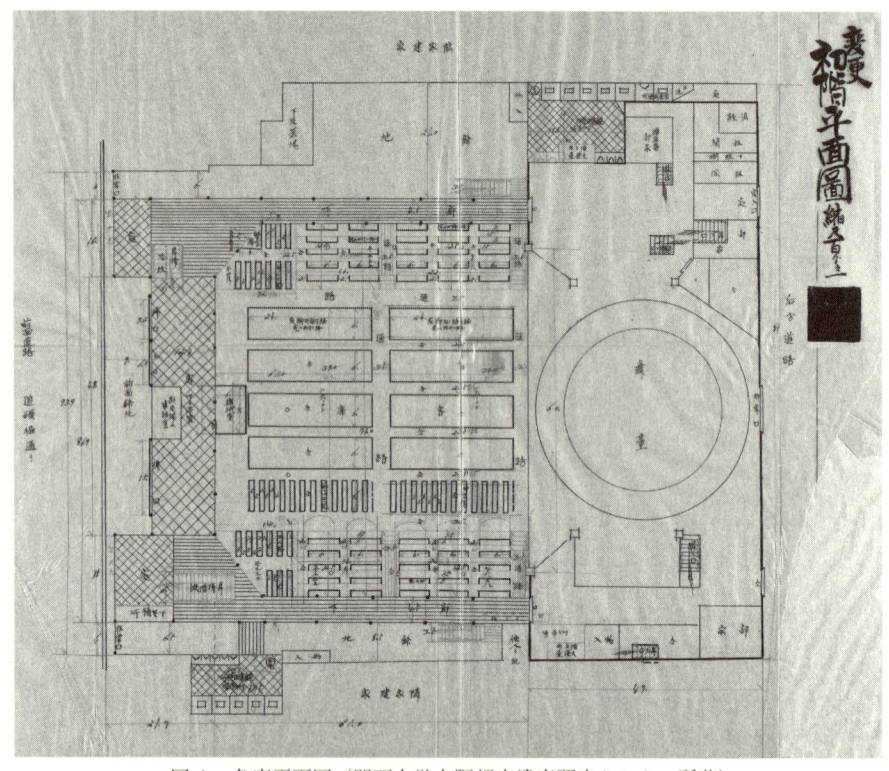

図A・角座平面図（関西大学大阪都市遺産研究センター所蔵）

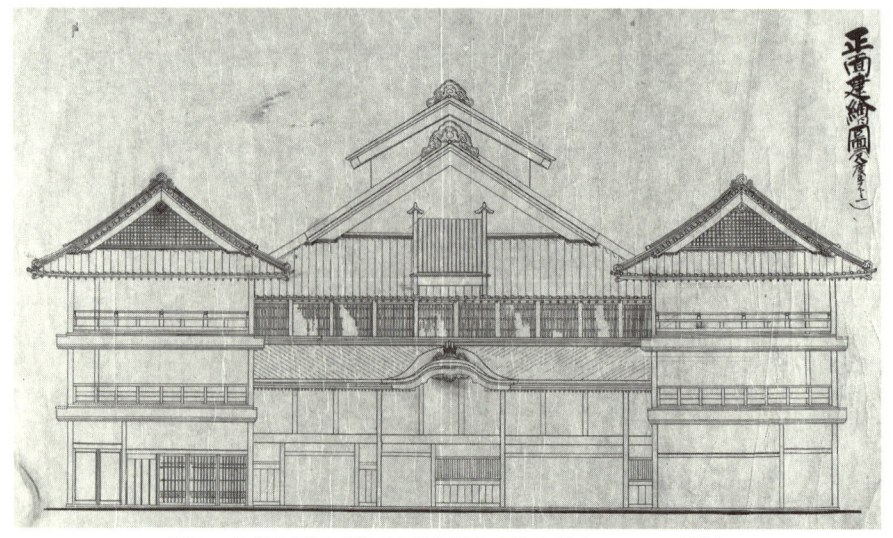

図B・角座立面図（関西大学大阪都市遺産研究センター所蔵）

には、舞台の前に「オーケストラ」のためのスペースを取り、正面入口を洋風仕様に改造しようとしたものもみられる。

　図面には書き込みや訂正が多く、実際に施工されたのはどれなのか、仕様書と合わせて内容を慎重に分析する必要がある。通りに面していた劇場の外観は、どんなものだったのか。それは年代によって、どのように変化したのか。観劇に来た客たちは、通りから入口をどのようにくぐり、履物をどこに脱ぎ、どんな空間で芝居を観たのか。劇場内はどんな雰囲気で、舞台はどんな風に見えたのか。近代における道頓堀五座の実際の歩みの中に、現存する設計図面や仕様書を位置づけて検討しなければならない。

　角座の改築・改修関係図面および仕様書は、大阪市内の多くの劇場の図面や、湯屋などの図面とともに、南地の九郎右衛門町で営業していた建築請負業兼大道具師の中村儀右衛門の家に所蔵されていた。現存する図面や仕様書は、1852年（嘉永5）生まれの中村儀右衛門と、その息子の代のものである。中村儀右衛門は、九郎右衛門町に移る前には堀江に住んでいたことから、遊廓内の劇場や建物を手掛けた大工だったことがわかる。本書第3章執筆の相良真理子の調査によると、中村儀右衛門は、1921年（大正10）に大阪市南区九郎右衛門町250番屋敷で営業していて、電話番号は991番であった。同一電話番号による1926年の「土木建築請負業中村義衛門」の所在地は、「南区大和町34」であり、「大工業中村儀衛門」の所在地は「南区九郎衛門町25」とのことである。ただし、現存する明治末年の大阪市内の電話帳では彼の名は確認できなかった。

　なお、残っている浪花座などの図面をみると、劇場の外観を和風にするか洋風にするか、検討されていたことがわかる。断面図には、洋式のトラス構造の小屋組にして、ボルトなどの金物が多用されている様子が描かれている。

（橋寺知子）

第4章　大阪五花街断章

「遊所」の整理統合

　江戸時代には、大坂三郷に「遊所」と呼ばれた売春地域が、少なくとも40か所以上は存在していた。このうち、1869年（明治2）に存在したことが確認できるのは28か所、これに1868年に居留地の近くに設けられた松島を加えて29か所であった。この年には、「茶屋置屋業株許可」令が公布され、天保期および安政期の遊所統制では公許されなかった非公認遊所のいくつかも営業が公認された。

　新たに公認された遊所は、真田山、六軒、野漠、妙見新地、まがり、上塩町、秋の坊、馬場先・生玉神主前、のど町、菊畑、髭剃、羅漢前、編笠茶屋、北新屋敷、梅ヶ枝の15か所であった。

　1871年（明治4）に、大阪府は「泊茶屋営業ノ禁止及移転」令により、大幅な遊所縮小を命じた。この時に営業を禁止されたのは、真田山、六軒、野漠、妙見新地、まがり、秋の坊、馬場先・生玉神主前、のど町、菊畑、髭剃、ざこば築地、羅漢前、編笠茶屋、北新屋敷、天神霊符、天満八軒、幸町の17か所であり、松島に近い羅生門と富島は松島への移転を命じられた。ここで、2年前に公認された遊所のほとんどが禁止されたことがわかるとともに、あらためて禁止された遊所が存在することから、江戸時代から存続していた遊所が相当数あったことがうかがえる。

　図7は、1928年（昭和3）刊の上村行彰著『日本遊里史』に収められている「大坂三郷遊里位置図」（1840年現在）をもとにして、明治初年に存在した遊所の位置を示したものである。この図と対応する遊所名に番号を付して一覧にしたのが表4である。表4と図7にア〜カの記号を付した遊所は、明治初年に存在したかどうか定かではない。なお、『新修大阪市史』第4巻に、江戸時代に存在したと記している堂島中町、難波御蔵堤、黒船新地、蟹島新

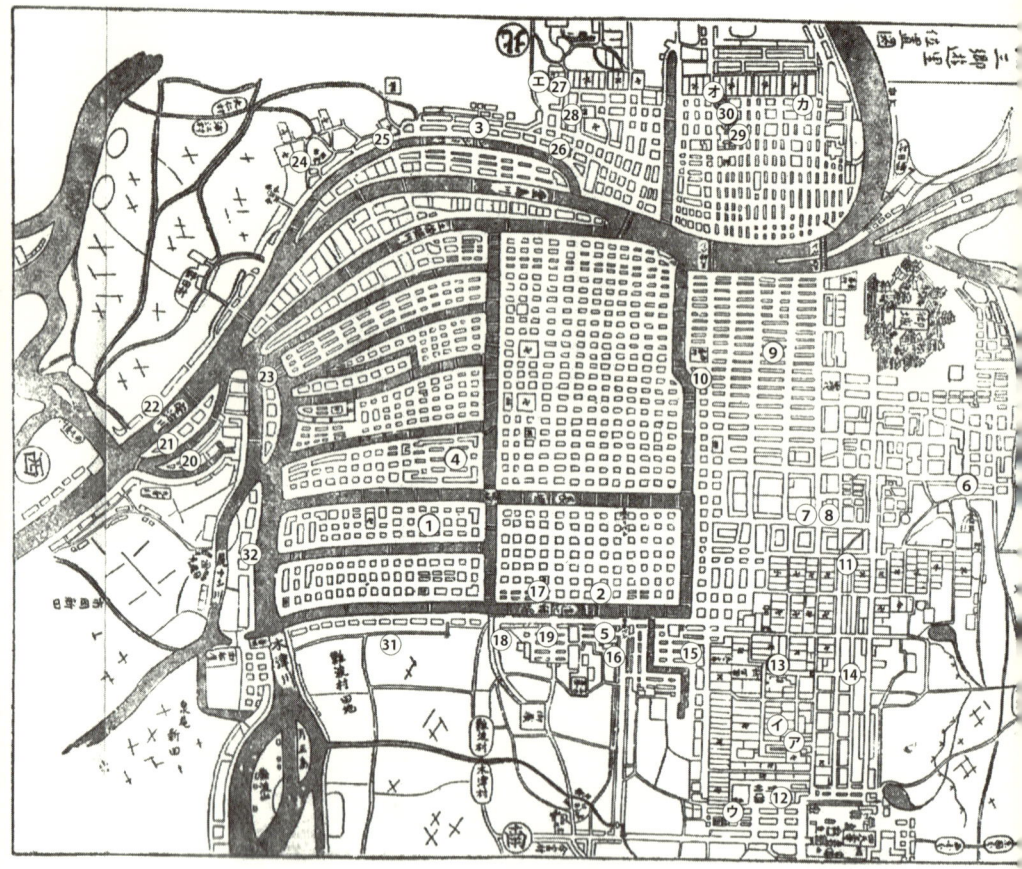

図7 明治初年に存在した遊所

表4 「遊所」の名称

番号・記号	名　称	番号・記号	名　称	番号・記号	名　称
1	新町	14	のど町	27	北新屋敷
2	島之内（南地）	15	菊畑	28	梅ヶ枝
3	曽根崎新地	16	髭剃	29	天神霊符
4	堀江	17	新屋敷（南地）	30	天満八軒
5	阪町（南地）	18	新川（南地）	31	湊町・幸町
6	真田山	19	難波新地（南地）	32	松島
7	野漢	20	羅生門（どくろ）	ア	尼寺
8	六軒	21	富島	イ	六万体
9	妙見新地	22	新堀	ウ	勝曼
10	まがり	23	ざこば築地	エ	菜種御殿
11	上塩町	24	羅漢前	オ	大鏡寺前・新宅
12	秋の坊	25	編笠茶屋	カ	三軒屋
13	馬場先・生玉神主前	26	骨堀		

(注) 上村行彰『日本遊里史』（春陽堂刊、1929年）から作成。
　　アからカは、1869年にはすでになくなっていた遊所地。

道頓堀川に沿って続く貸座敷などの裏（瀬川光行『日本之名勝』史伝編纂所刊、1900年12月）

地の4遊所についても、明治初年に存在したかどうかは不明である。

1872年に、大阪府は「所定箇所以外ノ遊所禁止」を公布し、71年に禁止しなかった遊所のうち、次の場所を遊所指定地とした。

道頓堀櫓町、九郎右衛門町、南阪町、難波新地1〜4番丁、新町北通1・2丁目、新町通1・2丁目、新町南通1・2丁目、裏新町、北堀江上通2・3丁目、北堀江下通2・3丁目、松島廓、曽根崎新地1〜3丁目、安治川1〜3丁目。

この時の指定によって、遊所指定地は、曽根崎新地、南地、新町、堀江、松島、そして新堀となった。前にあげた指定地名の中に、道頓堀川沿いの宗右衛門町がみえないが、同町はこの時もその後も、南地の一部を構成する公認遊所であった。

1872年には、太政官布告によって、人身売買の禁止および娼妓の年季奉公廃止が命じられていて、大阪府の「所定箇所以外ノ遊所禁止」令はこれに対応したものだった。ただし、散在する遊所を整理統合して数か所にまとめ、自由営業であるかのごとき見せかけをしただけであって、女性を金で売買し、借金で縛っての売春営業を公認する実態は、その後も変わることはなかった。

明治初年に開業された松島には、72年に整理された遊所の移転が進められた。75年には、天満天神のお旅所が松島の花園町に移転し、77年の西南戦争のころには、松島の仲之町1・2丁目、高砂町1・2丁目、十返町、花園町に多くの妓樓が軒を連ねた。
　新町では、1883年（明治16）公布の府令「貸座敷・娼妓稼業場所」によって、新町北通1丁目が指定区域からはずされた。1881年には堀江、次いで85年に松島、90年に新町が火災にみまわれたが、いずれも復興された。火災後に松島では、木津川に接する浜地部分を除く松島町1丁目が営業区域に加えられ、94年には花園町の堀川以南を削除して新たに北端の松ノ鼻一円が区域に編入された。96年には、新堀が営業廃止となり、大阪市内の遊廓は5か所、すなわち曽根崎新地・南地・新町・堀江・松島の五花街となった。図8は、明治期における大阪市内五花街の位置を表示したものであり、図9はそれぞれの花街の区域を拡大して示したものである。

花街の繁栄

　1909年（明治42）の『大阪時事新報』には、「遊女四千人」の記事が掲載され、次のように述べられている。

　　昨年来の不景気は、一層苦海勤めの女を多くした。西署管内だけの調査
　　によっても、松島、新町、堀江の三遊廓で四十年末に二千八百二名のも
　　のが、翌四十一年末には三千五百六十九名、更に本年四月三十日の現在
　　で三千九百八十二名、約四千近くを数へ、まだまだ殖える傾向がある。
　　畢竟一昨年末から千百八十といふ大した人数を増加して居る。之れに
　　南地五花街から曽根崎新地を加へると優に二千の上を増加するだらう。

　続いて同記事は、「是等の女が夜となく昼となく、一顰一笑あらゆる媚を売り、魂ひ脱殻の若い亡者どもを引き寄せる」と記している。文中の「南地五花街」とは、櫓町・九郎右衛門町・難波新地・宗右衛門町・阪町を指している。
　1932年（昭和7）刊の松川二郎著『三都花街めぐり』は、南地は大阪五花街のうちでも華やかで濃艶な花街と記している。宗右衛門町には、一見では

図8　大阪五花街位置図

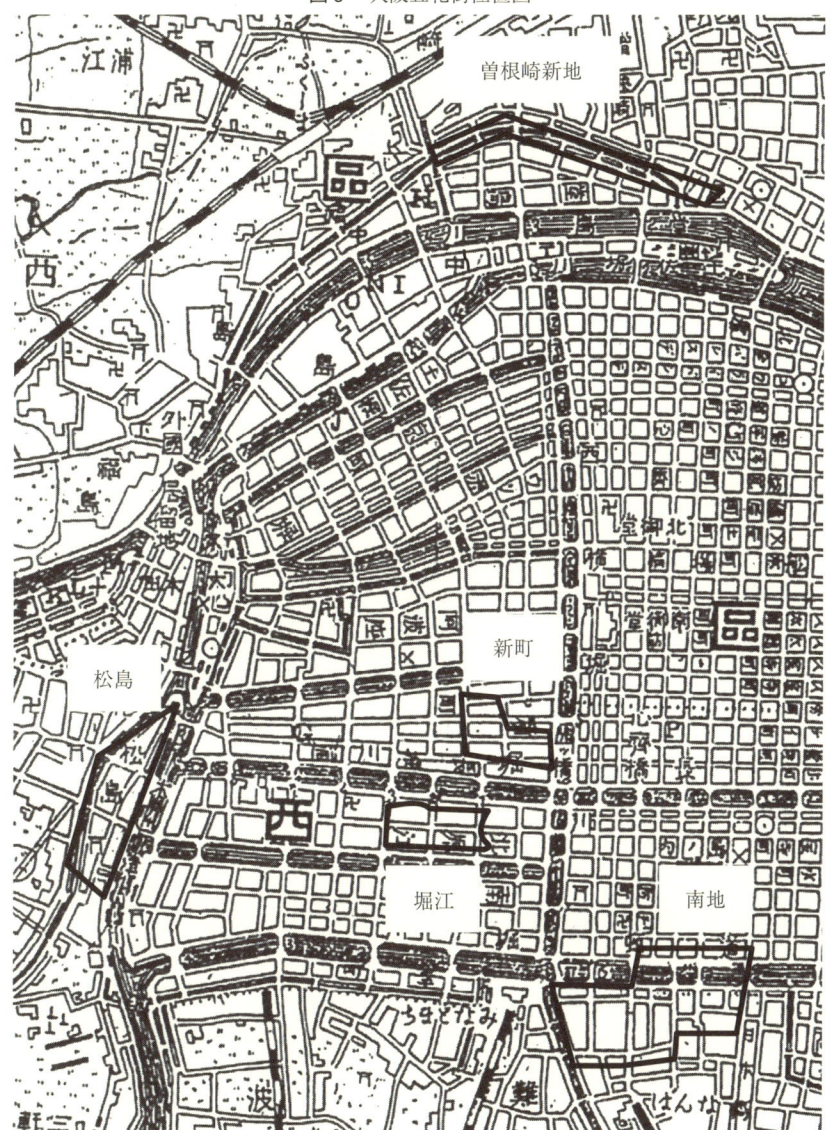

(注)『大阪市統計書』第1回（1901年）所収「大阪市地図」から作成。

図9　大阪五花街

曾根崎新地

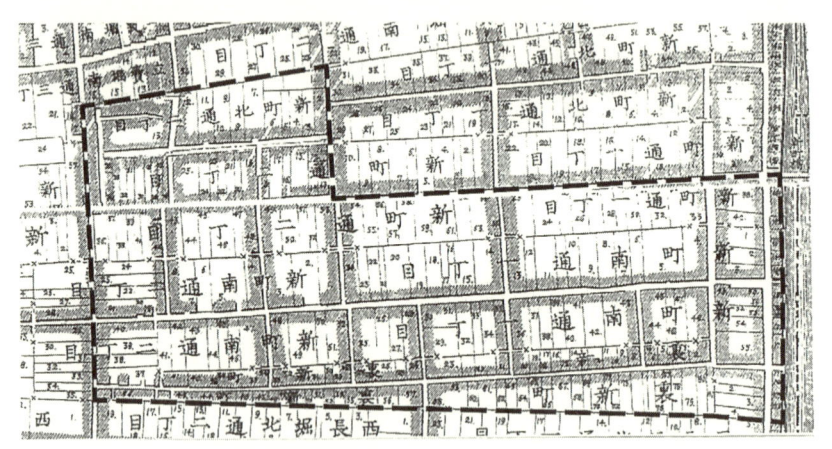

新町

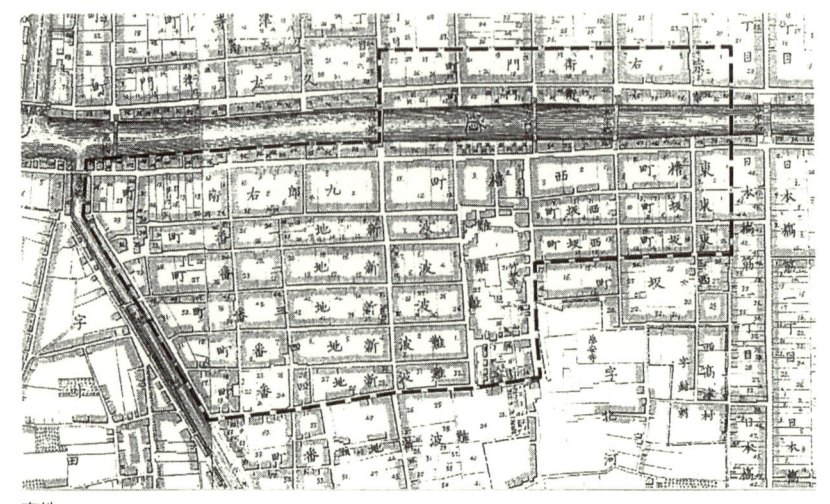

南地

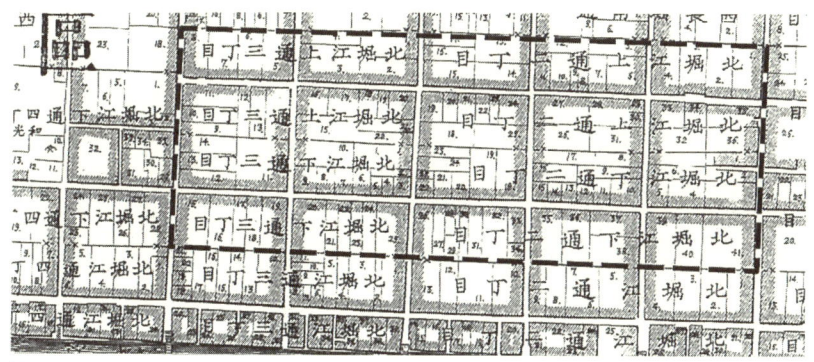

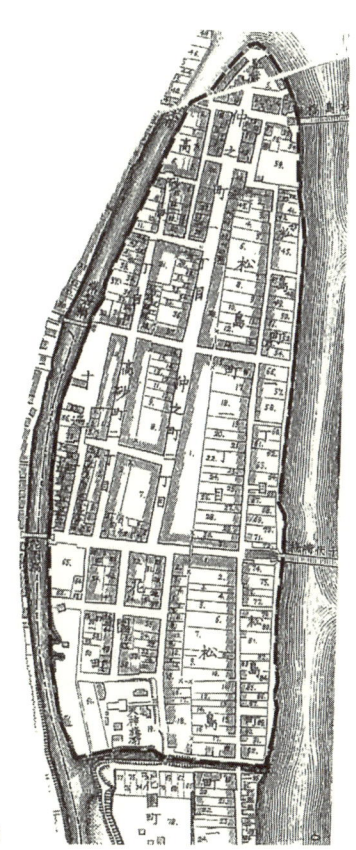

堀江

松島

表5　大阪五花街の娼妓数　1907年—1911年（単位：人）

年次	新町	堀江	松島	南地					曽根崎新地	合計
				櫓町	九郎右衛門町	難波新地	宗右衛門町	阪町		
1907	404	106	2292	133	78	2337	41	138	80	5609
1908	453	117	2999	127	67	2208	28	142	91	6232
1909	451	111	3087	148	137	2040	33	120	1	6128
1910	549	121	3343	130	135	2070	30	126	−	6504
1911	483	94	3377	95	106	1931	19	119	−	6224

（注）各年の『大阪府統計書』から作成。

入れない大和屋・富田屋などがあり、貸座敷が並んでいた。櫓町の筋には、道頓堀五座と呼ばれる中座・浪花座・角座・朝日座・弁天座という5つの劇場があり、芝居茶屋や貸座敷などがあった。櫓町裏の阪町や九郎右衛門町には、多くの貸座敷が並んでいた。難波新地3・4番丁は、「居稼店」と呼ばれる張店制による貸座敷営業地であった。通行人から見える形で店先に娼妓が並んで客を迎えるのが「居稼店」、妓樓にあがった客に、置屋から芸娼妓を派遣するのは「送り込み」と呼ばれた。難波新地や裏新町と松島では、居稼店制による営業形態をとっていた。「送り込み」制をとっている貸座敷を甲部、張店制をとる貸座敷を乙部といった。

　芸娼妓のうち、芸妓は芸を売る者、娼妓は体を売る者との建前だったが、実際は、身売りによって金で縛られ、売春を行うことにおいてまったく差異はなかった。1907年（明治40）1月の『大阪時事新報』は、「殆ど芸妓と娼妓の区別は付かぬ程」と記し、1910年10月の同紙は、芸妓の売春は「皆世人の知る所なり」と記している。

　表5は、『大阪府統計書』により、1907年から1911年までの5年間における大阪五花街の娼妓数を示したものである。これをみると、1907年における大阪五花街全体の娼妓数は5609人、1910年には6504人となっている。『大阪府統計書』には芸妓数の記載がないので、『大阪市統計書』によってこれをみると、大阪五花街全体の1910年における芸妓数は2528人である。その内訳は、新町569人、堀江402人、松島70人、南地1029人、曽根崎新地458人であった。1910年における大阪五花街の芸妓と娼妓の合計は9032人であり、膨

大な数の芸娼妓が大阪市内の5つの遊廓における人的営業財として存在していた。

五花街での事件

遊廓では、芸娼妓と客の心中事件が頻発し、傷害や殺人事件がしばしば起こった。『大阪時事新報』には、大阪五花街に発生した日常のさまざまな事件が報じられていて、それらを通して廓内の様子がうかがえる。

1911年に東区南本町の呉服商の息子と心中した上田政江は、難波新地の貸座敷業者の抱え芸妓里丸で、数え16歳だった。政江は、馴染み客である呉服商の息子と心中する直前に、亡き父の墓参りを済ませており、男の方に死ぬ理由が見当たらないことから、余ほどの差し迫った事情をかかえた芸妓の覚悟による服毒とみられた。

難波新地山口樓の娼妓中村せいは、1909年4月に馴染みの菓子職人と心中未遂事件を起こした。2年前、数え19歳の時に、400円で樓主に抱えられ、一二三の名で店に出たせいは、色白の美人だったが、遊客を上手に操れず、稼ぎが悪かった。いつも樓主の機嫌をそこね、悲哀のうちに過ごしていたところ、にわかに馴染みとなった菓子職人も借金で苦しんでいて、心中に至ったものだった。妓樓の3階の部屋で服毒したが、直後に発見され、解毒剤によって2人は命をとりとめたが、娼妓の中村せいは、再び樓主に引き渡された。

松島では、あまりに過酷な樓主の仕打ちに耐えかねて、娼妓2人が逃亡する事件があった。難波新地の中村せいが心中未遂事件を起こしたあと、まもなくのことだった。1人は数え20歳、いま1人は数え21歳だった。2人は馴染みの客にかくまわれていたが、客の妻からの知らせで捕らえられ、逃亡罪に問われた。

新町の芸妓愛松の本名は竹中あい、数え20歳で評判はよかったが、内気で生真面目な性格だった。新町のよたき樓で馴染みになった男は、相場に失敗して金回りが悪くなり、彼女の心変わりを按じて責め立てた。親からの金の催促と男の悋気を苦にしたあいは、妓夫の目をくらまし築港に赴いて身投げ

した。1910年5月のことである。

　松島の泉鹿樓で起きた無理心中事件の犠牲となったのは、同樓の22歳の抱え娼妓愛子だった。大阪商船会社に勤める男が、遊廓に通い詰めたあげく遊興費に困り、馴染みの娼妓を道連れに自殺した。男は刃物を手に泉鹿樓の3階に駆け上がり、裁縫中だった愛子の喉から胸を裂いて死にいたらしめた。男は前夜1円70銭で登樓し、朝になっていったん妓樓を立ち去ったあとの兇行であった。1907年暮れの朝のことだった。

　暴力沙汰、逃亡、心中、殺人、窃盗、強盗等々、廓の中で頻発する事件は、新聞に報じられたものだけでも枚挙にいとまがない。それらの記事から、非人間的な扱いをされていた彼女たちの日常を、垣間見ることができる。

北の大火

　1909年7月31日早朝に、北区空心町のメリヤス業者の家から出た火の手は、折からの強風にあおられてたちまち燃え広がり、1万1365戸を焼き払う大火災となった。類焼地は1.2平方キロメートルに及び、北の大火または天満焼けと呼ばれた。

　この大火によって、大阪五花街の1つ曽根崎新地が全焼した。『大阪時事新報』8月2日付夕刊は、「平鹿、豊田屋、佐藤、松糸以下百六十七軒のお茶屋及び平田、津川、梶川、大西、林以下十一軒の置屋は悉く丸焼けとなりて、新地は爰に影も形をも止めずなりたる」と報じた。続いて同紙は、「抱えの芸妓は夫れぞれ他の遊廓に預けるより外に致し方なく、其の多くは堀江、新町に避難」したと記している。

　新町・堀江・南地甲部（「送り込み」制貸座敷）では、曽根崎新地の罹災者や親族などの受け入れでごったがえし、一時営業どころではない状態となった。これに対して、張店制をとる松島や南地乙部（難波新地）は、にわかに客が増加した。その様子を、『大阪時事新報』8月7日付夕刊は、次のように報じている。

　　松島、難波新地（乙部）の二遊廓は、爰二三日前より俄かに景気付きて、一時に昨年以来の不景気を挽回したるが、之れは全く大火を当込みて市

仮小屋で営業する貸座敷（大江理三郎編『大阪大火画帖』
大阪朝日新聞社写真部刊、1909年9月）

内に入込し諸方の大工、左官、石工、土方、手伝、其の他種々の職人が安上がりを狙ふて此処に集まりしものにて、此の模様より推せば、松島及び難波新地の両廓は、今後火災の後始末つくまでは尚ますます繁盛するに至るべしとは、とんだことが幸となりしものなり。

　一方、罹災した曽根崎新地の営業再開は早かった。『大阪時事新報』8月5日付朝刊は、「仮小屋で開業」と報じ、次のような樓主の話を掲載している。

　　既に今明日内には全部板囲も出来て仕舞ふのですから、其筋の許可さへあれば二三日の内には屹度バラック式の仮小屋でも設けて、直ちに開業する積りです。（中略）川畑樓の如きは、三日の夜からモウ板囲の外へ従前の行燈を懸けて居るじゃありませぬか。

　そして、大火から40日たった9月11日付の同紙朝刊は、「百八十二、三戸の内、既に仮家を建築して営業に就いた者が八十余戸、尚ほ続々建築中で芸妓の置屋は十二三戸のものが残らず仮家で営業」していると報じている。

第4章　大阪五花街断章　119

ところで、曽根崎新地の樓主たちが最も心配していたのは、遊廓移転問題であった。廃娼運動による移転要求や花街招致運動もあった。結局、大阪府は、9月10日付告示第315号をもって、「大阪市北区曽根崎新地貸座敷免許地ハ明治四十三年三月末日限リ之ヲ廃止ス」とした。「貸座敷免許」、すなわち遊廓を廃止し、芸妓のみの営業地としたのである。
　これについて、翌11日付の『大阪時事新報』朝刊は、曽根崎新地で営業する樓主の次のような話を記している。
　　遊廓といふ名称こそは無くなつて仕舞つても、別に席貸とか何とか云ふ名義で従前の如く営業することが出来るのですから、別段苦痛も感じますまいよ。娼妓の全廃ですか。イヤ是れ迚（とて）も他の遊廓と違つて、従来から芸妓本位の遊廓ですから格別の影響は蒙りますまい。
　『大阪市統計書』によると、曽根崎新地における娼妓営業が3月末で廃止された1910年（明治43）の芸妓数は458人であったが、翌11年には613人となっていて、にわかに155人も増加している。なお、大火の前年における同花街の娼妓数は91人であった。曽根崎新地の樓主が述べるように、同地は芸妓本位の遊廓として貸座敷業（売春）を営んできたから、「貸座敷免許」すなわち遊廓の名称がなくても、「貸席とか何とか」の形をとって、芸妓による営業を従前どおり続けるから困らないというのであった。

娼妓取締規則下の実態

　内務省令第44号をもって、「娼妓取締規則」が公布されたのは、1900年（明治33）10月2日であった。同規則は、娼妓の年齢を18歳以上と定め、名簿登録、遊廓内への居住、営業、健康診断、自由廃業などについて規定した。これに対応して、大阪府は同月8日に「娼妓取締規則施行細則」を定めた。
　「娼妓取締規則」が公布されて10年後に、松島遊廓の「娼妓の哀訴」がきっかけとなり、警察本部の調査が行われ、「哀れなる境遇」や「待遇問題」が新聞紙上に取り上げられた。『大阪朝日新聞』1911年1月13日付は、「十二日午後四時過ぎ、松島遊廓の娼妓数名、当警察本部の召喚を受け、長時間に渡り主管警部の取調べを受け終つて、勤め方其の他樓主の待遇方につき、事

明治後期の曽根崎新地（瀬川光行『日本之名勝』史伝編纂所刊、1900年12月）

細かに哀訴する所ありたり」「各所の遊廓に於て、娼妓虐待の事実を見る」「多数娼妓の審問を開始したるものゝ如し」と報じ、次のように記している。

　　娼妓待遇は大体を通じて冷酷を極め居り。一日は二食にして朝餐は午前十一時より十二時までの間に与へ、夕餐は午後三時半を限りとし、夫より五分にても遅るゝ時は小言を並べ、副食物は枯菜の醬油煮に沢庵漬の一片位が精々にて、其余は凡て娼妓の自弁なれば、如何に倹約をしても一日に三銭五銭は自分の懐を痛めざるべからず。

「張店」の時間は、正午から午後３時までと、日没前から翌日の午前２時までの定めだったが、たいていは午前３時から４時に及んだ。年越と３月の午の日、５月５日の養父入、天神祭の当日は、何がなんでも３円以上稼ぐことを命じられ、客が付かず稼ぎが少なければ、足りない分は衣類を質屋に持ち込んで樓主に渡さざるをえなかった。

　同記事は、「此の事、松島に限りたることにはあらず」と書き、「其の他の苦痛は月経中に客を取ること、入院及び勝手休みの日は、勤め年限に加算せ

第４章　大阪五花街断章　121

明治後期の堀江遊廓（『浪速の花』文昭堂刊、1903年）

らるゝこと等なり」と記している。警察本部の保安課長は、「悲惨なる家庭の事情によりて娼妓」となり、「凡ての自由を束縛せられ、日夜役々として苦しき勤めをしながら、利益の大半」は、「樓主のために吸取らる」との認識を示しつつ、「理想としては英、米、仏の如く、自由に散在的に個人の稼業として之を許すが至当なるべきも、我が日本にて左る突飛なことは言ふべく行ひ難し」と述べていた。自由廃業については、「権利は飽までも伸長せしむ」との考えを示しつつも、「娼妓の詐欺手段による自由廃業、情夫其の他の扇動によつて自由廃業をなし、殊更樓主に損害を与ふるもの等に対して、十分の取調べを要するため、本人自ら出頭の上願ふにあらざれば許可せざることになり居れり」と述べていた。要するに、「娼妓取締規則」の自由廃業規定は、公娼制すなわち公認の管理売春制度の維持を前提とした上での「権利」の定めに過ぎなかったのである。

　自由廃業を願い出た松島遊廓の一娼妓は、樓主から威喝され外出を止められていた。出頭できない彼女は、かな書きで「御呼出に預かりたし」との手紙を送っていた。廃娼運動の展開にみられるような時代の変化が、自由廃業を願う一娼妓の手紙を取り上げさせ、警察本部による調査と公表につながったとみてよい。

娼妓待遇問題

　松島遊廓の一娼妓の「哀訴」をきっかけに始まった娼妓の待遇調査、および待遇改善の動きの行方について、『大阪朝日新聞』と『大阪時事新報』に報じられた記事をとおして見ておくことにしたい。

　『大阪朝日新聞』1911年1月16日付は、樓主による搾取について、次のように記している。

> 娼妓が自前営業をするといふ形式になつて居るが、此の損料、食費等の計算が曖昧至極なもので、樓主が勝手に帳面をつけて勝手に閉高を括つて居るから、事実はちつとも自前営業と同じ権利も自由も得ることがなく、依然として樓主の横暴に忍んで居る。

　翌々日の同紙には、樓主にもらう小遣いだけでは、「副食物代、薬料、化粧品代、結髪代の不足等を償ふこと」ができず、「どうしても前借の上に更に前借を重ねて行かねばならぬ」、「売れても売れんでも契約年限を勤めてしまへば、無事に身を抜くといふ理屈になつてゐても、実際はチツとも身を抜くことが出来ない」、「借金の重なるといふこと」は、松島に限らず、どこの遊廓も同じことだと記している。

　同紙1月24日付は、次のような松島遊廓の娼妓の話を掲載している。

> 夜の二時三時頃までも店に居てお客がつかぬ時は、四時頃から就眠しますが、朝の八時には叩き起されて台所の掃除座敷の掃除と下女同様に使はれます。ソレで何うしてもお腹が減りますから、一度に無理をして食べます。無理をして食べると自然気無精になつて運動ができません。さうかうする内夕食になる。又長い張店をせねばならぬと思ふと食べたくもないのに食べます。毎日そういふ工合に不規律な生活を続けて行くので胃腸は弱る睡眠は不足する。

　そして、同紙2月18日付は、「五遊廓取締の訊問」の見出しを掲げ、「松島、堀江、新町、難波新地、五花街の遊廓事務所取締五名は警察本部に召喚」されて尋問を受けたと報じ、次のように記した。

> 五遊廓とも本紙の記事により、早晩改善の実を挙げねばならぬことを悟り、それぞれ準備中の申立てしが、例の張店制度を全廃し、席主と娼妓

第4章　大阪五花街断章　123

の間に於ける貸借、収支勘定を明確ならしめ、娼妓の利益を保護し権利を伸張せしむること等は、多年の習慣の惰力にて容易に改め難き模様見えたれば、当局者は更に其の申立によりて精細なる調査を遂げ、一刀両断的に法の力を以て悪い習慣を打破する筈なり。

　警察本部の召喚を受けた遊廓取締たちは、協議を重ねた上、3月23日に遊廓聯合幹事を通して、改善方法を警察本部に申し出た。『大阪朝日新聞』の3月25日付は、その内容を次のように報じている。

　　（一）食事は必ず一日三回を給すべく、（二）張店の時間は午前二時限りとし、其の時間には鈴を振りて合図とし、一斉に店を退かしめ、（三）一月三箇日、大祭日、紋日等に仕切花と称し、娼妓本人より否が応でも相当の花代を抱主に差出さしめ居たるも爾後断然廃止し、（四）馴染の客が昼夜の揚花を付したる時は、娼妓自身の希望にあらざる限り他の客をとらしめず、（五）娼妓の小遣銭や白粉紅其の他の必要品は、不自由なきやう抱主より支給し、本人に自弁せしめず、（六）入院中にも同様必需品は抱主の支弁にて差し入れ、（七）手紙の取りやりは娼妓の自由に任じ、（八）時間の余暇を見計らひ、廓内の教育場にて普通教育を施し、（九）娼妓より妓丁妓夫に心付けをやることを廃し、（十）遊客の求めに応ずる飲食代は不当の代価を貪らず、其の他衛生上にも十分注意すべく、万一違背したる時には組合規約により厳重処分すべき旨申し出でたり。

　このように、改善を申し出た5遊廓であったが、抱え主と娼妓の所得を明確にすることには、この時点でさえ抵抗を示した。これについて同記事は、「例の人身売買に類せる前借證書の文言を普通貸借證書に更め、娼妓の揚げし花代を正確に決算し、抱主と娼妓の所得を明かにするといふ一件は、各遊廓とも非常の苦痛なれば、急に證書更正の協議整はず、暫時の猶予を乞ひ、不日制定其の筋に申出づべきことになれり」と報じている。

　1911年9月4日、大阪府は、「貸座敷取締規則」と「娼妓取締施行細則」を改正し、娼妓の売上高、娼妓の食費・浴湯費・衣装代・寝具損料・理髪費・消耗費・雑費・席費・廊費等の正確な記録と、警察による検閲を義務づ

けた。

　この府令改正を受けて、樓主たちの間には多少の混乱がみられた。府令の施行延期や再改正の願い出があり、娼妓の諸経費を一定金額の記載とし、細かなことは免除してほしい等々の申し立てがあった。9月6日付の『大阪時事新報』には、取締規則の改正公布は「当業者に於ても寝耳に水」と記され、「醜業者と卑しめられつゝも多大の税金を納めて一廉(ひとかど)の財源に充たされてゐたることなれば、此の点より見るも、其関係するところ頗(すこぶ)る大なるべしとて、警察部に於ては今朝来頻(しきり)に其の取調をなす」と報じている。

　9月4日公布の改正府令は、そのまま10月1日に施行された。ただし、施行後1か月近く経っても、娼妓待遇の実態はいっこうに変わらなかった。『大阪時事新報』同年10月25日付は、「本月一日より実行すべき該取締規則も、一人の遵守すべき者なくその儘と成り居りて、当局者の責任を問うまでに至りたる」と報じている。樓主たちは花代、すなわち娼妓の稼ぎを、いかに多く従来通り確保するかに汲々としていたのである。

南の大火

　1912年（明治45）1月16日午前1時過ぎ、南区難波新地4番丁の貸座敷「遊楽館」の桧皮葺の屋根に、その西側にあった風呂屋百草湯の煙突から出た火の粉が落下して火災が発生した。火は西からの烈風にあおられて、難波新地・南阪町・高津町・生玉町へと広がり、4750戸が全焼した。この大火災は、南の大火と呼ばれた。

　南地の難波新地3番丁と4番丁の妓樓85軒が全焼し、4番丁の水銀樓だけが焼け残こった。出火時は、真冬の午前1時。張店に座らされたり、客をとっていた娼妓はどのように避難したのだろうか。避難時の様子について、片山三七夫『大阪歓楽街史』（社交街新聞社刊、1952年）は、「腰縄姿となつた一群の女性、此処彼処に猛火を避けて護衛付きで安全地帯へ送られて行く」、「中には半襦袢一枚も混つてゐた」、「逃走を防ぐ娼妓の群であつた」と記している。

　『大阪時事新報』の1月22日付夕刊は、「避難娼妓の収容」の見出しで、

第4章　大阪五花街断章

「遭難娼妓」のうち、「他の遊廓以外に避難し居るものは風紀上宜しからず」との「其筋の諭告」があったと報じ、次のように記している。

　　難波新地遊廓事務所にては、直ちに其の旨を所々に散在せる樓主の許へ通告し、一時南地演舞場と難波新地二番丁中筋二た熊の向ひ丸万との二ケ所に分れて収容する。

続いて同記事は、「収容さるゝ娼妓の数は約一千名」と記している。記事にみえる「丸万」は、難波新地2番丁にあった大きな料理屋であった。

収容された娼妓の様子を報じた同紙は、演舞場の平土間、2階の東西と正面の座敷、茶の間、2階の広間など、すべてを畳2畳に3人の割合で押し込められ、「何とも云へぬ苦しさうな顔付で一個の火鉢を十二三妓」が寄り集って取り囲んでいると記している。

大火から半月後、難波新地の貸座敷業者は、他の遊廓への移転を始めていた。北の大火の時のように、板囲いの仮小屋による営業が認められなかったからである。

2月5日に、大阪府は告示第35号をもって、難波新地3番丁、同4番丁貸座敷免許地のうち、難波新地遊廓に属する免許地を廃止するとした。ただし、現存する貸座敷に限り、1912年4月30日までの営業を許可した。

被災した娼妓1368人は、大火直後から次々と他の遊廓に移動していた。南地演舞場と丸万に収容された娼妓も移転先が決まっていった。最後まで残った268人のうち、約180人が南地以外の市内の遊廓へ、数十人が南地の他の場所、および堺の龍神に移された。南地の別の場所に移った娼妓には、芸妓として客をとった者もあったという。

『大阪府統計書』によると、難波新地の娼妓数は1911年（明治44）が1931人、1912年423人、1913年369人と減少したあと、大正期を通じて急速に増加し、1921年（大正10）には749人になっている。南地全体の娼妓数は、1911年が2270人、1916年（大正5）が1056人である。南地全体の娼妓数の減少は、難波新地の娼妓数の減少によるものであった。

　　　　　　　　　　　　　　　　　　　　　（大谷　渡　岡野佑也）

第5章 「北船場」地域の会社の変遷

大阪船場と会社

　江戸時代に天下の豪商が軒を並べ、問屋や仲買商人が集まった船場は、近世大坂の経済・文化・学問の中心地として知られている。近代には、北浜に大阪株式取引所（現在の証券取引所）が設けられ、銀行や会社が設立されてビジネス街が形成された。このような場所であるだけに、船場を取り上げた在来の文献は数多い。

　たとえば、宮本又次『船場』（ミネルヴァ書房刊、1956年）、船場昭五会編『船場を語る』（中尾松泉堂書店刊、1987年）、香村菊雄『定本船場ものがたり』（創元社刊、1986年）、作道洋太郎『関西企業経営史の研究』（御茶の水書房刊、1997年）などがあり、金融街の北浜や、薬の町として知られる道修町を取り上げた研究も多い。戦前発行の『上方』第50号（1935年2月）には、北船場の変遷が取り上げられているし、『明治大正大阪市史』『新修大阪市史』『東区史』『続東区史』には船場についての記述がある。さらには、船場出身者による回顧録も多い。したがって、船場を知るには、こと欠かないかのようにみえる。

　ところが、江戸時代に存在した商家と、近代に設立された船場の会社との連続性や、明治・大正期に設立された船場の会社が、船場のどこにあって、それがその地に存在し続けたのかどうか、といったことを知りたくても、それらを明らかに示してくれる文献は見当たらない。明治から大正にかけて、船場の町のどこにどんな会社があって、年代によってどんな変遷があったのか。このことを知ることができれば、近代における船場の町の具体的変遷の一端と、その変化の意味が見えてくるように思うのである。

　では、どのようにすれば、船場の町に存在した会社の位置とその変遷がわかるのだろうか。これを把握するためには、明治期や大正期に発行された統

計書や会社一覧や地図を丹念に調べ、年代別にその所在地を記録し、他の資料と照合しながら検討を加え、町別にデータを収集して、1つひとつ地図上に落としていく作業を行うしかない。

大正期には、すでに多くの会社が船場に本社を構えていた。これらの会社は、登記上の本社も実質的な本社機能も船場に置いていたのである。この中には、船場から始まった会社もあれば、他の地域で始まった会社もあった。他の場所で創業した会社が、なぜ船場に本社を構える必要があったのだろうか。船場に本社を構えるということに、どのような意味を見出していたのだろうか。

ここでは、明治後期から大正期において、「北船場」地域にどんな会社が設立され、あるいは消滅し、他地域からどんな会社が移転してきたのか、その変遷をみてみたい。一般には、本町付近は「中船場」というが、ここでは北浜から本町までを対象とし、これを「北船場」として考察することにした。なぜなら、本町から始まった大会社が多いこと、大正期におけるビルディングへの建て替えという観点からも、本町付近までは比較的ビルディングが多かったからである。なお、西横堀川沿いの横堀1〜5丁目と北渡辺町は、会社変遷の考察上からは他の町とかなり趣を異にするので、ここでいう「北船場」からは除くことにした。

1907年から25年までの推移

表6は、1907年（明治40）、1917年（大正6）、1925年（大正14）に「北船場」に本社を置いていた会社を町別に示したものである。表6の1907年と1917年における会社数を得るために使用した『大阪府下会社組合工場一覧』（大阪府内務部、1918年3月）と『大阪府下組合会社銀行市場実業団体一覧』（大阪府内務部、1918年5月）には、大阪府内の会社が「株式会社」「合資会社」「合名会社」の3種に分け、さらにそれぞれを「本店」と「支店」に分けて記載されている。『大阪府統計書』の1901年〜1905年には、「大阪府下会社銀行組合及工場表」が収められているが、1906年以降には会社の詳細な記載がない。

大阪府によって発行された会社一覧では、調査年次からみて1889年（明治22）の『大阪府下諸会社銀行一覧表』（大阪府農商課）が最も早いものと思われる。その後は、1892、93両年の調査データを『大阪府農工商雑報』の号外として発行した『大阪府諸会社製造所及銀行表』があり、1894年、96年、98年、1900年には、『大阪府諸会社工場及銀行表』が大阪府内務部から発行されている。1904年〜1909年までは、『大阪府下会社組合工場一覧』が発行され、

表6　「北船場」に本社を置いた会社数の推移

町名	1907年	1917年	1925年
北浜	10	44（3）	98（15）
大川町	2	6（2）	4（0）
今橋	9	28（2）	48（9）
高麗橋	11	27（6）	59（12）
伏見町	7	11（2）	23（7）
道修町	5	29（1）	46（10）
平野町	11	23（4）	44（8）
淡路町	10	26（4）	42（10）
瓦町	5	17（1）	46（6）
備後町	8	25（4）	72（9）
安土町	5	18（0）	46（4）
本町	13	31（6）	58（18）
計	96	285（35）	586（108）

（注）本文記載の資料から作成。1917年の（　）内の数字は1907年にすでに「北船場」に存在していた会社の数、1925年の（　）内の数字は1917年にすでに「北船場」に存在していた会社の数を示している。

1911年、12年、14年、15年、17年に発行された『大阪府下組合会社銀行市場工場実業団体一覧』がある。1919年（大正8）には、大阪府内務部商工課編『大阪府下商工業者一覧』（大阪商工倶楽部刊）が発行されたが、その後は発行されなかったようである。これらの資料をみることによって、各調査時期に「北船場」に存在した会社の名称・営業種別・所在地・設立年月・資本金・代表者などを知ることができる。

　1925年（大正14）については、大阪市役所産業部編『大阪市商工名鑑』（工業之日本社刊、1926年4月）を使用した。同書を使用したのは、大阪府発行の会社一覧が1920年で途絶えているからである。この資料と、前にあげた『大阪府下会社一覧』と大きく異なるところは、個人商店や個人名まで収録されていること、本店と支店を分けておらず業種別に列記していることである。そのため、抽出漏れや本店・支店の区別がつかないものが出てきた。したがって、1917年と1925年については、『帝国銀行会社要録』の1917年版と1925年版によって補完することにした。その他、新聞記事や広告などによっ

表7　「北船場」に本社を置いた会社の業種別会社数（上位5業種）

1907年の会社数		1917年の会社数		1925年の会社数	
業種	会社数	業種	会社数	業種	会社数
繊維	25	繊維	66	繊維	176
化学工業製品	10	化学工業製品	48	金融関係	73
銀行業	8	不動産業	19	化学工業製品	71
保険業	5	金融関係	17	不動産業	32
印刷出版業	5	銀行業	13	銀行業	16

（注）本文記載の資料から作成。

て、できるかぎり補完した。

　表6をみると、「北船場」に本社を置いていた会社数は1907年（明治40）が96社、1917年（大正6）が285社、1925年（大正14）が586社である。1907年から1925年までの18年間に、会社数が約6倍になったことがわかる。表7は前述した資料から抽出したデータに基づき、業種別会社数の上位5業種を示したものである。いずれの年においても、突出して多いのが繊維関係の会社である。1907年には25社、17年には66社、25年には176社となっていて、いずれも全体の20％から30％程度を占めていた。特に瓦町あたりから南に下るにつれて繊維関係の会社が増え、本町付近が最も多い。なお、大日本紡績株式会社（現・ユニチカ株式会社）は、登記上の本社を尼崎に置きながら、1911年（明治44）9月から1929年（昭和4）4月までの間、「北船場」の備後町に社長以下の全機構を置いていた（『大日本紡績株式会社五十年紀要』1941年3月）。このような会社は、本社を「北船場」に置いた会社として統計に入れている。

　繊維関係に次いで多いのは、化学工業製品の会社である。化学工業製品とは、医療用薬品・工業用薬品・化粧品・染料などを指している。1907年は10社（同年の会社数の10％）であったが、1917年には48社（17％程度）、1925年には71社（12％程度）となっている。

　有価証券取引などの金融関係の会社は、1907年は3社、17年は17社であったが、25年には73社となっている。会社としての統計では少ないが、統計資料以外の新聞その他の資料をみるかぎりでは、会社組織になっていない小規

模な商店が相当あったことがうかがえる。

不動産業は、1907年には1社であったが、17年には19社、25年には32社と増加している。この中には、郊外住宅地の開発に伴う土地建物会社が含まれている。ただし、弱小の土地建物会社は合併が進み、郊外への移転も多く、「北船場」で見るかぎり土地建物会社の数はそれほど増えていないようである。「北船場」地域について、1917年から25年の時期を見るならば、明らかに増えているのは貸室を持つビルディングであり、そうした動きに関連した不動産関係の会社が増加したとみてよい。

表8 大阪市と東成・西成両郡、東区、「北船場」の会社数

地域	1907年	1917年	1925年
大阪市と東成、西成両郡	616	1122	3894
東区	189	298	935
「北船場」	96	285	586

(注)「北船場」の会社数は、本文記載の資料から作成。大阪市と東成・西成両郡および東区の会社数は、『大阪府統計書』から作成した。なお、1925年（大正14）4月1日には、東成・西成両郡全域が大阪市に編入された。

表8は、1906年（明治39）から1926年（大正15）までの大阪府統計書をもとに、大阪市および東成・西成両郡と、東区の会社数（銀行も含む）を示したものである。表8で示した各年のうち、1907年、17年、25年をみると、1907年の会社数は、大阪市と東成・西成両郡を合わせて616社、東区が189社である。1917年は、大阪市と東成・西成両郡を合わせて1122社、東区が298社である。1925年は大阪市が3894社、東区が935社である。大阪市と東成・西成両郡を合わせた全会社数に占める東区に存在した会社数の割合は、1907年が30.7％、17年が26.6％、25年が24％となる。さらに、東区全体の会社数に占める「北船場」の会社数の割合をみると、1907年が50.8％、17年が95.6％であり、狭い範囲であるにもかかわらず、かなりの数の会社が集中していたことがわかる。ただし、割合でみるならば、1925年には、62.7％に低下している。

1920年代における東区に存在した会社数の割合の低下は、東区を除く大阪市域、および東成・西成両郡に会社が増加したからであり、東区内に占める割合の低下は、「北船場」以外の船場の他の町に会社が増加したからである。

つまり、第一次世界大戦を経た経済発展の中で、それまで会社設立が集中していた「北船場」、あるいは船場という地域から、設立場所が拡大し分散化していった様子がうかがえる。

　「北船場」には、明治初期、またはそれ以前から営業をしていた商店が多い。そのような老舗商店の多くが、会社組織に改めるのは大正期以降である。たとえば、塩野義は1878年（明治11）から道修町に店舗を構えたが、改組して株式会社塩野義商店となったのは、1919年（大正8）であった。これよりもさらに古い武田は、江戸期にはすでに道修町に店舗を構えていた。同店が株式会社武田長兵衛商店となったのは、1925年である。

地価の高騰とビルディング

　1910年代後半から20年代に、船場の地価は著しく高騰した。『大阪毎日新聞』1921年2月4日付の記事「大阪市内の地価調」によると、北浜2丁目の地価は1909年（明治42）に1坪160円だったものが、1920年には2600円になっているという。今橋・高麗橋2丁目・伏見町・道修町2丁目・平野町一帯は5年前の7倍強、南本町2丁目・淡路町・瓦町・安土町・備後町一帯は6倍強または5倍強となり、「市内の土地の値上りが著しい」と同記事は記している。同紙の1920年2月12日付には、「藤本銀行支配人」の話として、本町筋日本家屋1坪の家賃は平均12円、同じ場所におけるビルの賃料と貸事務所の方が割安なので、「ビルはもっと発達しなければならない」と記されている。

　地価の高騰は、北船場にビルディングが増えていく要因の1つだった。『近代建築画譜　近畿編』（近代建築画譜刊行会刊、1936年）や、「大阪のビルディング細見（上）」（『建築と社会』第5集7号、1922年7月）によると、貸事務室を持った「ビルディング」が、船場に盛んに出来始めたのは1919年からであり、特に1921年、22年に多くのビルが竣工している。

　『大阪毎日新聞』1926年1月31日付は、「空にひろがる大大阪　五階以上が三十七」という見出しで、「既往十年間に新築された大建築物の統計」を示し、大阪市内の建物について次のように記している。

十年間大阪で新築された三階以上の大建物の数を挙げると、約九百四十軒であるから一年、ザット百軒宛建つ訳であるが、三四階クラスの家にはまだなかなか木造日本建が多く、これを鉄筋コンクリート建と比較すればザット木造六に対して鉄筋コンクリートは二の割合で新築されている。

続いて、「五階以上の大建物は三十七」であると記し、最も高い9階建が3、そのうちの1つが北浜の野村ビルディングだと書いている。8階建は堺筋の山口銀行・野村銀行・白木屋呉服店・明治屋支店・灘万ホテルなどであり、6階建は十合(そごう)・日本生命・日本海上などと記している。5階建には、「色々の商売が這入り込んで」いて、「十七軒が船場方面を初めとして南の盛場から、安治川、築港方面まで割拠している」などとも記している。

こうしてみると、ビルディング化の進行は、狭い場所に商店が密集していた船場に、他地域の会社や新設の会社が移転しやすい環境を作ったと考えてよい。

設立年からみた特徴

1907年（明治40）・1917年（大正6）・1925年（大正14）の各年に「北船場」に本社を置いていた会社を設立年別にみると、1907年に存在した96社のうち、1904年（明治37）の設立が15社と最も多く、1906年が14社、1903年が8社、1901年が7社、1902年と1904年がそれぞれ6社となっている。つまり、96社のうちの56社、半数以上の会社が1901年以降の数年間に設立されていることがわかる。

1917年の285社についてみると、1916年設立の46社が最も多く、17年が41社、14年が37社、15年が35社、12年と13年がそれぞれ18社である。その合計は195社にのぼり、1917年に「北船場」に本社を置いていた会社総数の68.4％を占めていて、設立時期が大正初期に集中していたことがわかる。

1925年の586社についてみると、1920年設立の68社が最も多く、1921年が64社、1919年が60社、1924年が58社、1918年が52社、1922年が42社であった。その合計は344社であり、1925年に「北船場」に本社を置いていた586社の

58.7%を占め、6割近くが第一次世界大戦後に設立されたものだったことがわかる。

　ところで、前記のように1907年に「北船場」に本社を置いていた会社のうち、半数以上にあたる56社が1901年〜1906年に設立されたものだった。この56社は、大正期にも「北船場」に存在し続けたのだろうか。実はそうではなかった。56社のうち、1917年に「北船場」に存在したのは、わずか18社となっている。つまり、1908年から10年の間に「北船場」に本社を置いていた38社が消えているのである。

　1917年に「北船場」に本社を置いていた会社のうち、1912年〜1917年に設立された195社についてはどうだろうか。この195社のうち、1925年に「北船場」に存在する会社は77社であった。25年までの8年の間に、118社も減っているのである。

　以上のことから、「北船場」には、比較的に設立の新しい会社が多かったことがわかる。もちろん、この中には会社組織としての設立は新しくても、創業が古いものも多く含まれている。しかし、1907年・1917年・1925年のいずれの年も、設立5年以下の新しい会社の割合が非常に大きく、古い会社は減っているので、会社の入れ替わりの激しい地域であったといえよう。

　さて、以上のように見てきた「北船場」に本社を置いた会社の変遷について、表6を作成したデータをもとに、北浜・備後町・本町の3地域を取り上げ、1907年から1917年、1925年へと、設立された会社の数と位置がどのように変化したかを、地図上で確認しておきたいと思う。136頁の図10は、「北船場」における北浜・備後町・本町の位置を示したものである。図11は北浜、図12は備後町、図13は本町における1907年から1917年、1925年への変遷を表している。これらの図を見ることによって、それぞれの町の各年における会社の増加状況とその位置を確認できるとともに、1907年に「北船場」に本社を置いていた会社が、大正期にいくつ無くなり、新たに本社を置く会社がどれだけ増えていたかを知ることができる。さらには、明治末から大正中期を経て大正末へと、これらの町に設立された会社が大きく入れ替わりながら、著しく増加していった様子を明瞭にうかがうことができるのである。

表9 大阪市、東成・西成両郡、東区、「北船場」の資本金別会社数

地域	年次	100万円以上	50万円以上100万円未満	10万円以上50万円未満	5万円以上10万円未満	1万円以上5万円未満	1万円未満	不明	計
大阪市、東成・西成両郡	1907		156※		36	178	253	0	623
	1917	140	66	156	78	240	442	0	1122
	1925	469	213	736	374	990	1112	0	3894
東区	1907		49※		14	61	65	0	189
	1917	55	23	46	19	71	84	0	298
	1925	187	74	206	97	219	152	0	935
「北船場」	1907	8	1	19	7	37	23	1	96
	1917	51	20	47	23	66	74	4	285
	1925	153	53	129	51	113	37	50	586

(注)「北船場」の会社数は、本文記載の資料から作成。大阪市、東成・西成両郡および東区の会社数は、『大阪府統計書』から作成。※印を付した会社数は、使用した『大阪府統計書』の統計に10万円以上の会社として示された数字である。したがって、この会社数には「10万円以上50万円未満」と「100万円以上」の会社が含まれている。なお、1925年4月1日には、東成・西成両郡全域が大阪市に編入された。

資本金からみた特徴

　表9は、1907年と1917年における大阪市および東成・西成両郡地域、東区、「北船場」、1925年における大阪市域、東区、「北船場」の会社を資本金別に示したものである。「北船場」地域では、東区全域よりも規模の大きい会社の割合が大きい。特に1907年と1925年が顕著である。

　1907年における資本金10万円以上の会社の割合は、大阪市と東成・西成両郡、および東区と、「北船場」地域とを比べると、「北船場」地域の方が5％程度高い。また、資本金5万円未満の会社が、大阪市と東成・西成両郡地域、および東区では7割弱であるのに対し、「北船場」では6割程度である。1917年は、東区と比べると大きな違いはないが、大阪市および東成・西成両郡地域と比較すると、やはり「北船場」の方が規模の大きい会社が多い。

　1925年における資本金10万円以上の会社は、大阪市が4割弱、東区が約5割であるのに対して、「北船場」では6割弱である。一方、5万円未満の会社は、大阪市がほぼ5割、東区がほぼ4割であるのに対して、「北船場」では3割弱である。

図10 「北船場」における北浜・備後町・本町の位置

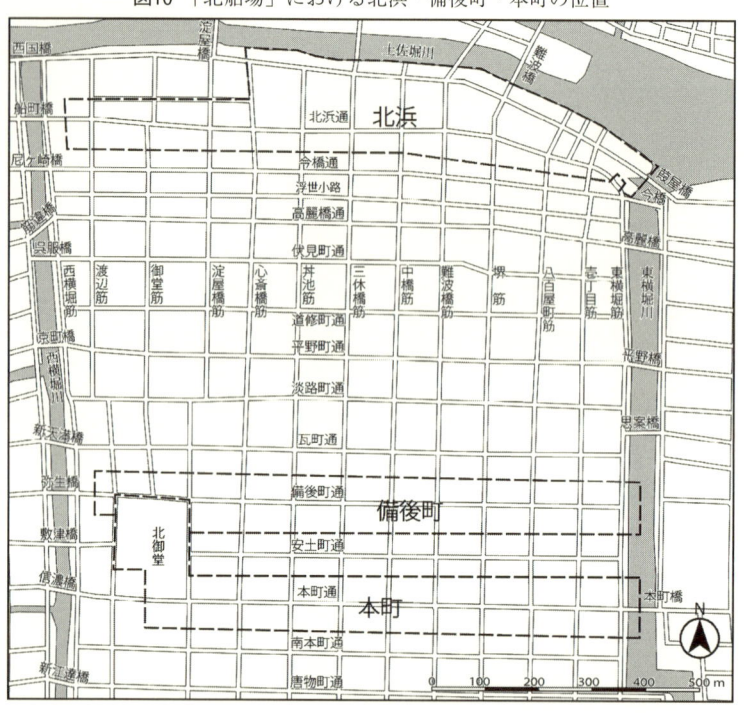

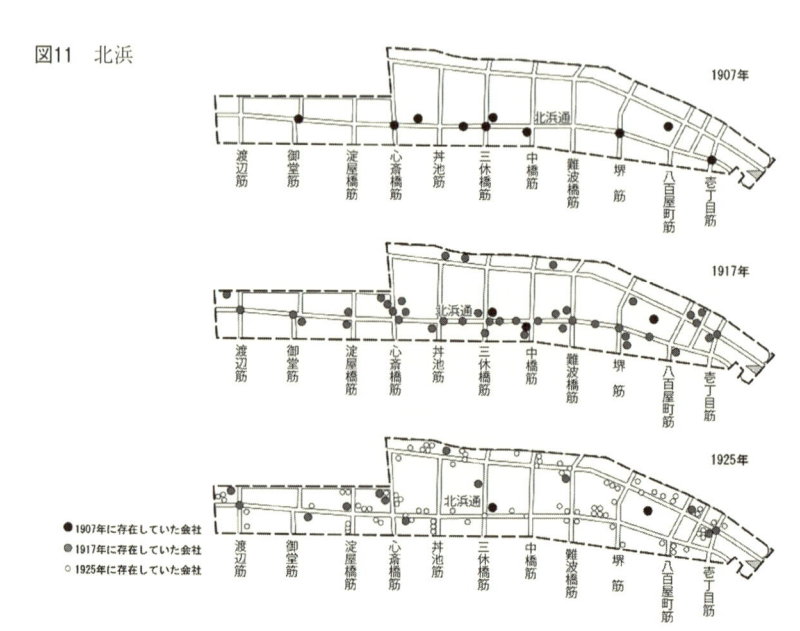

図11 北浜

1907年

1917年

1925年

● 1907年に存在していた会社
◐ 1917年に存在していた会社
○ 1925年に存在していた会社

図12　備後町

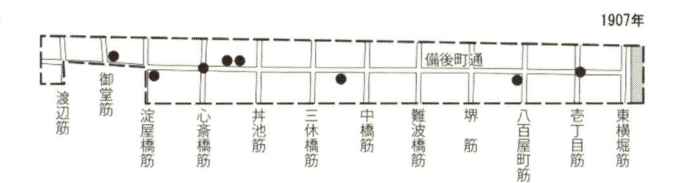

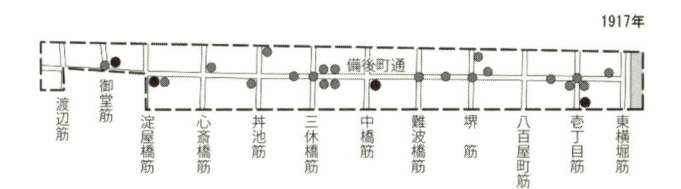

1907年

1917年

● 1907年に存在していた会社
● 1917年に存在していた会社
○ 1925年に存在していた会社

1925年

図13　本町

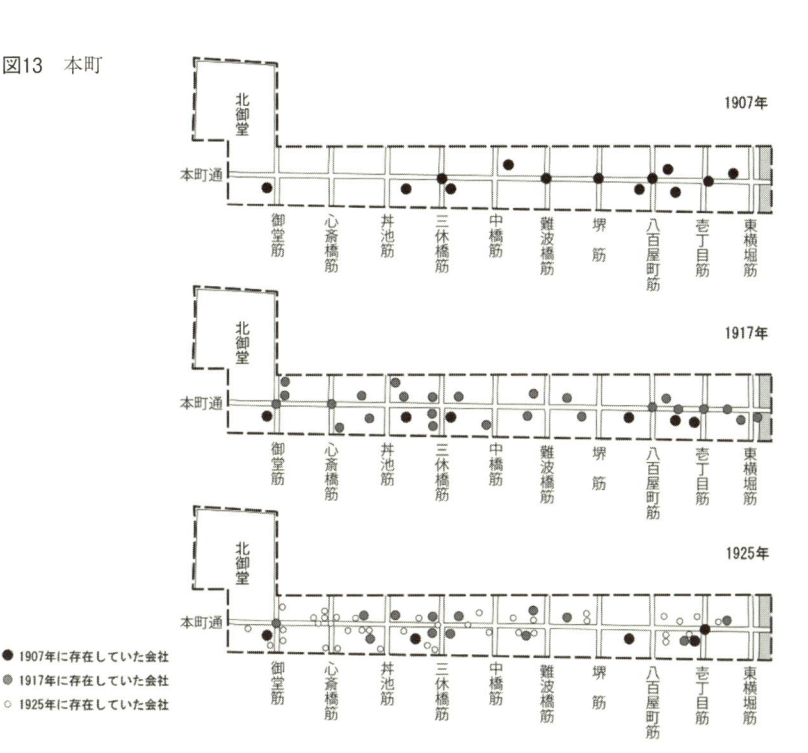

1907年

1917年

1925年

● 1907年に存在していた会社
● 1917年に存在していた会社
○ 1925年に存在していた会社

以上のことから、「北船場」地域には、大きな資本を持った規模の大きい会社が多かったことがわかる。明治末から大正期において、「北船場」に本社を置く会社が激しく入れ替わっても、規模の大きい会社が新たに設立されたり、他地域から移転して来たりするような環境が、「北船場」地域には存在したと考えられる。

　ところで、関西に本社を置く会社について、『大阪毎日新聞』1920年1月27日付は、「関西一流の事業会社が漸次本店を東京に移す　経済中心の大阪を離れんとする傾向」の見出しで、次のように記している。

　　三井、三菱、古河、大倉組、高田商会、久原鉱業などの一流会社の本店が、経済の中心たる大阪を離れて東京に集合せんとする傾向あるは注目すべき現象にして、之れにて阪神に本社を有する大事業会社は藤田、住友、鈴木の三会社となり、此内の某会社も東京移転に内定せりと伝へらる。

　「藤田」とは、合名会社藤田組のことであり、同社が本社を東京へ移したのは1944年（昭和19）2月である。記事中の「某会社」とは、藤田組を指しているのではなかろうか。大阪から東京への本社移転が近年も話題になることが多いが、大正後期にすでに東京への移転が始まっていたことは興味深い。ただ実際には、1923年9月の関東大震災の影響もあって、企業の東京移転はそれほど進まなかったようである。

北浜・今橋・高麗橋の素描

　大正期に、北浜と今橋に本社を置いていた会社について、若干の素描を試みたいと思う。会社名をあげた素描によって、これまでのデータ分析による「北船場」地域の変遷に多少なりとも具体的イメージを添えることができればと思う。

　北浜に本社を置いた会社は、1907年が10社（「北船場」全体の10.4％）、1917年が44社（15.5％）、1925年が98社（16.7％）である。大阪株式取引所が、旧北浜金相場会所跡の北浜2丁目1番地と同5番地を借り入れて設けられたのは、1878年（明治11）であった。借りていた北浜2丁目1番地の土地は、

1894年の改築時に購入されたようである。

　1907年（明治40）には、北浜２丁目８～14番地の土地が購入されていて、２年余り後の『大阪地籍地図（土地台帳之部）』によると、北浜２丁目６番地が大阪株式取引所の所有地、北浜２丁目７番地、８番地の１は大阪株式取引所理事長・磯野小右衛門の所有地となっている。1906年（明治39）発行の『大阪市街精密地図』を見ると、北浜２丁目８～14番地に「藤繁株式仲買」「小川株式仲買」「真下医院」の３つの建物があり、大阪株式取引所の敷地拡張以前に同地にあったことがわかる。大阪株式取引所の付属館が完成したのは、1913年（大正２）であり、このビルディングは貸室を備えていた。

　合資会社大林組が、西区靱南通から北浜２丁目に移転したのは、1905年である。1919年に株式会社大林組となり、東区京橋３丁目に新築移転した。大正に入ると、株式会社岩井商店が設立されている。

　北浜２丁目にあった寿司販売の合資会社魚喜商店は、1917年の合名会社魚喜料理店と同じ会社の経営と思われるが定かではない。この魚喜料理店は、1915年設立当初は、北区曽根崎新地にあった。

　北浜３丁目には、1888年（明治21）に、道修町の大阪薬種卸仲買仲間によって設立された大阪薬品試験会社があった。同社は1908年（明治41）に大日本製薬会社（前身は大阪製薬会社）と合併していて、1911年から30年まで同社の本社が置かれた。

　1917年に北浜に本社を置いていた44社のうち、明治に設立されたものは９社、大正に入ってから設立されたものは35社であった。新しい会社が圧倒的に多い。1917年の北浜を東から順に見ていくと、北浜１丁目に北浜信託株式会社があった。役員のほとんどが大阪株式取引所の仲買人だった。1906年の『大阪市街精密地図』では、同じところに「小島株式仲買」「新海亭洋食店」の記載がある。また、同１丁目には、浪速土地株式会社と摂津土地株式会社があった。どちらも1912年設立であるが、25年に両社とも他地域へ移転し、同地に日下住宅株式会社と芦屋土地株式会社が本社を構えた。

　北浜４丁目には愛媛紡績株式会社があった。愛媛紡績の前身は、渋谷合名会社といい、渋谷庄三郎家の同族会社である。同地には、日本硝子工業会社

大正末期の堺筋、北浜から南を望む（『大阪市大観』1925年）

と日露商業会社もあった。住友銀行が北浜5丁目に新築移転したのは、1908年である。住友信託株式会社と改称したのは、1926年である。住友信託は1931年（昭和6）に、北浜5丁目22番地の住友ビルディングに移転した。

「北船場」地域にビルディングが増加したのは、1920年代だった。21年に竣工した北浜野村ビルディングは、3階から7階までが貸室だった。北大阪土地会社、北浜証券会社などがこのビルに本社を構えた。

灘万本店が北浜2丁目に新築されたのは1925年、改築工事中は本社を灘万ホテル階下のカフェーに合併していた。1階は「食料品売場」、2階「和洋支那料理食堂」、3階「フランス料理食堂」、4階「宴会場」、5階「大ホール」、屋上「喫茶部」であった。ところが、翌1926年に北浜の灘万ホテルは廃業した。『大阪毎日新聞』1926年10月30日付は、「『そろばんがとれません』灘万ホテル廃業の理由」の見出しで、灘万本店の庶務主任の談話を掲載している。それによると、「灘万ホテルの建物は大阪証券交換所から借りてゐる」

大正末期の北浜（『大大阪』大阪出版社刊、1925年3月）

もので、家賃が経営を圧迫し、さらに「食堂部が本店に移つてからは欠損つゞき」で、遂に営業を続けることが困難になったという。

　『近代建築画譜』によると、北浜2丁目の灘万本店は、その後「野田屋食料品店」という店になっている。『帝国銀行会社要録』1925年版によると、24年に合資会社今橋灘万（今橋5丁目）が設立されている。1924年の『大阪毎日新聞』に、「大阪料理業今橋灘万」という広告が掲載されていることや、その後の資料からみて、おそらく1928年以降に以前からあった今橋の灘万に本店を移したものと思われる。

　今橋には、2丁目に鴻池銀行があった。鴻池銀行は、最初今橋2丁目14番地に本店を置き1898年に今橋2丁目22番地へ移転した。同地は鴻池本宅（今橋2丁目17番地）の通りを挟んで向かい側である。その後、1925年に今橋3丁目21番地に新築移転した。同地は、1911年には、すでに鴻池善右衛門の所有地になっていたようである。

第5章　「北船場」地域の会社の変遷　141

今橋1丁目には、1922年に日本信託銀行ビルディングが竣工し、23年には帝国ビルディングが竣工している。同地には、1889年（明治22）4月より、帝国生命保険の大阪支社（1893年12月より大阪支店に改称）が設置されていた。今橋2丁目1番地には、1922年（大正11）8月に、日本信託銀行ビルディングが竣工した。日本信託銀行ビルディングは、3階〜5階を貸事務所としていた。同地には、亜細亜アルミニューム会社や八千代海上火災保険会社があった。1925年には、5階に社団法人大阪放送局が移転した。なお、1920年に今橋2丁目に茂木ビルディング、1922年には同2丁目に報徳銀行ビルディングが竣工している。今橋は、大正期に多くのビルディングが建てられた町であった。

　高麗橋には、1878年（明治11）設立の三十四銀行と百三十銀行があった。百三十銀行は1923年に安田銀行と合併し、その本店は安田銀行大阪支店となった。高麗橋1丁目に大阪証券交換所ビルディングが竣工したのは1920年。20年ほど前には、同じ場所に「私立大阪吉田病院」があった。

　高麗橋には、三井関係の建物が多い。高麗橋2丁目1番地には、三井銀行大阪支店がある。1897年の『大阪営業案内』によると、「三井銀行　三井物産会社建築地」とあり、その西側（堺筋側）には「菓子商　駿河屋商店」「紋置業　池田昇三郎」「糸物商　豊田商店」と記載されている。また、1906年発行の『大阪市街精密地図』には、三井銀行・三井物産の西側に「富岡洋服商」「亀屋洋服商」の記載がある。1911年（明治44）発行の『大阪地籍地図』では、このブロックには、三井銀行のある1番地と他に8番地しか存在しなくなっており、以前あった商店のいくつかがなくなっている。1919年（大正8）発行の『大阪市内及び接続町村番地入地図』を見ると、1ブロック全てが「三井銀行」となっている。堺筋が拡幅されたのは1915年であり、その影響もあると思われる。

　高麗橋4丁目には萬年社があった。『大阪毎日新聞』の広告を一手に引き受けていた同社が、ここに本社をおいたのは、1902年から1926年までの24年間だった。1890年創立の同社の本店は、初め今橋4丁目にあったが、96年に東区船越町2丁目へ移転し、翌年に淡路町2丁目へ移転した。当初は、社主

高木貞衛の住居と本店は同じだったが、1910年に、社主の住居だけが天王寺に移った。なお、同社は1920年に株式会社萬年社に改組した。

萬年社が移転した高麗橋4丁目39番地には、それまで何があったのだろうか。1897年発行の『大阪営業案内』には、同じ場所に「蒲鉾商京松商店」「印刷師端野丑松」と記されているが、萬年社が移転する1902年まで存在したかどうかは不明である。

激変する街

「北船場」に会社が爆発的に増えたのは、大正後期であった。1925年（大正14）には、「北船場」に本社を置く会社は約600社だった。1907年（明治40）、1917年（大正6）、1925年（大正14）の、いずれの年においても設立年の新しい会社が多く、「北船場」は会社の入れ替わりが激しい地域だった。所在地の変遷を見てもわかるように、小さな商店がいくつも消滅していた。

1920年代には、地価が高くて土地が狭いこの地域に、建物のビルディング化が進行した。このことは、「北船場」に新しく本社を構え、あるいは他の場所から移転して本社を構えることを容易にした。

大正期には職住分離が進んだとはいえ、道修町などではまだ「職住一体」が残っていた。老舗商店の店員が独立して店を構え、やがて会社となっていくケースも見られた。だが、「北船場」地域のビルディング化が本格化し始める1920年代初めには、これまでの丁稚制度を疑問視する報道があらわれる。『大阪毎日新聞』1921年4月19日付夕刊には、「いよいよ裁判沙汰に現れた店主と店員の争ひ」の見出しの記事が掲載されている。このような記事の増加から、船場地域においても、この時期に雇い主と雇われる者との伝統的な結びつきが崩れ始めたことがうかがえる。このことは、社会状況の変化の中で、「職住一体」による伝統的な雇用関係がしだいに形を変え、「職住分離」へと向かいつつあったことを示している。

ところで、大阪で生まれた会社が東京に本社を移転する動きが、すでに大正期に始まっていたことは興味深い。実際には、関東大震災の影響もあり、それほど移転は進まなかった。1920年代には、船場という土地柄を重視して、

他の地域から進出してきた会社もあった。1920年代から30年代にかけて、「北船場」は外観もその内部も激変の時期を迎えていた。　　　（浅野阿貴）

第6章　師団移転・公園化の構想

師団移転の「意見書」

『陸軍省大日記』に収められている1919年（大正8）1月24日付の「大阪師団移転ニ関スル意見書」は、大阪府会の決議により、府会議長の上道菊治が、時の内務大臣床次竹二郎に建議した文書であった（大正八年乙輯第二類第三冊）。同意見書には、「近年大阪市ノ発展実ニ著シク」、西・南・北の三方はすでに「長大ナル発展ヲ見セルモ」、東方の師団所在地に連なる地域は旧態のままであり、その付近および以東は「発達全ク阻止セラレタル状態ニアリ」と述べた上で、次のように記していた。

是レ師団ノ宏ナル各種建造物ノ為メ交通ノ利便ヲ絶チ、付近ノ連絡ヲ欠クニ外ナラス。以テ旧来師団移転ヲ唱ヘラレタルコト屢々ナリトス。

近時仄聞スル処ニ依レハ、師団側ニ於テモ、其移転ヲ希望セラルト。果シテ然ラハ之ヲ市外適当ノ地ニ移シ、以テ大阪都市ノ大発展ヲ期スルト共ニ師団理想ノ建造物ヲ新設セハ、寔ニ一挙両得ノ方策ナリト信ス。

上の「意見書」の中に、「旧来師団移転ヲ唱ヘラレタルコト屢々ナリトス」と記されているように、第4師団移転問題が表面化したのは、この時が初めてではなかった。

大阪市内に師団が存在していることは、すでに日露戦争前後から問題視されていた。日露戦後の1910年（明治43）12月20日の大阪府会市部会には、第4師団移転に関する議案、すなわち大阪城公園案が提出され、可決されている。その後も師団の移転はしばしば論議を呼び、1918年（大正7）5月には、野砲兵第4聯隊の泉北郡への移転が決定された。

砲兵聯隊移転の理由は、『大阪毎日新聞』1918年5月3日付夕刊によると、編成替えによって兵営が狭隘になった為であった。しかし、『宇都宮太郎日記3』（岩波書店刊、2007年）では、砲兵聯隊の移転報道の2か月前の同年3

145

月6日に、大阪市長池上四郎が師団司令部を訪れ、在阪兵営移転に関して第4師団長宇都宮太郎に意見を求めていたことが確認できる。また、砲兵聯隊移転報道の3週間前の『関一日記』の4月12日のところに、「師団移転問題稍進渉」という記述が見られる。これらのことから、砲兵聯隊の移転決定には、大阪市の都市計画や市の働きかけが背後にあったと考えてよかろう。

　ところで、1919年1月の「大阪師団移転ニ関スル意見書」の原案は、府会議員の石原善三郎と吉田音松の二人が府会に提出していた。この原案の審議は、同年1月24日に行われた。

　石原と吉田の二人の説明によると、師団移転費は1500万円と見積もり、財源は師団関係敷地約62万坪のうち40万坪（大阪城を差し引いた分）を1坪150円ないし200円で処分することによって約5000万円が支弁できるとしている。師団跡地の利用については、大阪城域は公園に、その他は住宅地区などとする考えだったようである。

　府会では、議案提出者が示した師団敷地の坪数と売却地の価格に疑問を示した吉津度議員の発言はあったものの、吉津度を含めた発言者のすべてが内務大臣への建議に賛成する意見を述べていた。師団の移転が実現すれば、大阪城内に離宮を設けるとか、豊国神社を移転する等々と、それぞれの議員の希望や考えが述べられた。賛成意見の中でも注目されるのは、南鼎三議員の「兵営ノ如キハ、都市ニ於テ直接ニ無関係ノモノデアル」との発言である（「通常大阪府会速記録第4号」『大阪府会議事録16』）。

　石原善三郎と吉田音松の2議員によって提出された師団移転の「意見書」原案は、1月24日の府会において満場一致で可決され、同日付で府会議長名の内務大臣宛「大阪師団移転ニ関スル意見書」が提出されることになった。

移転案への反応

　府会を通過した大阪師団の移転案は、大阪の人びとにどのように受け止められたのだろうか。まず、移転実現の際に、師団の受け入れ地となる大阪市以外の地域での反応について見ておくことにしたい。

　『大阪毎日新聞』1919年1月29日付は、堺市の有力者が泉北郡の有力者と

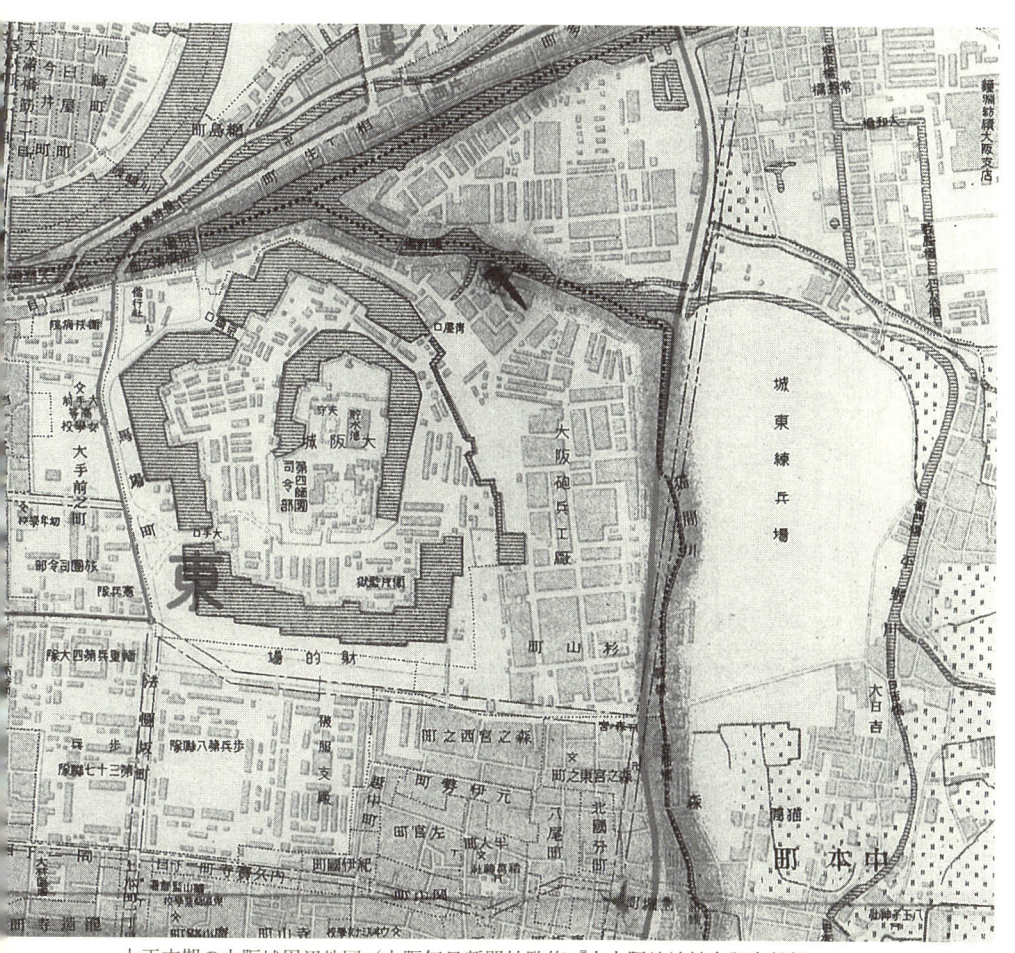

大正末期の大阪城周辺地図(大阪毎日新聞社監修『大大阪地域拡大記念付録最新実測大大阪明細地図』1925年4月、関西大学図書館所蔵)

協力して、浜寺以南、信太山付近に師団を誘致する計画を立て、その実施について協議していると報じている。同紙2月19日付の記事「師団泉北移転運動」は、泉北では堺の誘致運動とは別に、砲兵聯隊移転地の信太山付近への師団移転請願の協議が行われていると報じている。堺市の有力者による師団誘致運動の詳細はわからないが、泉北郡における運動の背景には、地主・小作問題が存在したようである。

泉北・泉南両郡の南海鉄道沿線の小作人は、第一次世界大戦を機に労働者に転ずる者が多く、残留の小作人からは年々小作料を値切られる状況だという。困った地主たちが、その解決策として師団の誘致を考えているという。直接的には移転地となる田畑を買い上げてもらえる、あるいは新たな土地利用で利益が上がり、直面する小作問題も解決するというのであった。

一方、師団が他地域に移転することについて、第4師団敷地東方の市域隣接町村における反応はどうだったのだろうか。

東成郡中本町では、他地域への師団移転実現の際には、城東練兵場の土地払い下げを希望する旨を1920年3月の町会で決議し、陸軍大臣に請願書を提出している。城東練兵場の土地は、もとは町民所有の田地であったものが、練兵場設置の際にやむなく買収に応じたものであり、その後の大阪市の膨張や陸軍との関係により、町民は大損害を蒙っているのだから、その報酬として払い下げを要求するというのであった。

移転実現の鍵となる第4師団の反応は、どうだったのだろう。府会に師団移転に関する「意見書」案を提出した石原善三郎と吉田音松の2議員は、議案提出前に有力者への根回しを行っており、第4師団についても師団司令部を訪ね、立花小一郎師団長および宮里経理部長と面談していた。

石原議員は府会での説明の中で、第4師団司令部での面談の際の内容について、「場所ガアッテ実行ガ可能ナラ師団デハ異議ガナイ」「願クハ宜シク頼ムト云フヤウナ意味デアッタノデアリマス」と述べている。さらに、陸軍省に関する見通しに触れ、「現在ノ陸軍大臣ノ事デアルナラバ、恐ラクハ此ノ問題ハ解決スルデアラウト云フ位ノ御話ガアッタノデアリマス」と、第4師団長立花小一郎との面談の中での感触を紹介している(「通常大阪府会速記録

第4号」)。なお、「現在の陸軍大臣」とは、田中義一のことである。

『大阪毎日新聞』1919年1月23日付は、「第四師団移転問題」について報じ、宮里経理部長の話を掲載している。それによると、宮里は、「師団側から現在の所在地の不適当である理由を明白に告白することは本省の意見を害し、此問題を達成する上において支障を来たす」と語った上で、「時機さえくれば、私が調べ上げた移転問題に関する精密なる材料を提供する筈である」と述べ、師団移転への要望に対し一定の理解を示しつつも、含みのある言い方をしていた。

『大阪毎日新聞』1919年1月26日付夕刊は、第4師団の移転はむずかしいとの山梨半造陸軍次官の談話を掲載している。同記事によると、山梨陸軍次官は、「陸軍としては市民の事情を酌まぬのではなく、寧ろ陸軍側として好適地に移転したい希望はある」と前置きした上で、第4師団を移転するには容易に超えられない大きな問題があるとし、次のように語っていた。

> 茲に大阪市民の忘却してはならない一事がある。夫は外でもない砲兵工廠の問題である。陸軍としては同廠の警備を廃することは出来ぬ。随つて若し以上各兵営を悉く移転するとせば、工廠警備は如何にする。マサカ三五里を隔たる兵舎より、毎日工廠まで来て警備も出来まい。(中略)故に各兵舎全部を移転する場合には、工廠をも同時に移転せねばならぬが、若し全部を移転するとせば、一億の費用では恐らく足るまいから、其財源を何れに求めるか。即ち移転するの難事は此処に在る。

山梨半造陸軍次官が語ったように、大阪砲兵工廠警備の問題が第4師団移転不可の最大理由であったのだろうか。1919年5月2日付の陸軍次官名の内務省宛通牒には、「目下当省ニ於テハ第四師団ヲ移転セシムル意図ヲ有セス候条承知相成度候也」と記されている(前掲『陸軍省大日記』1919年)。

城南射撃場流弾被害

1919年1月8日の府会において、石原善三郎府会議員は次のように訴えている(「通常大阪府会速記録第2号」『大阪府会議事録16』)。

> 森ノ宮付近ヘハ、流弾ガ飛ンデ来テ危険デアル。砲兵工廠付近ヘハ、流

> 弾ガ飛ンデ来テ終始絶エヌ。夫故、森ノ宮ノ地価モ安ケレバ発展モシナ
> イ。東京ニ於テモ、戸山付近ハ流弾ガ飛ンデ来ルト云フノデ、大騒ギヲ
> ヤツタトノコトガ新聞ニ載ツテ居ツタ。大阪モ此ノ危険ヲ防止スル為ニ
> 何トカ方法ヲ御採リニナル御考ハアリマセンカ。其ノ点ヲ伺ヒタイ。

　上の石原議員の発言から、城南射撃場すなわち第4師団射撃場からの流弾による被害が、師団の移転を要望する理由の1つだったことがわかる。特に1920年7月から8月にかけて、中本町における流弾による被害が大きな問題となっていた。

　東成郡中本町は、現在の大阪市城東区と東成区に位置し、当時は猫間川を挟んで大阪市東部と接していた。明治初期には、米・麦・菜種などの農業や、平野川での漁業が主産業であったが、大阪砲兵工廠の創設の影響を受け、住宅地化・商工地化が進行し、1878年（明治11）にはわずか2000人余りだった人口は、1902年（明治35）には2倍になり、1920年（大正9）に15倍を超える3万1551人となっていた（『東成郡誌』1922年）。

　1920年7月29日に、中本町字中道の路上において行商中だった青物行商人に、城南射撃場より飛来した弾丸が当たり、全治2週間の傷を負わせるという事故が発生した。流弾被害を重視していた中本町住民酒井千里ほか60余人は、早速陳情書を作成して、同月31日に陸軍当局と池松時和大阪府知事に提出した（『大阪朝日新聞』1920年7月31日付夕刊）。

　射撃場に隣接する地域では、以前から流弾による被害がしばしば発生していた。近隣住民の日常生活は脅かされ、流弾予防に関する第4師団への陳情も何度も行われていたようである。

　『大阪毎日新聞』1918年9月22日付夕刊投書欄には、「流弾は一名物」と題した次のような文が掲載されている。

> コレ（流弾）は別に珍しい事実ではない、明治二十七八年戦役の当時よ
> り毎日繰り返されている事実で、流弾の飛来は今日では森之宮西之町の
> 名物となつてゐる。換言すれば、森之宮西之町の住民は毎日戦場にある
> 心地で、絶えず戦々競々たる有様である。試みに砲兵工廠に林立せる煙
> 突に印する幾百の弾痕を見よ、何人も師団当路者の不注意に愕然たらざ

るを得ないであらう。嗚呼！

　上の記事から、城南射撃場からの流弾被害は、日清戦争当時から問題となっていたこと、そして日常的な出来事だったことがわかる。

　1920年8月、第4師団は住民の陳情に応えて、上旬に行う在阪部隊の名誉射撃訓練が終わり次第ただちに危険防止の改築工事を実施する旨を発表した。この発表後まもなく、流弾被害が立て続けに発生した。8月19日に中本町、27日に東区森ノ宮西之町において、流弾による被害があった。『大阪毎日新聞』と『大阪朝日新聞』はこれを取り上げ、「危険極まりない師団射撃場の流弾」について大きく報じた。新聞報道の影響もあってか、8月21日に城南射撃場で開催された大阪衛戍研究会主催の官民合同射撃大会では、池松時和(えいじゅ)知事に対し、射撃時に「中道方面に流弾を飛ばさぬやう」と、参加者から野次が飛ぶ一幕もあった。

　中本町の住民は、陳情直後に立て続けに流弾被害が出たことを重視し、大阪府と第4師団に対し、射撃場の危険防止方法を速やかに講じることとともに、師団の移転を要望する陳情を行った。事態を憂慮した第4師団は、参謀長を委員長とする調査委員会を設け、流弾の原因に関し根本的な調査を開始するとし、21日には憲兵隊員を鶴橋署に派遣して流弾の被害状況並びに危険除去の方法等の調査に乗り出した。

　大阪府警察部は、鶴橋署の調査を受けて、同月26日から危険防止に関する師団との交渉を開始した。その結果、第4師団は、8月28日から工事に要する3か月の間、各隊の射撃を一斉に中止し、経費3万円をかけて射撃場の大改築を実施することにした（『大阪朝日新聞』8月30日付夕刊）。それでも、付近住民の怒りは、なかなか治まらなかったようである。

　1921年（大正10）3月1日には、第44帝国議会衆議院に「第四師団射的場ノ流弾ニ関スル質問主意書」が、大阪府選出の木村権右衛門（庚申倶楽部）・上畠益三朗（庚申倶楽部）により提出された（『大日本帝国議会誌』第12巻）。

住宅難と第4師団

　第一次世界大戦を経て、日本資本主義が激烈な発展を遂げた結果、都市部

における住宅難が大きな問題となっていた。1919年における大阪市の空家率は、標準の空家率3％を大きく下回る0.15％を記録し、住宅問題は深刻化していた。その対応策として、市営貸付住宅建設、共同宿泊所の設置、住宅会社への低金利貸付、借家貸間の紹介、分譲住宅建設などが実施された（『まちに住まう―大阪市住宅史』平凡社刊、1989年）。

　1919年7月には、第4師団長町田経宇の次のような談話が『大阪毎日新聞』に掲載されている。

　　近時大阪は非常な発展をなし、一般市民が住む場所なきに苦しむ折柄、東方一帯の高地を師団の広大な建物にて占領するは、市の発展上にも支障あるべく、且住宅地の欠乏から来る密集居住の弊は生活上に不安を与へ、延いては思想問題にも影響あるべし。

　町田師団長は、大都市の中心部を占める師団の位置と一般市民の住宅難について、思想問題と関連付けて語っていたが、実はこの住宅難は、職業軍人にとっての大きな問題でもあった。将校や下士官の多くは兵営外に居住したが、陸軍衛戍（えいじゅ）勤務例第67条には、「現役軍人ハ当該衛戍地外ニ居住スル事ヲ得ス」とされ、居住範囲が定められていた（『官報』1910年3月19日）。つまり、都市中心部に位置する第4師団に勤務する将校は、住宅難が問題となっている市内において住むところを探さなければならなかったのである。

　住宅問題への陸軍の関心は、陸軍の機関紙的位置を占める『偕行社記事』に掲載された論文からもうかがえる。1922年5月号に掲載された陸軍一等主計森武雄の「軍人軍属生活改善の消費的方面」は、物価上昇に苦しむ軍人軍属の生活改善案を取り上げ、次のように記している。

　　その本質からいへば、国家は軍人軍属に住宅を供給するの必要があるのである。唯財政上から実行上の制限を受けて居るのである。然るに方今の住宅難の甚だしきに於ては、何とか解決を要する問題である、其実行の方法に於ては幾多の途もあるのであらうが、官営建築をなさずとも、住宅組合を補助するとか、借家経営の式をとるとか、とに角東京大阪等では多少なりと実施の歩を進めるの要がある。

　このように、陸軍一等主計の森武雄は、東京や大阪において軍人に対する

何らかの住宅供給対策が必要だと論じたのである。この文が『偕行社記事』に掲載されたのは1922年だったが、実はこれよりも4年も前の1918年6月26日から30日にかけて、『大阪毎日新聞』は「物価騰貴と軍隊」と題した記事を連載し、住宅難と第4師団将校の困窮について報じていた。同紙6月27日付の記事には、次のように記されている。

> 最近或る田舎の隊より進級して大阪部隊に栄転せし某将校は、前任地では家賃七円を出して門構への相当借家に住み居たるに、大阪にきて自己の体面を保つだけの借家を求めんとせば、二十円以上の家賃を払わなければならぬ。その上物価は非常に高く、折角の栄転もこれでは物質上の左遷であつて、生活上の不安を感ぜずには居られない。（中略）近来在阪の少壮将校中には、在阪中の生活難より脱せんがため、比較的生活し易く而して特別手当の貰える満鮮地方に転任希望するもの多くなつたことも強ち無理はない。

上の記事中には、大阪市内の家賃相場が前任地の3倍であることも記されている。6月29日付の記事には、次のように記されている。

> 在阪各部隊では、他師団がなすが如く新兵時代に引率外出によって、各将校の住宅を知得せしむるを避けて居る。之は兵卒をして各自身命を捧げ、親とも兄とも敬愛する上官の住宅としては、余りに貧弱なものであるという軽蔑の念を起こさしめ、為に軍紀上に弛廃を来し、士気の喪失を誘引し、且は国軍の指揮統帥上に悪影響を惹起する虞あるからである。

徴兵された兵を教育し、戦時には戦闘指揮をとる将校が、「自己の対面を保つだけの借家」も借りられないという深刻な事態が生じているというのであった。連載記事中には、ある鮮魚商人の言葉として、「品質の悪い魚は上町行き」とも記されている。上町方面には、第4師団の将校が多数居住していたから、鮮魚商人の言葉は将校の生活難を表すとともに、大都市で暮らす人びととの、この時期における職業軍人への目線の一端がうかがえて興味深い。

第6章　師団移転・公園化の構想　153

風紀・衛生・過密の問題

　1921年の文書「大阪陸軍幼年学校跡ヲ合同官舎ニ模様替使用ノ件」(『陸軍省大日記』大正十年乙輯第二類第四冊)には、大阪衛戍の将校の体質が不良であること、特に栄養状態の不良と多数の胸部疾患者の存在することが指摘されている。その原因が、劣悪な下宿生活に起因すると考えられていた。

　この年6月には、衛戍勤務令が改正され、衛戍司令官の許可を得たならば、衛戍地外での将校の居住が可能となった。第4師団では、これに加えて将校官舎を設けることにし、1921年度において廃校となる大阪陸軍地方幼年学校の建物を改築して独身将校官舎とすることにした(『大阪歩兵第三十七聯隊史』上巻、前掲『陸軍省大日記』1921年)。

　ところで、大阪市社会部調査課編纂の『余暇生活の研究』(1922年)によると、大阪市内には1921年において、芝居興業が16座・活動写真35か所・寄席69か所のほかに、国技館・文楽座・4遊廓演舞場があり、合計126か所の常設娯楽場があった。このほかに、大弓・半弓・玉突き等の遊戯場が272か所も存在していた。そして、大阪市の娼妓数は7017人にのぼり、東京市の4730人をはるかに超え、娼妓1人に対する男子比率は全国平均が1500人であるのに対して、大阪市は101人となっていて、娼妓の数の多さがきわだっていた。

　遊興施設・娯楽施設と第4師団の将兵との関係、すなわちその利用状況についての詳細は不明である。ただ、師団にとっては、それらの施設の存在が軍紀の上で好ましいものでなかったことは確かであった。娯楽施設へ将兵が出入りして金銭を浪費し、軍紀が弛緩(しかん)することは、最も警戒すべきことだったからである。

　さらに、大阪市の衛生状態が悪かったことも、第4師団にとって大きな問題であった。大阪市教育部共同研究会編の『大正大阪風土記』(1926年)は、「悲しむべきは市民保健状態」の見出しで、大阪市の衛生不良状態について記述している。同書および『大阪市統計書』によると、1916年から19年にかけて、いずれの年も主な伝染病だけで患者数が4000人を上回り、うち死者は1000人を超えていた。十種伝染病を除く流行性感冒だけでも、1918年におけ

る市内の死者は1241人、結核では毎年3000人以上の死者が出ていた。『大正大阪風土記』は、大阪市内の結核患者は8万人を超えると推測している。この衛生状態の悪さは、市内駐屯部隊の兵の健康を害する要因となっていたようである。

　第4師団の各歩兵聯隊の衛生状態について、1912年から23年までの12年間における新患者の発生状況から見ると、大阪市の歩兵第8聯隊におけるこの12年間に発生した新患者数は1653人、和歌山市の歩兵第61聯隊が1562人であるのに対して、第4師団の中でも「田舎聯隊」と称された篠山の歩兵第70聯隊は1153人であり、都市駐屯聯隊の衛生状態の悪さが見てとれる（『陸軍省統計年報』）。兵営において多数の兵が集団生活をおくる軍隊では、伝染病への警戒は特に重視された。衛生状態の悪い大阪市を衛戍地とすることは、第4師団にとって好ましいことではなかった。大遊興地を擁する大阪市と衛生の関係は、兵の性病感染問題ともかかわっていた。

　風紀・衛生とともに、大阪市を衛戍地とする第4師団が抱えていたいま1つの問題は、過密地に存在することによる演習時の不便であった。『大阪毎日新聞』1918年5月16日付は、陸軍当局の次のような談話を掲載している。

> 元来大阪師団は、兵営付近に適当なる練兵場なく、且つ大阪各隊は新設に比して頗る狭隘なるがために、輜重隊の如きは営内に於て小隊教練すら行ふことが得ず、止む無く城東練兵場に出でて、小隊以上の教練を施行せざるべからず。然るに、各隊共に日々の練兵時間は限定され居れば、練兵場を近くに有する隊に比し、大阪の野砲兵、輜重兵両隊は練兵場往復に約一時間二十分を空費して教育上非常の影響を蒙りつつあり。尚、市外に行軍するにも、特科隊は縦列長く続くを以て、市内行軍の際、電車、行人、汽車等の交通を妨害せざる様、態々迂回して演習地に達する等の不便を感じ来れば、今回他の適当なる地に移転するは、啻に兵舎の広くなるのみならず、教育上非常の便宜を得る訳なり。

　上の記事は、大都市の過密の中に存在する大阪師団が移転できたならば、兵営の狭さ、練兵場の不備・行軍時の不便が解消されるとの一談話に過ぎなかったが、それらの問題が深刻化していた様子がうかがえる。第4師団では、

信太山（現・和泉市）・長田野（現・福知山市）・青野ヶ原（現・小野市）・饗庭野（現・高島市）など、遠隔地の演習場を利用しなければならなかった。交通量が多い市街地における軍馬による行軍は、時間を要するだけでなく、軍馬による事故も度々発生した。馬を電車に慣らす訓練が必要だったが、付近住民はこの訓練を危険視していた（『大阪毎日新聞』1913年5月27日付、1921年9月10日付夕刊）。

都市計画と第4師団

　陸軍省が1919年5月の内務省宛通牒において、第4師団の移転について目下その意図はないと述べていたことは、すでに記した。陸軍省では「移転セシムル意図ヲ有セス」としたのだったが、それでも何とか移転できないものかとの働きかけは継続された。

　同年1月に師団移転案を府会に提出した石原善三郎議員と吉田音松議員の2人は、第4師団移転の意図はないとの陸軍省の通牒が出された2か月後の7月に、第4師団司令部を訪い、町田経宇師団長に師団の移転について相談している。この時、町田師団長は、「師団移転は最早議論ではなく、如何にして実行するか」の問題だと述べ、2人に政府関係者との連絡のため、上京するようにと勧めた。石原と吉田の2人は、さっそく陸軍省に田中義一陸相を訪ねたところ、陸相は第4師団の移転について、「自分は主義としては大賛成」と述べ、「府または市に於いて実行方法に関して何か名案はなきものにや」と語ったという（『大阪毎日新聞』1919年7月10日付）。

　陸軍省では、砲兵工廠警備の問題から第4師団移転の意図を否定はしたものの、移転を必要とする背景には理解を示すところがあった。陸軍省内でも、移転実現の方法を考えあぐねているのが実情ではなかったろうか。これ以後における師団移転に関する交渉は、大阪市と陸軍省の間で行われたようである。

　当時大阪市の助役だった関一（せきはじめ）は、同年6月9日の日記に、「市長帰阪師団移転問題ニ付キ話アリ」と記している。これは、「大阪師団移転ニ関スル意見書」提出後において、大阪市の交渉状況が確認できる最初のものである。

その後、大阪市の動きは盛んになり、関の日記の7月21日には、「師団問題及住宅問題ニ付各課長ニ調査ヲ命ジ置ク」とあり、8月12日には、調査報告の内容と思われる次のような記述がみられる。

　　師団移転ノ計算
　　売却地二十五万五千坪　　二千一百万円
　　附帯費軌道水道等　　　　三百五十万円
　　利子　　　　　　　　　　二百万円
　　千四百万円外ニ一万五千坪ヲ控除スレバ千二百万円トナル

　上の記述から、師団敷地の売却により「二千一百万円」の財源が得られ、跡地の整理や市債利子等を含めても「千二百万円」の財源があれば、師団の移転は可能であると判断していたと考えられる。なお、上の記述には、大阪砲兵工廠に関しては一切触れられていないことから、大阪市側では山梨陸軍次官の「大阪砲兵工廠警備」発言を受けた後も、砲兵工廠の移転に取り組む意図はなかったものと推測される。

　師団移転に関する調査報告が各課から関助役に提出された後の8月21日と9月14日に、池上市長が陸軍省との交渉のために上京している。『大阪毎日新聞』9月15日付は、「師団移転進捗か」の見出しで、大阪市長の上京が陸軍省との打ち合わせであること、師団の移転が進捗しているのではないかと報じた。実際に交渉は進展していたようであり、『関一日記』の9月19日には、第4師団移転に関する議題が閣議に提出されたことが記されている。『原敬日記』の9月26日には、次のように記されている。

　　閣議後田中陸相より余と高橋蔵相に、大阪に於ける旧城の兵営練兵場等大阪市狭隘の為、市に於て其の地処を希望するに因り、政府に於て全く資金の支出なくして市の提供を以て他に移転することならば、市に下付を承認すべしと市長に返答せし事を内報せり。

　ところで、師団移転に関する陸軍省との交渉は、大阪府ではなく大阪市が進めていた。大阪市では、同時期に都市計画事業が進行しつつあった。大阪府会決議の「大阪師団移転ニ関スル意見書」においても、都市発展との関連で師団移転が主張されていた。第4師団の移転構想は、大阪市の都市計画事

業と直接に関わっていたのである。

　大阪市の都市計画事業は、1917年に都市改良計画調査会が設置されて以来本格化しており、1919年12月には市区改正部によって、後の第一次都市計画の基礎となった「市区改正設計」が立てられた（『第一次大阪都市計画事業誌』1944年）。なお、1910年（明治43）の府会に「大阪城公園案」が提出された時にも、市区改正の建議が提出されていて、第4師団の移転と大阪市の都市計画とは密接に関係していたことがうかがえる。

　1919年の「市区改正設計」の内容は、12月9日に一般に発表されている。翌日の『大阪毎日新聞』夕刊は、「新大大阪市の大小道路網」と題してこれを大きく報じ、市区改正設計と師団移転問題について次のように述べている。

　　幹支線道路を始め、凡ての交通運輸機関にして改正案の如く実現せば、現在の大阪城即ち第四師団司令部その他付近営舎は、市の殆ど中心地帯の一角に位置を占める状態となり、大大阪の発展を阻むことになりはすまいかとの見地より、師団移転問題は自然注視されてゐる。市当局者は移転問題に触るゝを避け、尚今回の市区改正の立案にも、之を念頭に置かず作成したと云つて居る。（中略）大阪市と陸軍省間の交渉は内々継続進捗しつゝある模様で、随つて事実上市区改正と有無相通じてゐる所があり、或は新しき大阪を生む計画によつて、師団の移転をヨリ速に促すに至るかも知れぬとの事である。

　このように、上の記事は、市区改正設計において「市当局者は移転問題に触るゝ」を避けてはいるものの、市区改正と師団移転は「事実上」「有無通じ」ており、「新しき大阪を生む計画によつて、師団の移転をヨリ速に促す」のではないかと、期待感を表していた。

　『第一次大阪都市計画事業誌』収録の「大阪市区改正設計」をみると、師団移転に関して直接ふれた部分はなく、第3章の「郊外地の開発」の中で、「公園設備トシテハ地勢上今特ニ予定スヘキモノナシ」といえども、「将来大阪城ヲ挙ケテ市ノ一大公園タラシムヘキ期待ヲ棄テサル限リ、東郊一円ノ地ハ率先其利ヲ享ク」と述べている。そして、計画街路の城南線の説明の中では、「本路線ハ西ニ谷町三丁目ニ於テ、現在ノ靫本町線ニ合シ、市ノ中心地

区ニ至ルガ故ニ、其利用ノ甚大ナルヲ期スヘク、更ニ他日師団移転ノ暁ニ至ラバ、自ラ該方面ニ於ケル新住宅地区ノ中心道路トシテ一段ノ価値ヲ加ヘン」と述べている。結局のところ、市では師団の移転に大いに期待しながらも、不確定要素であるため、市区改正設計の中に具体化することができなかったのである。

公園化の構想

　大阪市は、明治期の1891年（明治24）に中之島公園、1909年（明治42）に天王寺公園、大正期に大正天皇御大典記念事業として7つの小公園を設けた。1923年（大正12）末における同市の公園総面積は11万6210坪、市の面積の0.7％だった。庭園や並木道路、神社仏閣などを公園地として加えても3.1％にすぎず、当時の基準である5～10％にはほど遠い状況だった。それゆえ、公園論が当時さかんに唱えられた（前掲『大正大阪風土記』）。

　ただし、実際に公園を設置するとなると、経済上および土地収用上の問題が立ちはだかってこれを困難にした。市街地化の進んだ地域、すなわち公園を必要とする地域であるほど、広い土地の収用は不可能であった。したがって、師団の移転による大阪城域の公園化は、まさに理想的な計画であった。

　第4師団は、大正初めから大阪城を開放してほしいという市民の要望には、可能な範囲で応える方針をとっていた。1912年には、城内の観覧が可能になり、やがて売店や便所を設けて観覧者への便宜がはかられた。1923年には、大手前公園が設けられ、同年5月には歩兵第8聯隊が、市民の運動助長と軍隊理解を理由にあげ、休日に営庭を開放する方針を公表した。だが、師団が移転しないかぎり、根本的な解決にはならなかった。

　大阪市が大阪城域の公園化設計案を実際に作成したのは、1920年であった。この設計案では、大阪城公園の敷地を27万6000坪（城内壕共17万8000坪、外周9万8000坪）とし、外周は南が玉造門外広場から射撃場、西は第7旅団司令部、幼年学校に至る谷町2・3丁目の電車通りまで、北は偕行社一円、東は外堀までとなっていて、師団関連施設・敷地がすっかり含まれていることから、師団の移転を前提に作成されたことは明らかである。公園内には、市民

の知育・徳育・体育等の啓発に資するものとして、復興天守閣・宮殿・美術館・競技場などが計画されている。これ以後、大阪城公園は、一貫して都市計画の中に位置づけられた（椎原兵市「大阪城趾の公園計画」『建築と社会』第15輯第7号、1932年）。

　第一次都市計画事業の工事実施過程では、師団施設の存在がしばしば問題化した。城南線は、「大阪市区改正設計」どおりに実施すると、射撃場敷地を貫通することになり、射撃訓練に支障を来たすのではないかと、大阪市区改正委員会において諮問があり注目された。計画は原案どおり通過したものの、実際の工事にあたっては敷地の切り取り等をめぐり、大阪市と第4師団の交渉が難航した。結局、大阪市が敷地切取りの代償として、射撃場の改築工事を受け持つことになった（『陸軍省大日記』昭和二年乙輯第二類第三冊、『大阪朝日新聞』1919年12月16日付）。また、市電の谷町3丁目・将棊島間（谷町寝屋川線・天満善源寺線）の敷設をめぐっても、大阪市と第4師団の意見の違いが同線の遅延の一因となった（『大阪毎日新聞』1921年9月18日付）。

　ところで、『大阪毎日新聞』1920年7月24日付は、「師団移転は急速に実行困難」の見出しで、候補地の選定や移転経費から、移転の実施が急速には困難な模様であると報じていた。ただし、将来においては「必然適当の場所に移転するのは確定義」であり、大阪市では市立美術館を移転の具体化如何に関わらず大阪城内に建築する予定であるとも記していた。

　師団移転と美術館の建設については、『大阪朝日新聞』同年7月31日付の社説「大阪美術館の前途を祝福す」でも取り上げており、美術館の位置は大阪城内が妥当であり、その建設には師団及び砲兵工廠の移転の必要があって容易ではないだろうが、師団移転は「早晩決行されねばならぬものである」とし、もし美術館建築の時までに決行できない場合でも「軍隊と市民の親密を増す上から言っても、暫く美術館と師団の共同生活も面白かろう」と記していた。同紙の8月20日付は、「師団移転と市公債に就いて」の見出しで、池上四郎市長が「当局も移転の必要は認めているようで、コノ内容は未だ発表の期には至らないが諒解を得たのは確かである」と報じている。師団移転に関する「諒解」は、陸軍の公式文書の中でも確認できる。前掲文書「大阪

陸軍幼年学校跡ヲ合同官舎ニ模様替使用ノ件」では、「本校ハ大正十一年三月廃止セラルルモ、其ノ土地建物ハ目下懸案中ノ大阪衛戍地郊外移転実施ノ暁、他ノ一般土地建物ト共々一括シテ該移転ノ財源トシテ処分スルヲ適当ト思考セラルルヲ以テ、廃校後モ暫ク陸軍ニ保留スルヲ可ト認ム」とあり、「浪速神宮造営ニ伴ヒ師団司令部移転ノ件」でもほぼ同様の記述が確認できる（『陸軍省大日記』大正十二年乙輯第二類第一冊）。なお、浪速神宮造営は、大阪市協和聯合が1922年に計画したもので、大阪の氏神として本尊を仁徳天皇、摂社を豊臣秀吉・和気清麻呂とする神宮を大阪城内に造営しようとするものだった。同神宮造営に際し、師団司令部を城外に新築移転するとしていて、陸軍もこれを快諾していた（『大阪毎日新聞』1923年7月18日付、10月30日付）。

陸軍施設の整理案

　都市発展、都市計画との関連で軍用地の存在が問題となったのは、大阪市だけではなかった。東京府では、1919年に府内の軍用地5か所2万2000坪を、住宅経営用地として使用するための承認を陸軍大臣に申請している。『大阪毎日新聞』1921年5月19日付夕刊は、陸軍省が東京市内の陸軍用地を住宅地として払い下げる計画であり、また一部はすでに払い下げを行ったと報じている。この時期に都市部において、軍用地の払い下げを求めた事例は枚挙にいとまがない。

　第4師団移転案のように、使用中の兵営の全体移転を求めたものには、第3師団の衛戍地であった名古屋市や、第10師団の姫路市の例などがある。名古屋市では、1918年ごろから師団の移転が問題となっていたが、大正期には市当局が移転に反対していたため具体的な運動には発展しなかった。運動が具体化したのは昭和期に入ってからである。1928年（昭和3）11月に「第三師団及練兵場移転に関する意見書」が名古屋市会に提出され、30年12月にも「師団営舎並練兵場移転に関する意見書」が提出され、いずれも可決されている。この「意見書」では、「第三師団及其練兵場ハ、大名古屋市ノ中枢トモ見ルベキ最モ重要ナル地点ニ位置シ、約四十万坪ノ広大ナル地域ヲ擁シ、

恰モ往昔ノ城郭其モノニ均シク、周囲ノ都市的連鎖根絶シ本市北部発展ノ余地ナカラシム」と述べられていて、大阪の場合と同様の目的から、師団の移転が唱えられている。名古屋市会の「意見書」は、「市民ノタメ多年尽サレタル偉大ナル功績ヲ永ク感銘スルコト勿論ナルモ、時代ノ進運ト文化ノ向上発展トノ結果已ムヲ得サル趨勢ナリトス」と述べていた（『名古屋市会史』第1巻、1939年）。

　国家財政という見地からも、軍用地が問題となった事例がある。1917年7月11日に、第39回帝国議会衆議院に澤来太郎（政友会、宮城県選出）ほか12名により、「国有財産調査会設立ニ関スル建議案」が提出された。この建議案は、「国運ノ発展ト欧州戦乱ノ反響トハ、我カ国費ヲシテ倍多ナラシメムトス」、「我カ国民ノ負担ニ徴スルニ租税公課頗ル重ク」との情勢判断から国有財産、特に官有地の整理によって政府財源を獲得しようとするものであった（『大日本帝国議会誌』第11巻、1929年）。建議案は満場一致で可決され、1918年6月には大蔵省に官有財産調査会（1922年3月に国有財産調査会に改組）が設置された。以後、この調査会によって整理に関する調査が進められた（『大蔵省百年史』上巻、1969年）。

　1921年7月28日に第1回の整理案が作成され、特別委員会で審議された。ここでは、他地域に比べて多くの官有地を有していた北海道・東京・大阪・京都・神戸が第1期区域とされ、同区域の官有地のうち「事実上必要の範囲を超越して広大な土地を所有しているもの」、「現在何等かの用に供しているけれども、整理方法の如何によつては十分に利用の途があるもの」が整理の対象とされ、これにより約1億5000万円の純益が得られるとされた。第4師団関連施設47万坪も、この整理の対象となっていた。陸軍省所管では、第4師団関連敷地だけではなく、東京の軍関連学校、第1師団司令部および歩兵第1聯隊・同3聯隊、陸軍被服廠、東京砲兵工廠など、使用中の軍事施設を含む516万8184坪が整理の対象となるなど、各省中最多の坪数であった。この整理案に対して、特別委員会では各省の代表から異論が出たものの、8月1日に一部の修正を加えただけで、ほぼ原案のままで承認された（『大阪毎日新聞』1921年7月29日付、8月2日付、『大阪朝日新聞』同年8月2日付）。

天守閣再建前の大阪城周辺（『目で見る大阪市の100年』下巻、郷土出版社刊、1998年）

　この第1回整理案で整理が決定した官有地のすべてが、整理の実現をみたわけではない。実際には、多くの整理対象地が遅延、あるいは未整理のまま残った。とはいえ、官有財産の整理という国家政策の中で、実際に利用されている兵営等の軍用地が整理の対象となり、陸軍もそれに同意していたことの意味は小さくはないであろう。

関東大震災の影響

　『大阪毎日新聞』1922年4月19日付は、第4師団の移転について、「未だ大阪市当局からは何等具体的計画などは出ていないらしい」と報じていて、移転実現、公園化に向けての具体的な進展は遅々として進まなかったようである。大都市の現状からみても、師団が抱えるさまざまな事情からも、あるいは国家財政からみても、大阪市内中心地に位置する第4師団の移転は、実現できればよいとの考えは大きかったが、実行するための具体的計画を作成するのは、なかなかむずかしかったようである。

　翌1923年9月1日には、未曾有の大震災が東京を襲った。この大震災に衝撃を受けた大阪では、同年12月の府会と大阪市会に「大阪ヲ中心トスル関西

第6章　師団移転・公園化の構想

方面ニ於テ震災予防調査機関ノ設置ヲ望ムノ意見書」が提出され、将来の災害に対する消防機関の強化・都市計画の変更が実施された。さらに、大阪府・大阪市・第4師団・憲兵隊ほか、諸団体が連携した非常時への体制構築が主張され、震災1周年の24年9月1日には、大阪府・大阪市・第4師団・憲兵隊によって、「大阪市非常変災要務規約」が制定された。

関東大震災後の府会における石原善三郎議員の発言を、「通常大阪府会速記録」第5号によって見ると、かつて市外への師団移転を強く唱えた彼の言葉に大きな変化が生じていることがわかる。石原善三郎議員は、「軍隊々々ト云フト何ダカ軍国主義ノヤウニ思ヘマスルガ、是カラノ民衆運動ニ対スル鎮圧ハ私ハ警察デハダメダト思フ」、「何ウシテモ一大暴動ダト云ヘバ、軍隊デナクテハ治メ難イト思フ」と述べ、大災害時における治安維持のためには、都心部に軍隊が存在する必要があると述べたのである。

この考えは、数年後における第3師団（名古屋）移転要求に関する宇垣一成の次の発言に通ずるものであった（『密大日記』昭和四年第四冊）。

 大都市ニ相当軍隊ノ衛戍シアルコトハ、事変ヲ考慮スル時ハ絶対ニ必要ニシテ、大阪ノ如キモ曾テ之ヲ郊外ニ移サレタシトノ申出アリシモ、関東大震災後之ヲ取消シタリ。横浜ノ如キ大惨害ヲ蒙リタルハ軍隊ノ所在ト遠隔シアリタルコト其一原因ナリ。

上の文は、1929年に名古屋を訪れた宇垣一成の、歓迎会席上での発言である。宇垣は、第3師団の移転は不可能であると説き、その理由として大都市部における大災害時の「事変」への対応、すなわち治安維持をあげているのである。ただし、宇垣の発言中の「大阪ノ如キモ」、「関東大震災後」に「郊外ニ移サレタシトノ申出」を「取消シタリ」というのは、彼の思い違いである。おそらく、同時期に問題となっていた浪速神宮造営のことと、宇垣は混同して発言したのであろう。

いずれにしても、関東大震災は、大都市からの師団移転要求に大きく影響した。それまで積極的に師団移転を主張し、関連事項を報道してきた『大阪毎日新聞』にも、師団移転に関する記事がほとんど掲載されなくなった。関東大震災を境として、大正期における第4師団の郊外移転をめざす大阪府会、

大阪市、大阪市民の取り組みは、事実上の終焉を迎えたのであった。

(大谷 渡　平戸 仁)

椎原兵市の「大阪城趾公園設計案」

　椎原兵市（1884－1966）は、大正・昭和期に、大阪市の公園建設計画に携わった都市公園計画家として知られている。椎原は、1907年（明治40）に京都高等工芸学校図案科を卒業し、宮内省内苑寮・内匠寮の職員を経て、1920年（大正9）に大阪市都市計画部に勤め、24年に土木部初代公園課長となった。これ以後彼は、大阪市の公園緑地計画に取り組んだ。昭和初期に拡幅された御堂筋に、いちょうの街路樹を設けたのも椎原だった。

　椎原兵市が、大阪市在職中に最も精力を注いだのは、昭和御大礼記念事業として実施された大阪城公園の新設であった。この事業は、1929年（昭和4）から1931年にかけて、大阪城天守閣の復興を中心に実施されたが、実は、椎原は大阪市都市計画部に着任して間もないころから、上司である直木倫太郎の命を受けて、大阪城趾公園計画を練っていた。

　『建築と社会』1932年7月号には、大正期から椎原が温めてきた「大阪城趾公園設計案」が詳しく記されている。彼が描いた公園設計案が、図Cである。この設計案では、公園は本丸と二の丸だけではなく、西は谷町通り、北は大川までの広い範囲を、「大大阪に将来必要な中央公園」として構想していた。園路のデザインから、かなり西洋的な都市公園と思われる。

　椎原は、大阪城は崇高な雰囲気を持つが、遺憾なのは天守閣がなく、公園に欠かせない「大樹巨木の存せざる事」と分析し、「現代の時代精神を加味して適当の設備を施し」、「教育的な公園」とすることを提案している。つまり、美術館や音楽堂、植物園、体育館等の教育施設を配置し、大阪城の遺跡と新しい建築物の調和を狙っていた。公園案の範囲は、現在の大阪城公園中心部とほぼ同じだが、当時はここに第4師団があり、歩兵聯隊や射撃場など、陸軍の諸施設が建ち並んでいた。

　1931年に開園した大阪城公園は、椎原の計画案に比べれば、はるかに狭い範囲にとどまっていた（図D）。それでも造園家としての椎原は、紀州御殿

図C・大阪城趾公園計画案設計図面（椎原兵市『現代庭園図説』
　現代庭園図説刊行会刊、1924年、大阪府立中央図書館所蔵）

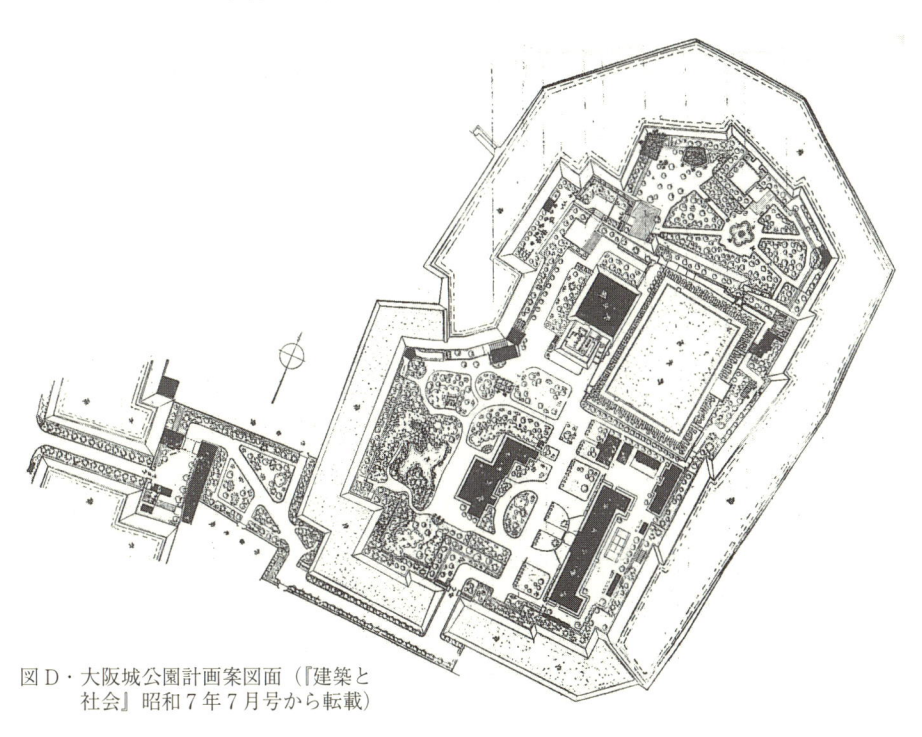

図D・大阪城公園計画案図面（『建築と
　社会』昭和7年7月号から転載）

と天守閣を意識して日本庭園に工夫をこらし、観覧者の回遊性を重視して、眺望にも細かな配慮をめぐらせている。往復を同じ経路としないように、天守閣北側の山里丸から北側へ架かる極楽橋の復元を、強く陸軍に働きかけていたようである。前掲の『建築と社会』に掲載された座談会で、椎原は二の丸全体の公園化を希望し、陸軍施設を取り除いて大川河畔の桜ノ宮公園へ連絡させ、「理想通りの公園にしたい」と述べている。

昭和初期に大阪城天守閣が復興された時、すぐそばに第4師団司令部庁舎が建てられた。前記の座談会への出席者たちは、司令部庁舎が西洋の中世城郭のデザインを採用したことに批判的だった。天守閣や城趾の環境とまったく無縁なものができてしまったというのである。「師団司令部をあそこに造つた事は惜しいこと」、「あれにシックリと、も少し近い建築の様式が考えられたなればよかつたんぢやなからうか」、「大阪城一体が公園化した場合には、再び市民の建物となりはせぬか」等々の発言があった。

椎原兵市没後に刊行された『椎原兵市氏の作品と業績』には、戦後大阪市に依頼されて設計したという「大阪城公園計画案」(1948年)が掲載されている。砲兵工廠跡地も含まれた現在の大阪城公園の範囲に及ぶもので、その基本的理念は今日の大阪城公園に引き継がれている。椎原兵市は、今日で言うところの「ランドスケープアーキテクト」の草分け的存在であり、大阪城公園計画こそが、公園計画家としての彼にとっての集大成であった。

(橋寺知子)

第7章　航空機時代の女性記者[**]

飛行機の時代

　ライト兄弟が初めて動力飛行に成功したのは、日露戦争前の1903年（明治36）12月だった。その後、飛行機は急速な進歩を遂げた。1914年（大正3）7月に第一次世界大戦が始まった時、フランスがもっていた飛行機の世界記録は、時速203.9キロメートル、高度6120メートルであった。最初の動力飛行から、わずか10年でここまで技術が発達したのである。さらに、第一次世界大戦を経て、飛行機の実用性は飛躍的に向上した。1920年代には、未開拓の世界の空に、長距離飛行の記録が次々と打ち立てられて話題となった。

　1925年（大正14）7月6日、東京立川飛行場に山階宮殿下を迎えて、朝日新聞社の訪欧飛行機2機の命名式が挙行された。朝日第35号機は「初風」、朝日第36号機は「東風」と命名された。命名式当日に、山階宮武彦王が発した「令旨」には、今回の訪欧飛行が日本の民間航空界における最初の国際飛行であり、航空事業に資するところ多大であること、歴訪諸国との国交親善に好影響を与えることなどが述べられていた。

　朝日新聞社の訪欧飛行機初風と東風は、大勢の少年少女、群衆に見送られて7月25日に東京代々木練兵場を出発した。途中、大阪城東練兵場と福岡の大刀洗陸軍飛行場に立ち寄った。その後両機は、満州（中国東北）上空から大興安嶺を飛び越え、シベリアの大平原に出て、さらにウラル山脈を越えて8月20日にカザンに着いた。8月22日の『大阪朝日新聞』夕刊は、「クルガンからカザンまで」「堂々たる雲間の雄姿、歓迎と官憲の援助」と報じた。この年、1925年1月に日ソ基本条約が調印され、翌月には日ソの国交が回復していた。5月には、シベリア出兵以来北樺太を占領していた日本軍の撤退も完了し、両国間にはかつてない平和ムードが生まれていた。

夏の甲子園

　初風・東風2機のウラル山脈越えを報じた『大阪朝日新聞』8月22日の夕刊1面の、「クルガンからカザンまで」が掲載された同じ紙面の大部分は、この日の全国中等学校野球大会の準決勝を報じる写真と記事で埋められていた。朝日新聞社主催の夏の甲子園球場、すなわち現在の高校野球夏の全国大会である。

　1925年の第11回大会は、全国21の予選区を勝ち抜いた21チームが、8月15日から甲子園球場で熱戦を繰り広げ、準決勝には早稲田実業（東京予選区）・新港商業（兵庫予選区）・高松商業（四国予選区）・大連商業（満州予選区）が勝ち残った。22日の夕刊は、午前10時開始の高松商業・大連商業戦を報じ、「何といふ人出だ！球界未曾有の大観衆」「阪神電車両終点には来場謝絶の掲示が貼出される盛観」と記した。この日午後の早稲田実業・新港商業戦を報じた翌日の朝刊は、「無慮七万五千余の多数に上る」大観衆、「おそらく日本のみならず極東におけるレコード破り」と記した。この時期になると、日本人の野球熱は相当なものになっていた。

　決勝戦は、23日午後1時開始、高松商業と早稲田実業の対戦だった。この決勝戦の開始にあたり、大阪朝日新聞社会部の人気女性記者北村兼子が、飛行機に乗って甲子園上空から両チームに声援を送ることになった。彼女が飛行機に乗るのは、この時が初めてだった。

　北村記者が飛行場（大阪城の東部、城東練兵場）に着くと、多数の関係者と見物人が彼女を迎えた。早速彼女は、飛行士と助手たちの総がかりで、飛行服、飛行眼鏡、飛行帽の順に衣装づけされた。飛行服はだぶつき、飛行帽は小さい。そこで、1メートル近い髪をほどいて、頭にぐるぐると巻きつけることにした。いつも洋服で行動していた北村ではあったが、この時の彼女はまだ長い髪のままだった。1928年（昭和3）に、太平洋地域における初めての女性の国際会議「汎太平洋婦人会議」がホノルルで開かれた時、北村は断髪姿で出席したが、市川房枝は長い髪をにぎりこぶしのような髷にしていた。市川は、ハワイ在住の太平洋調査会職員のミセス・グリーンから、「あなたは頭だけ解放されていない、寝ている間に髪を切ってやろうかなどといわれ

た」と、のちに自伝の中で回想している。断髪・洋装は、昭和初期のモダンガールの象徴となったが、当時の女性が髪を切ることは、今日の私達の想像をはるかに超える重大事だったのである。

　北村兼子記者を乗せた朝日新聞社の飛行機は、大阪城・三越・大阪市庁舎を下に見て、あっと言う間に甲子園上空に着いた。球場の空を3周する。機首の向くところに、拍手の迎えがあった。彼女は、無性に嬉しい気分になった。花束を持って来て、上から投げればよかったとも思った。初搭乗の体験は、「飛行機に乗つて甲子園を訪ふ」と題して『婦女世界』に掲載した。その原稿を書いているとき、訪欧の初風と東風の2機がモスクワに着いたという電報が入った。24日朝のことである。『大阪朝日新聞』8月25日付朝刊には、「吉報を得た日に、私も飛行機に乗つて、大阪の空をグルグル飛び、五彩の喜びのビラをまいた」の見出しで、北村兼子記者の文章が掲載された。

最高のモダン女性

　北村兼子は1903年（明治36）11月26日に、大阪市北区天満に生まれた。27歳で急逝したが、大正末から昭和初期の数年間、まぶしいほどの活躍をした。大阪朝日新聞記者からフリーのライターに転じ、国際会議にも出席し、得意の政治・経済評論や随筆を収めた13冊の著書を出版した。新聞や雑誌には、膨大な数の作品を残した。

　北村が関西大学法学部に学んだのは、1923年（大正12）から26年だった。在学中に、裁判官や検事、官僚への関門である高等文官試験に出願した。男の特権を振りかざし「超無茶苦茶」発言をする官僚社会に風穴を開けようと、受験不許可を覚悟の上での出願だった。北村は、「法官に登用するくらいの小さな贈り物」さえ、女性に与えない試験委員会の狭量にあきれた。

　在学のまま大阪朝日新聞社会部記者に採用されたのは、1925年4月。男性記者とまったく同じ扱いをうけて紙上に登場した北村は、たちまち人気記者となった。

　「婦人が政治上の趣味のないようでは国家は振るわない」「学士や博士を八十軒長屋に見出すようにならなければ学問の普及ではない」。豊かな教養を

背景にウイットを効かせ、シャープな切り口で社会矛盾の核心を衝いた。

「衆議院で起こった暴力事件は、国民の頭を野蛮時代、原始時代に還元する。」「家庭にあっても暴力は必要なものか。」「尚武国、これが間違いの出発点だ、豚に牙をくくりつけて猪(いのしし)だとは笑わせる、文明の神髄は思想をもって暴力を抑圧するにある。」いずれも、北村の言葉である。

社会部が企画した連載記事の取材では、新風俗と世相を探るため、女給に姿をかえてカフェに潜入した。彼女の記事は読者を大いにわかせたが、大衆紙からはげしいセクハラ攻撃を受けるきっかけとなった。職業婦人の人権擁護を掲げた『怪貞操』を出版し、同名のレコードを吹き込んで闘ったあと、北村は辞表を提出した。

パーマをあてた頭には、時代の先端をとらえる知性があふれ、軽装の洋服が包むきゃしゃな身体には卓抜した行動力が満ちていた。京大教授滝川幸辰や、有力政治家の鶴見祐輔、武内作平、小泉又次郎、実業家の福沢桃介らが北村の支援者となった。

東京・大阪間の寝台列車も、ホテルの一室も書斎となった。みずから「女浪人」を名乗った北村は、黒いスーツケースをさげ、1928年にホノルルで開催された汎太平洋婦人会議と、翌1929年の万国婦人参政権ベルリン大会に日本代表として出席した。得意の英語とドイツ語を駆使し、北村は活躍の舞台を世界に広げた。

ヨーロッパの旅から帰国したとき、北村は3年以内に女性参政権を獲得できると確信していた。立法権を得て、男女両性の平等が実現すれば、存分の働きをしたいと考えていた。台湾と中国の旅を終えたあと、航空機時代の到来を予見した北村は訪欧飛行を計画し、飛行機の操縦免許を取得した（拙稿「軽やかに男社会を批判──行動のジャーナリスト北村兼子」『朝日新聞』2003年11月15日付夕刊）。

「飛行機上から見た大阪」

北村兼子の著書『ひげ』に収められた「飛行機上から見た大阪」は、朝日の訪欧2機が、モスクワに安着した1925年8月24日に、そのニュースを大阪

市民に知らせるために搭乗したときの様子と感想を記したものである。

　　　飛行機上から見た大阪
　心持ちよく滑走してゐる中に、何時の間にか大地を離れてゐる。恐いと思つたのは瞬間で、土と縁を切つたが最後、度胸が据つて胸の中は広く大きくなつて下界の小さな人たちを眼下に瞰て、たゞもうエライものになつてしまふ。理屈ぬきにエライものだ。
　地を潜るもの、土鼠（もぐら）、蚯蚓（みみず）、それの対照物として、天を翔（かけ）るもの、鶴、鳳凰（ほうおう）、低いものは醜で高いものは美、下駄と帽子、泥と雲、バルコニーと地下室、高く山を仰いだ心もちと深く谷に落ちた感じと、そんなことを思ひながらシートにシガみついてゐると、虐げて圧（お）へて拉（ひし）いで人民を脚下にふみにじつてゐる暴君の気分。おゝ、それよ、こうして小さな人たちを見下げてゐるところに暴君の傲（おご）りはある。
　機は練兵場から発つて、大阪の上空に三たび大きなサークルを描いて飛ぶ。百万円の公会堂の小さいこと。九尺二間の倭屋（わいおく）などは数の外にある。烟（けむり）の中で苦しさに喘（あえ）ぎ、その喘いで吐く炭酸瓦斯（ガス）に自己中毒して苦しんでゐるのだ。そんな雰囲気の中に哲学も芽生えねば道徳も育たぬ、発達するものは科学ばかりで、その科学も小さなものばかり。地震にビクつき海嘯（つなみ）に恐れ、神経衰弱の眼は血走つてゐる。どうです、一つこゝへ乗つて見ては。
　何でも大きいものを見たいと、伸び上つて機の外を見る。マア大阪城、それも小さい。大閤さんはもつと大きな筈（はず）だが、これでは尊敬の念が薄い。一たび眼を高所に着けて見れば、高いと思つてゐた六甲山も低く、偉大と思つてゐた英雄も案外に小さい。
　突風が下から吹き上げる。変な調子に機体が振ふ。暴君もコボれまいと機に喰（く）ひ下つてゐる付けやいばの暴君だから、ちよつとの出来事にもヂキにうろたへる。機が安定すると、プロペラーがバリ付いてゐる中に生意気な感想が浮ぶ――人間は雑居するから俗化するのだ。社会から切離れて孤独の身となれば議論もなく競争もなく、虚飾もない自然の淡白なものとなるのだが、足が一たび地上につくとゝもに、そこに利欲や希望

第 7 章　航空機時代の女性記者　173

や猜忌などの伏兵が一身を包囲する。いやなことだ。一生こうして高いところに居れば、高潔な気分を継続してゐられるのに……おや、気流が悪いらしい、墜落は願ひ下げだが。

今、造幣局の上だ。金を儲けようと世間の人は苦労するが、金を造るに骨折つてゐる役目は結構なことだ……。いふことを忘れてゐたが、今日は朝日の訪欧二機がモスクワへ安着の吉報を全市へ報告すべく、ビラと共に体を積んでゐるのだ。だれも見てゐないからと云つてサボつてはならぬ。撒いたり撒いたり。風の都合でその左の高等工業の方へ飛んで行く、もう天満の天神さまだ。お渡御の時は橋の上を歩いても罰があたる。無礼千万ながら一揖して撒く。堀川監獄の跡が今は公園になつて、人権拘束の遺跡が自由恋愛の解放とはうれしいので、思ひ切つて赤と白との夫婦びらを撒きちらす。それから豊崎だが、工場地帯の事だから烟に埋もれてゐる中に豊崎神社と思はれる附近へ一ト摑み。梅田駅では地を這ふ百足のような汽車の上へバラリ。西淀川区へ入つて、関大と商工二校の屋根を目がけてパツと。野田では煤烟の中へポイと。こゝから先日の大雨でヘシ折れた西成大橋が見える。橋がなければ越えられない人間は禍だ。右岸から左岸へ飛びなさい。何でもなさそうだとは余計なお世話だ。それよりビラ撒きの職務に忠実であれと気が付いた時は、立のきに取かゝつてゐる住友の伸銅所だ。安く土地を売つてもらつて、市民が助かるとお礼がわりに一ト撒き。安治川口の石炭黒き上へも撒いて天保山へ出る。糧秣廠と電車教習所の上を例の通り、市岡では商業、中学、高女の上へ、この辺から気流が変つて泉尾高女の上へ撒いたビラは鶴町と福崎とに分れて散る。どこへ落ちるか、どうせ風任せの尻無しだ。今宮では職工学校、今中を経て天王寺公園へ来てバラリバラリとヤリながら、低空飛行で四天王寺の高塔へ擦れ擦れになつた時、下には沢山な人が手をあげてゐる。万歳を叫んでゐてくれるらしいので、馬力をかけて矢つぎ早やにビラを射る。射るといふのはかしい形容だ。病院の上では沢山に撒いた。それは特診料のつもりだ。東成区では弘済会と農学校、引きかへして騎兵第四聯隊からこの辺の学校、途中で少しづゝ滴し

ながら中之島公園に出る。社の軽気球が上つてゐる。大坊主のような頭の上に雨とふらす。坊主に雨は花カルタにあるさうな。中央郵便局の上では速達のつもりで、税務監督局の上では納税告知書のつもりで、税関の上ではライセンスのつもり、九条の電車々庫の上では乗換切符のつもり、千日前では半額券のつもりで、それぞれふりまいて、船場の欲ばりが紙幣の雨と見ちがへても、こちらは関係がない。余り気前よく散財したので懐が淋しくなつて来た時に、機は上げ舵を取つて何千米かの高空へ中風のふるひをもつて飛んで行つて、練兵場へ柔かに下してもらう。大和へお山をすると、行者が参詣人の帯を捉へて崖から半身を突き出す。下は千尺の絶壁だ。「貴様は親に孝行するか」「へえ、致します」「不幸してはならんぞ」「へえ」これで元の位置に引きもどしてもらう。私の幼い時に孝行遊びが流行つて、二階の欄干から友だちの体を突出して「どうだ、親孝行するか」といつて、その返事が「へえ、致します」といへば赦してやるが、さうでないと更に強く前へ突出して「これでも親孝行をしないか」と来る。すると大抵な子供は参つてしまふ。官紀紊乱の癖ある政治家を飛行機に乗せて、舵の操り方でガブらせてやつて、「どうだ、これでも賄賂とるか」は私の妙案である。

　北村兼子執筆の「飛行機上から見た大阪」は、大正末における大阪の街の全体を、上空から俯瞰した貴重な取材記事である。八十数年後の私たちが、彼女と共に機上から、当時の大阪の街を見ている思いにかられる文章である。

　文中の西淀川区も東成区も、1925年4月の大阪市域拡張によって生まれた区であった。この年4月1日に、東成郡と西成郡の44か町村が大阪市に編入されたのである。同年10月の国勢調査では、大阪市の人口が211万4804人、東京市が199万5567人であった。大正末から昭和期にかけて、大阪市は近代都市としての姿を大いに整え、著しい発展を遂げた。

　1926年（大正15）2月に出版された北村兼子の最初の著書『ひげ』（改善社刊）には、「大阪及び大阪人」「廃娼運動を瞥見して」「法律を学ぶ私」「文明人の猛獣化」「吾邦財界を鳥瞰す」「婦人運動の体系」など、彼女の作品53編が収められた。このとき彼女は22歳だった。『ひげ』はよく売れ、初版刊

第7章　航空機時代の女性記者　175

行後1か月に満たないうちに第4版が発行された。『読売新聞』の書評は、「立論も筆もまさに所謂(いわゆる)男まさりの達者である」と記し、『週刊朝日』には「今日の日本婦人で、これほどまで思ひ切つて物を言ひ得る人は一寸他に類を求め得ざる」とあり、『民衆の法律』は「筆触の軽妙筆端の峻烈(しゅんれつ)なる、洵(まこと)に他の追従を許さぬところ」と書いた。

ヨーロッパでの活躍

1929年6月、第11回万国婦人参政権大会がベルリンで開催された。この大会に、北村兼子が日本代表として出席した。同大会の主催者は、ロンドンに本部を置く「婦人参政権及び平等市民権国際同盟」(International Alliance of Women for Suffrage and Equal Citizenship) であった。この国際同盟は1926年まで国際婦人参政権同盟 (International Women Suffrage Alliance) と称し、1902年のワシントンでの創立以降ほぼ3年おきに大会を開き、世界各国の婦人参政権団体の連合組織として活動していた。

第11回大会は、25周年記念大会でもあったから、とりわけ盛大であった。世界44か国から500人の代表と同行者や新聞記者が集まり、ベルリンは歓迎ムードに満ちていた。6月12日から16日までは役員会と各委員会があり、17日から22日まで本会議が開かれた。北村兼子は、婦人小児売買調査委員と男女法律上の平等委員に選ばれていた。12日の委員会で、北村は同盟会長のコーベット・アシュビーから「婦人参政運動の歴史と現状」という題を与えられ、ドイツ語での演説を依頼された。同日午後8時から開かれた「各国新聞雑誌記者招待会」で、北村はイギリス・スイス・アメリカ・フランスなど各国代表と並んで演説した。北村の演題は、「日本に於ける婦人運動と婦人公民権法案の否決」であった。前年末に第56通常議会に上程された婦人公民権法案は、この年2月に委員会付託となり否決されていたのである。

各国新聞記者招待会では、小柄な彼女の大きな声に満場がわき、演説のあとドイツ議会議長レーベから握手を求められた。その光景をとらえた写真は、絵葉書となって大会期間中の会場とベルリンの街で売られた。北村は大会中に、英語演説1回、ドイツ語演説を2回行い、討議に参加して毎日のように

テーブルスピーチを行った。ベルリンの新聞は、各国代表の写真を掲げ、彼女たちのメッセージを記して紹介した。6月19日付『テンポ（Tempo）』紙には、婦人の世界連盟会議の国際代表として、フランス・ユーゴスラビア・チェコスロバキア・ブルガリア・ルーマニアの代表とともに北村兼子の写真が掲載された。6月29日付『ベルリーナ・イルストリールテ・ツァイトゥング（Berliner Illustrirte Zeitung）』紙は、国際婦人会議での日本の北村嬢と記し、会議場における彼女の写真を掲載した。

　大会事務終了翌日の6月23日には、各国代表による平和示威運動があり、イギリス・アメリカ・日本・フランス・オーストラリアの代表が演説しラジオで放送された。日本代表の北村兼子は、同盟会長コーベット・アシュビーやフランスの婦選および平和運動指導者のマタテール・セリエらとともにラジオによる放送演説を行った。

　北村兼子が活躍したこの大会の決議によって、浜口雄幸首相宛に「日本婦人に速やかに参政権を付与するやう勧説」する書面が作成され送られたことは、大きな成果であった。

国際ジャーナリスト

　ベルリンでの大会終了後、北村兼子はフランスとイギリスを訪ね、その後ヨーロッパ各国を回った。パリでは、前駐日ドイツ大使ゾルフに紹介された画家の藤田嗣治と親しく付き合った。ホテルが満員だった2日間は藤田邸の客となって、夫妻の歓待を受けた。藤田嗣治はパリの各地を案内し、北村の肖像を描いて彼女に贈った。

　ヨーロッパ各国を回った北村は、大西洋の航海中に「欧州の観念」を「頭の中に纏め」、ニューヨークを急いで見て回りながら「アメリカから欧州を観る」を書いた。ここで彼女は、「イタリーの右傾独裁もソビエート・ロシヤの左傾独裁も、戦争によつて代議政治が機能を失つた中断時代に起つた仮現象」と述べ、「やはり議会政治に落つくもの」との見通しを示していた。

　欧米巡遊を通して、北村の目がとらえた国際情勢は、香り豊かな社会・政治・経済評論として実を結んだ。「モスクワからロンドン展望」「ドイツの再

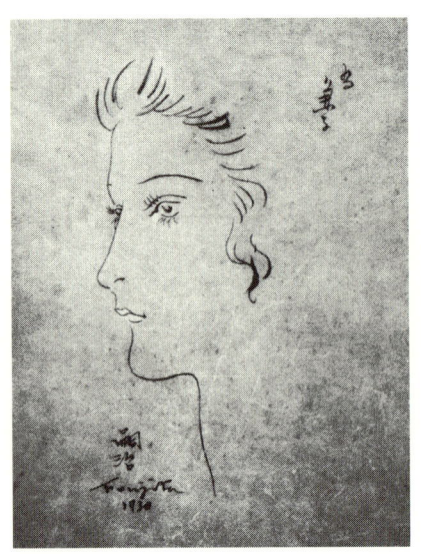

藤田嗣治が描いた北村兼子の肖像（大谷渡『北村兼子　炎のジャーナリスト』東方出版刊、1999年）

挙準備成らんとす」「アメリカに湧く戦雲」「欧州人の移動性」「欧州人のアメリカ観」「欧州の対米借金政策」「イタリーの愛国運動」「正直人・不正直人国（イギリス）」「ロンドンの悩み」「マツケンナ風景」「欧米の映画界素見」「欧州の流行界」「ロンドンで見たこと」「パリー女」「自由の女神」「スイスのお百姓」「イタリー国民」等々であった。雑誌や新聞に掲載されたこれらの作品は、彼女の著書『表皮は動く』（平凡社刊、1930年2月）や『地球一蹴』（改善社刊、1930年9月）に収められた。『表皮は動く』の表紙装丁は、藤田嗣治が北村のために描いた署名入りの絵が使われた。これ以後の北村の著書のほとんどは、藤田嗣治の装丁である。

　ところで、北村はヨーロッパから帰るにあたり、世界一周の途次にあった飛行船ツェッペリン伯号に乗船して、ドイツのフリードリヒス・ハーフェンから霞ヶ浦に向かおうとした。科学の粋を集めた飛行船に乗って、「アジア入りの一番筆をやつてみたい」と考えたのである。アメリカン・ハンブルク汽船会社に料金の支払いも済ませ、出発を待つばかりとなっていた。だが、報道権の侵害を主張する朝日・毎日両新聞社の記者の妨害があって、彼女の乗船は実現しなかった。

　　大空に飛ぶ
　ヨーロッパから帰国した北村は、旅装を解く間もなく、翌1930年1月に婦人文化講演会講師として台湾を訪ねた。この講演会は、『婦人毎日新聞』の創刊1周年を記念して催されたものだった。

台北・台中・台南・高雄など、2週間の講演旅行を終えて帰国した北村は、同年3月に「台湾民族運動史」を執筆し、4月には『新台湾行進曲』を出版した。4月下旬に再度台湾を訪ね、講演後に香港に渡り、南から北に向かって中国を縦断した。

　中国縦断の旅から帰った1930年秋、北村は航空機が持つパワーのすごさを確信していた。同年暮れに、彼女は飛行機の操縦免許を取るために、立川の日本飛行学校に入った。自らの五感によって、そのパワーの意味をつかもうとしたのだった。翌31年、彼女は「飛行機と印度」「支那に集中する航空先端」「飛行機と国運」などの評論を執筆し、飛行機によるスピード時代の到来が、世界の政治・経済・軍事を一変させると強調した。北村兼子の遺著『大空に飛ぶ』（1931年10月刊）から、その主張の一端をみることにしたい。

　「英も仏も伊も独立した航空省を持つが、日本は無任所大臣を置く相談はあつても、航空を独立させることは閣議の話題にも上らぬ。空中を閑却して、日米戦争の悪夢にうなされてゐる。焼夷弾に誂へ向きな日本家屋の天窓から鵄は覗く。

　日本の主要都市は河に沿ひ海に臨んでゐるから、大高度でも逃げようのない目標で、いくら消灯しても住民区は匿されない。煙と作業中の工場とは認識容易であるから、大阪は空中に晒された餌食である。対空砲は心まかせで投下爆弾の命中の精度は問題を成さぬ、どんな下手でも編隊の必要はない、単機で十分である。」

　「焼夷機爆撃機の威力半径は、二噸の弾薬を載せて三千キロに達するから、上海東京間はその半分に及ばず、マニラ大阪間も二千キロに足らないから、東京大阪を焼いてまだお釣りが出る。三千度の高熱で、鉄でも石でも鎔かす弾薬が雨下する。東西両都の市民は頬かぶりして縮み込まねばならぬ。」

　「日本は戦闘艦と大砲とをいつまでも固執してゐる。これを取上げたら自分の得意な技能を失ふ心配から、二つに粘つてゐるといふ説は、軍人の忠誠に対する冒瀆として排撃するとしても、日本の国是が海上にあるとは永久の格言ではない。陸上、海上、天上の三者の順位が、明治、大

正、昭和の三代を経て、明かに顛倒し国防は立体化した。日本は余りに戦闘艦帝座を崇拝し過ぎ、日露戦争の経験を信仰し過ぎてゐる。国是とは永久に一字一句も修正されない聖書のやうなものではない。封建時代の支配勢力を原子に砕いてしまつた科学と航空との聯合は、現代的兵法の大宗であり、偉大な未来を展開することは何の疑もない。ラジオで東京とロンドンとの声息相通じる時代である。宣戦して大砲が営門を出ないうちに、軍艦は港を出るであらうか。勝敗は半日を出でずして二千マイルの外空できまる。」

「飛行機は文化の世界を吹き貫いた暴風であつて、他の微風突風は航空機から巻き起こされた風紋に過ぎない。戦争でも二年三年と永続きすることはなくして、飛行機の瞬間の一と勝負で決定される。しかと結へた小包の紐を爪の先でほぐしてゐたほどまどろしい進歩が、飛行機の鋏でもつて結び目を一と切りに切つてしまつた。文化は散乱する。科学も散らばる。」

「虎は機械を造らなかつたから鉄砲を持つ人間に負けるのであるが、反対に虎が鉄砲を持つたら鬼に金棒どころではない。それに対して、人間が四ツ這ひになつて口を開いて対抗したらどんなものだらうといふ想像だけでも冷汗が出る。米国が二千の飛行機を飛ばしてくるのに、日本は肉弾で行くか。（中略）平時は要塞で頭をかくしても、戦争には敵機の前に秘密は晒され、ラジオと飛行写真の発達で海軍陸軍のお臀は丸見えに見え透く。」

北村兼子は、航空機の登場によって人類がこれまでとはまったく違った時代に突入したことを認識していた。航空機の発達は、世界中に人と物を猛スピードで移動させ、政治・経済・社会・文化を一変させるというのであった。とりわけ、軍事力の革命的な発達に着目し、「科学の粋を集めた」兵器・情報機器による未来の戦争の姿を予見したことは注目される。

福沢桃介と武内作平の手紙

福沢桃介（1868-1938）は、福沢諭吉の娘婿であり、実業家・政治家とし

コックピットの北村兼子

て知られている。1931年(昭和6)3月2日に、福沢桃介から北村兼子に宛てられた手紙が現存する。表書の住所は、「府下立川駅飛行場前高島屋」である。同年に、報知新聞社が原稿料を北村に送った書留には、「立川飛行場前高島屋旅館内」と記されている。立川の飛行学校に入った北村は、飛行場前の高島屋旅館に投宿し、飛行訓練と原稿執筆の毎日を過ごしていた。

福沢桃介の手紙には、末尾に「医師の診察を仰かれ度」とあり、「万一の事なりたるときは病気永引き後悔するも不及」と記されている。病状の詳細は不明だが、この時すでに北村には腹痛があったのではなかろうか。

武内作平(1867-1931)は、民政党の浜口雄幸内閣時代に予算委員長を務め、第2次若槻礼次郎内閣の法制局長官となった。現存する武内作平の手紙は、1928年(昭和3)6月2日に、東京から大阪中之島の北村兼子に宛てられたものである。武内作平は、「諸名士より御消息承り居りお喜び申居り候」と記していて、翌7月出発となった汎太平洋婦人会議への、北村の日本代表としての参加を祝したものと思われる。手紙の末尾には、「月末御面談申上げ度存じ候処御熟睡と御外出の為め其機会を得ず」とあり、武内代議士は5

第7章 航空機時代の女性記者 181

月末に2度北村を自宅に訪ねたことがわかる。多忙をきわめる有名人の北村だったから、なかなか会えなかったのである。
　ところで、立川の日本飛行学校で猛訓練に励んだ北村は、1931年の春には単独飛行ができるようになった。操縦席の北村の写真が英字雑誌に掲載され、「AMBITION IN JAPAN」のタイトルで紹介されたのはこの時期のことである。写真説明には、「Miss Kaneko Kitamura, a prominent Japanese woman journalist」とあり、今年の夏の訪欧飛行に向けて訓練中と記された。
　この年7月6日に彼女は飛行士の免許を得ていて、8月14日には三菱航空機会社に発注していた飛行機で、ヨーロッパへと飛び立つはずだった。だが、その1か月前の7月13日に、彼女は盲腸炎で慶応病院に入院した。手術後の経過が悪く、腹膜炎を併発して7月26日の朝、27歳でこの世を去った。
　臨終の枕辺には法制局長官武内作平、陸軍中将渡辺寿、実業家の福沢桃介、新聞記者文筆家の松崎天民、小説家の村松梢風らがいて、彼女の最期を看取った。逓信大臣小泉又次郎が駆けつけたとき、彼女は息を引き取ったところだった。逸材の急逝を惜しんだ武内作平は、自ら葬儀の世話をした。27日の『東京朝日新聞』は、7月28日午後3時から青山霊場で葬儀が行われ、のち大阪で本葬が行われると記している。葬儀には、三菱航空機会社の舟越社長が、訪欧するはずだった飛行機の模型を霊前に供え、二千の会葬者の涙を誘った。死後、枕の下から発見された北村の絶筆「飛行機、燕、鉄砲ETC」は、遺著『大空に飛ぶ』に収められた。

「大阪風物詩」
　『大空に飛ぶ』に収められた北村の作品の中に、「大阪風物詩」と題した軽妙な文章がある。この作品は、1927年（昭和2）4月20日に田中義一内閣が成立して1年余り後の28年5月から6月を経て、同年暮れから翌年にかけての時期に執筆されたものである。政治や外交、法律に関して卓見を示した評論のほかに、北村は風俗を活写した優れた作品を数多く残した。「大阪風物詩」は、昭和初期の大阪の街の現実を映した絶妙の文である。なお、作品中の「支那人」「鮮人」などの語句は、差別的表現として今日では用いないが、

歴史の科学的研究に資するためにそのまま掲載した。

　　大阪風物詩

　銀座は都市の風景の焦点となつてゐる。大阪では心斎橋、京都では四条、神戸横浜の元町と伊勢崎町、名古屋静岡の広小路中洲、みな銀座化し又銀座化さうとつとめてゐる。店飾りも建築も道路も、その道路の上にブラついてゐる人間の風俗までも、思想までも。

　銀座はどこがいゝのか。産業的に見てどこにも重要性は見当らないが、こゝをぶらついてゐると何となう文化の風が身にしみつく様に思ふ。どの点がさういふ感じを持つてくるかと仔細(しさい)に検討して見ると、さてどれと指摘するものもない。個々については何もなくとも全体にその気分は濃厚である。

　大阪人が心斎橋をぶらついても銀ブラにはならない。大阪人の性格は支那化されてゐる。少くとも要領を得ないが対支商談はよく調ふ。支那人と大阪人とは理論的につめてはならぬ。排日が起れば川口居留の支那人と大阪人とは仲よくメード・イン・ジヤパンの商標をめくつてゐる。東京のやうにアメリカ式に要領を得ては支那人の相手になれない。大阪人は広東人とは調子がちがふ。

　その調子で大阪の市政も割合に順調にやつて来た。新鮮と腐敗との中間を縫ふ妥協で一貫してきた。大阪の市会議員に東京市会の感想を聞いてみたら、たゞお気の毒だといつてゐた。あまり悪くはいはないところは自省してゐるやうでもあつた。

　東京の疑獄を笑つてゐた大阪も、やがて松島事件で板舟のまねをしさうな形勢である。何といつても都市の中央に三千の公娼を置くことは、箕浦翁を死地に陥れ、床次氏に累(わざわ)ひし、地下の横田氏を迷はせただけでは済まない。いま新京阪電車の沿線説を担いで廻つてゐるものもある。額についてゐる瘤(こぶ)を背中にもつて行くか、腹部にもつて行かうといふ問題である。力石知事は万事飲み込んでゐるといふが、どう飲み込んでゐるのだらうか。飲みやうによつて小骨が咽(のど)にささる恐れがある。

　近くは和歌山市にも西宮市にも、移転論者と非移転論者と啀(いが)み合つてゐ

る中に、廃娼女史が割込んでゐる。
大阪名物の総会屋もその筋の取締りが厳しくなつて、東京遠征を試み相当の収穫もあつたさうだが、東京の縄張りを侵害するといふ抗議に、同業者のよしみをもつて郵×と東×と×電などの目ぼしいもの、外は遠慮しやうと話し合つてゐる。東京ではビルヂングに雑誌社が陣取つてゐるが大阪にはそれがない。代りに領事館と会社ゴロの事務所がある。
金は月初めに東に流れて月末には西に流れる。京都の銀行は東京と大阪との支店がまぜかへして本店銀行は全滅した。預けることを知つて借りることを知らない市人は、銀行を潰し産業をつぶし身代をつぶす。
中橋商相邸は天王寺にあつて主人にあらず狸のみ残る。久原遥相は家族を東京へ移植して、大阪郊外の宏壮な邸第は五十の愛犬が残つてゐる。清瀬副議長も芦屋の邸を払つた。片岡前蔵相の桃山邸は、前の字が付くだけに淋しい。政治は東京へ行く。文壇人も行く、美術人も音楽人も行く。有閑夫人も東京へ行く。有閑夫人の東京へ行くのは、外国語を研究するためである。外国語とは東京弁である。小説で読んでゐるだけでは、英語を独案内で学んでゐるやうに、アクセントがわからないから東京へ洋行する。帰つてくれば、「まアえゝことだんな」が「あらよくつてよ」となつて、下女大に驚く。
ムツソリーニよりもバーナード・ショーよりも、フオードの方が嘆美される。生活意識も情感も、そろばんから弾き出される。
東京人は上野から浅草へもぐる。大阪人は梅田から難波へもぐらうとする。大阪駅は阪神、阪急、京阪、新京阪などの集中点となつて、地下には道路が交叉し、地下に商店を並べてもぐら文明を創始することになつた。東京の地下鉄も延長工事をやる。東西のもぐら比べである。
航空会社が空中を征服しても空価はない。地下鉄道が地下を征服すれば地価ができる。地下には店が並べられるが、空中には蜃気楼しかできない。蜃気楼では家賃を取れない。
政商が増加してきた。純商人は詰らぬといふ感じが起つたら商業の破滅である。東京流がうつつて政権と結びつけた企業を考へる。心得ちがひ

だ。利権運動がばれて刑務所行きには初恋の味なんかはあり得ない。
不足であつた職業婦人も一と渡り行き渡つて、供給はあつても需要はない。女事務員から女工にこぼれて行く。
鮮人七万、その実は十三万、大阪の周囲部に住む。内地の労働者のために失業の数を増す。朝鮮征伐の太閤さんの遺市、いま鮮人に包囲されてゐる。
尼崎汽船と朝鮮郵船の金櫃（かなびつ）としてゐる渡航鮮人は、十二月だけで大阪港へ一万人を上げた。大阪駅だけでも一日に二百人平均を吐きだす。済州島人の団体である企業同盟が第二北海丸をチヤーターして、「鮮人の渡航は鮮人の船で」といふ標語で競争を始めた。片道十二円が三円で食事付となつた。阪神間は鮮人の濁流渦を巻く。英人が米人に媚びる時には血は水よりも濃しといふ。日本人が支那人をなだめる時には同種同文といふ。鮮人も同種同文をかざして割込むから苦情もいへない。
小売商聯盟、これは百貨店対抗運動、小売店の病源は僅（わず）かな資本で沢山な人が喰ひさがるところにある。小売店に積まれた商品が平均二千円、その七割が問屋の委託、あとの六百円が本当の資本であるから、一家平均家族四人が六百円の利で生活して行くのである。生活費が概算二百円、月三割強の利廻りに押して行かねばならぬ。──食堂でもキヤフエでも大企業のものが勝つ。
八十人の女給を抱いてゐるキヤフエが十二軒もある。その仕掛けは東京をも凌（しの）ぐ。ダンスホールは許されないからダンサーは東京へ去つた。ステージダンスだけがキヤフエを巡回してゐる。
東京下りの女給は五千人といはれてゐる。女給に国境なし、金髪も支那人もフキリツピンも交つてゐる。服装は東京より華美で艶（えん）で贅沢（ぜいたく）である。服装に投資することは利潤（プロフイツト）がチツプに現はれる。大阪は資本の活用を知つてゐる。
高等スキ焼も資本戦。牛肉のすき焼鍋を囲んで懇親会を開く。大阪人は味覚が鈍いから内地牛と青島牛とのかみ分けが分からない。
大阪特有の雇仲居（やとな）、二時間二円四十銭制度、それに自由芸妓、有芸仲居、

情界波瀾。

婦人運動に理解はない。低級な婦人雑誌ははけ口を大阪に求める。大阪には雑誌社がない。東京からの支店はある。大阪名代の新聞は二つある。これが京都を屠り神戸を殱して、いま東京に楔をうち込んだ。

社会主義の理屈は聽く耳持たぬ。しかし同盟罷業の実行力は潜在する。御大典以来ストライキは屛息して職業罷業屋は欠伸をしてゐる。

紡績の都市は実業同志会の発祥地。政友会との妥協も有産階級に好評。地租移譲はどうでもいゝ。営業収益税には敏感である。さすが全盛を極めた民政党も、政権を離れてから幣原外交も、うけが悪い。永井柳太郎氏も手を焼いた。御用党万能の都市。

大阪に終点を置いた電車に損をした例はない。競馬、遊廓、カフエー、浴場などを沿線につくつて、遊蕩気分から地価を煽る。ために郊外地は東京に比べて倍の価を持つ。興業師になるだけの機知がなくては電鉄の専務にはなれない。

浅草や天王寺の田舎化するは致方ないとしても、祇園の地方化するは堪へられない。御大典から四条は地方人の洪水で、それをあてにした店もできる。西洋人だましの美術店もできる。境内の縁日は化しものゝ店ばかり。

大阪は東京よりも早熟で早老である。東京の二十はほんのおぼこ娘であるが大阪はすでに世帯じみてゐる。三十にしてお婆さんになる。気候の温かい関係でもあらう。温かいといへば議会を大阪で開いたら元田議長は喜ぶだらう。風をひかなくていゝから。

気候は温かくとも青いものはない。公園が小さくて家々の庭園が狭い。たまに樹があつても煤烟で黒くなつてゐる。中央市場の敷地になるから住友伸銅所が立退くことになつたが、こゝの煤烟だけでも一日五万貫の黒雨が降るのだ。林立する煙突に完全燃焼の施設もなく、もつたいなくも炭屑の空中乱舞は水電国に似合はない。大阪ビルの屋上から見ると青いものはない。青いものは死亡率の高い市民の顔だけ。

中之島を抱いて流れてゐる二大河川でさへ黒く澱んでゐる。枝川はメン

タル瓦斯(ガス)の立つてゐる上に蠣船やボート、池州船(いけす)がもやつてゐる。赤い灯青い灯道頓堀の川面にうつる恋の灯でもあるまい。堂島川に可動堰(せき)ができた。この春からこゝで水を堰(せ)いて、よい頃を見はからつて水を切り流して河川の大掃除をやる。枝川の掃除は箒(ほうき)でしない。

何となく臭い市である。硫酸や帯革や燐鉱会社があるせいばかりではない。

みな忙しく働いてゐる。東京のやうにぶらぶら遊んでゐる人がない。それだけ気がいらだたしい。

学究駆逐、美術嘲笑、物資万能のいびつな市である。偉い人といへば知事と師団長閣下だけ。大臣が時々実業家の機嫌取りに西下するため、近ごろは政治上の発言権ができて、特に商工大蔵方面に相談をうけるやうになつた。外務は支那のことだけ、司法農林陸海軍には用事はない。

臨港鉄道ができた。突堤もできた。神戸の船を大阪にとる。神戸は生糸検査所をつくつて横浜のお客をとる。阪神の港には繋船(けいせん)が多い。イギリス汽船の東洋向運賃の引下げで腰を抜かして動かない。

停車場は三都のうちで大阪が一番汚ない。まだ改築は数年先でなくては竣成(しゅんせい)しない。女の白帽と男の赤帽とがサービスの争奪戦をやつてゐる。白と赤との競争、といつても思想には関係がないことだが帽だから頭の問題である。

もう夏帽の準備。ことしは麦稈(むぎわら)一文字を三十銭で売出す百貨店の計画。原価三十五銭だといふ。この手で小売がやられる。阪急電車が三百万円かで本社を建て階上は百貨店にする。大軌はすでにやつてゐる。阪神も南海もやるさうだ。電鉄と既製六大百貨店との対抗は予想外の商売敵き。高島屋は心斎橋に見切りをつけて堺筋に移つた。大丸は心斎橋を維持して堺筋を冷視した。白木屋三越は堺筋党、十合(そごう)は心斎橋組、勝利は堺筋か心斎橋筋かと百貨店行進が決勝点に到着しないうちに、都市計画中の御堂筋といふ二十四間道路ができる。或(ある)は心堺二筋をこゝへ引きつけるのではあるまいかと噂(うわさ)せられる。近ごろの小売政策は新得意を開拓するよりも、同業者のたくさんゐる中へ割り込んで他人の得意を奪ふのが極

致だといはれる。道路戦、得意争奪戦。

円タクは大阪が一ばん早かつた。東京で円タクができた時分には、大阪で黄色の半円タクシーが出現した。こんどは三十銭タクシーの競争出願である。東京のやうに一台一円なんかを標榜したものはない。

松竹が犠牲を払つて文楽座を近松座跡に新築する。近松座は人形浄瑠璃で大損をした遺跡である。欠損覚悟でその轍をふむ松竹は厄介な荷物をかついでゐる。外国人から東洋芸術の粋とおだてられ、つむじまがりの観賞の趣味を充たすべし。キネマ爛熟時代に古いものを持ち出したことだ。いまに堺筋に雲助が輿をかついで現はれる。

東新百六十五円大新八十五円、取引所株は東西に大きなひらきがある。大株の大穴も保信料でうめ立てゝゐるが、何といつても取引員信用の足らないための不振で、営業状態は一六五対八五の物さしでは当らない。取引所本来の機能を忘れて賭博本位なら、競馬へ行く方が埒が早くていゝ。取引所から競馬へ、芸妓から女給へ、浮世である。

大量生産も需要の飽和点に達したから、内地向はいくら安く売つても買手がない。粗製業者の大阪工業家も、アメリカ式の機械文明に懐疑の腕を組み始めた。

ボイコットよりも深夜業廃止の方が紡績の痛事である。これまで午前六時から翌日の午前五時までやつてゐたものを、今度は二班として午前五時から午後二時までと、午後二時から十一時までとにして、優秀機をもつて時間を補足する経済陣を布くことにした。日清紡の亀戸工場が一月からやり出したから、大阪も七月まで待てなくなつて旧正から始め出すことにしたが、通勤女工は時間の点でぼやき始めた。改正時間で能率があがつて私生子続出の見込み。

人口増加が見込のある商売は大てい人にしてやられ、煎り豆を喰べるやうに好いものから撰つて取るから残つたものは虫喰ひだけ。それでも新商売往来は＝妊婦預り所（兼、堕胎引受所）、産児もらひたし（私生児処置商）、結婚仲介（兼、お妾紹介）、人夫募集（監獄部屋送り）、家政婦協会（時間下女）、女優養成所（兼少女誘惑業）、女の家庭教師入用（時とし

ては暴行)、軽便ホテル(二人づれ歓迎)、粋書〇〇(その実、春画ではない)、土地分譲(郊外の湿地と袋地)、売家(建売り家のガタ普請)、販売人急募(薬の押売)、貸電話、十五銀行預金買、毛布投売、恩給貸付、その他大阪特有としては、やとな倶楽部、有芸仲居付の牛肉屋。

　上にあげた作品中にみえる「床次氏」は床次竹二郎、「中橋商相」は田中義一内閣の商工大臣中橋徳五郎、「久原遁相」は同内閣遁信大臣久原房之助のことである。田中義一内閣の遁信大臣が望月圭介から久原房之助に代わったのは、1928年5月23日である。文章内容からみて上の文は、同年5月から6月の政情を経て、同年11月の「御大典」、すなわち昭和天皇即位の儀式後の同年暮れから翌年にかけての時期に執筆されたことがわかる。

　文中の「片岡前蔵相」は、第1次若槻礼次郎内閣の大蔵大臣片岡直温のことである。「元田議長」は元田肇、「清瀬副議長」は清瀬一郎を指している。男子普通選挙実施後の最初の議会である第55特別議会は、1928年4月20日に召集された。この議会では、二大政党の政友会と民政党の勢力が伯仲していたため、政党間の対立と駆け引きが激化し、内閣は冒頭からきびしい議会運営を迫られた。衆議院議長選挙では、政友会の元田肇と民政党の藤沢幾之輔が争い、決選投票の結果元田が藤沢を破り議長となった。副議長選挙では、民政党が単独候補をあきらめて革新党の清瀬一郎を立てて政友会の広岡宇一郎を破った。この普選最初の帝国議会を傍聴取材した北村兼子の「議会観戦記」は、政党間の駆け引きと政治家の立場を穿った傑作であり、『新愛知』の4月25日から5月2日まで7回にわたって連載された。

　この年7月18日、北村兼子は汎太平洋婦人会議出席のため、春洋丸に乗船し神戸港を出帆した。政治部委員として出席した彼女は、本会議のほかにアメリカやカナダなどの女性文筆家との会合に出席し、太平洋の平和について語り合った。議場で出会った中国代表の若い女性たちには、その才能と弁舌、若くて美しい溌剌とした姿に惜しみない讃辞を送った。

　翌1929年に万国婦人参政権ベルリン大会に出席のため、朝鮮半島から陸路ヨーロッパに向かった北村は、奉天で張学良に会い、満洲里では「いま亜細亜を離れる」を執筆した。その文章の中で、「シベリヤ出兵よりましだが、

第7章　航空機時代の女性記者

三億の事業費を注ぎ込んでも」、朝鮮人は「喜ばない同化しない」、「雪や氷にとぢられて同化政策は新義州に着きかねる」と記し、植民地支配を批判した。そして彼女は、『新台湾行進曲』や「台湾民族運動史」において、「台湾の幸福」を求める文化運動と台湾人の政治的自由を求める運動に大いに共感を示したのであった。

　北村兼子は、日本と世界の動きをありのままに見据え、未来を見通す大きな才能をもっていた。彼女が死去して28年後の1959年（昭和34）に、『毎日新聞』は「最初に女性の実力が男性に劣らないものだとはっきり示したのは北村兼子」「確かに男勝りの傑物だった」「スケールといい実行力と才能といい大阪トップレディーの草分けにふさわしい存在だった」と記している。二十代の数年間における、北村兼子の活躍のすごさには驚くほかない。大阪から世界に羽ばたいた北村のような女性がいたことを、今日の日本においてもっと知られてよいように思う。

（大谷　渡）

　＊＊本章は拙著『北村兼子――炎のジャーナリスト』（1999年、東方出版刊）をもとに、そこで紹介しきれなかった兼子の文章を加え執筆した。北村兼子について詳しくは拙著を参照されたい。

第8章　織田作之助が愛した街

『夫婦善哉』の出版

　織田作之助の『夫婦善哉』が出版されたのは、1940年（昭和15）8月だった。前年9月に『日本工業新聞』の記者となった彼は、小説「俗臭」を『海風』に掲載し、40年4月には同誌に「夫婦善哉」を、5月に「放浪」を『文学界』に発表した。「俗臭」は芥川賞候補となり、「夫婦善哉」は改造社の「文芸推薦」を受けた。

　作家としての地歩を築いた織田作之助は、日中戦争から太平洋戦争期に、「二十歳」「青春の逆説」「わが町」「勧善懲悪」「聴雨」など、主要な作品を次々と発表した。この間に彼は、日本工業新聞社から親会社だった夕刊大阪新聞社に移ったあと、42年4月に同社を退社している。

　代表作「夫婦善哉」は、曽根崎新地の芸者蝶子と、妻子ある化粧品問屋のぐうたら息子柳吉の駆け落ちを軸にして、昭和前期における大阪の市井の人びとの人間模様を哀切に満ちた筆致で描いた秀作である。

　織田作之助は、1913年（大正2）10月に大阪市南区生玉前町（現・天王寺区）に生まれた。大阪市立東平野第一小学校尋常科卒業後、府立高津中学校を経て、1931年（昭和6）に第三高等学校に入学した。三高在学中に落第を繰り返して1936年に退学したが、在学中に文学的才能が温められた。

　三高退学後は大阪に帰り、結婚・就職、そして創作活動に取り組んだ。織田作之助は大阪の街に育ち、大阪に住み、大阪の街を背景にして秀作を生んだ作家であった。『大阪朝日新聞』1940年6月14日付には、織田作之助執筆の「小説の思想（下）」が掲載されていて、その中で彼は次のように記している。

　　私はまた大阪を主題にした小説ばかり書いてゐるが、大阪人のなかに真
　　実の人間性が見られるからである。大阪に生れ、大阪に育ち、今なほ大

阪に住んでゐる私は、根つからの大阪人であるが、私は今後いよいよ以て大阪人でありたいと考へてゐる。

このように、「大阪人のなかに真実の人間性」を見た織田作之助は、1943年（昭和18）4月の『現代文学』に執筆した「わが文学修業」の中で、次のようにも述べている。

私は西鶴を狭義の大坂人といふ範疇（はんちゅう）の中にせばめる積りはない。私にとつて、大阪人とは地理的なものを意味しない。スタンダールもアランも私には大阪人だ。すこし強引なやうだが、私は大阪人といふものをそのやうに広く解してゐる。義理人情の世界、経済の世界が大阪ではない。元禄の大坂人がどんな風に世の中を考へ、どんな風に生きたかを考へれば判ることである。まして、東京が考へているエンタツ、アチャコだけが大阪ではない。通俗作家が大阪を歪めてしまつたのである。

フランスの作家で「赤と黒」「パルムの僧院」などで知られ、心理分析にすぐれたスタンダールも、彼にとっては「大阪人だ」というのであった。「大阪」と「大阪人」を通して、「真実の人間性」を追究しようとした織田作之助の面目躍如たる言葉と言ってよい。彼は太平洋戦争下の1942年7月に、『西鶴新論』を出版しており、彼自身の文学の基層をなす創作活動の神髄について論じている。織田は、『西鶴新論』の冒頭に「西鶴は大阪の人である」と書き、「スタンダールほど真実を語つた作家は、さう沢山はない筈だ」と述べた上で、西鶴は「嘘実（きょじつ）の境で芸の独楽（こま）」をまはした作家だ」と記している（織田作之助『西鶴新論』修文館刊、1942年7月）。

彼の代表作「夫婦善哉」は、同書出版の2年前に発表されたものではあるが、それは昭和前期の大阪の市井を舞台に、一対の男女の愛のかたちを通して、その2人と2人を取り巻く人びとが、当時の「世の中」を「どんな風に生きたか」を、虚と実を織りなして見事に描ききった作品であった。

1940年夏になると、戦時体制下における出版物の検閲・統制がますます強化された。同年9月に『夫婦善哉』に収められた短編小説「放浪」と「雨」の5か所が削除警告を受けた。男女の性の描写が風俗を乱すとの理由であった。同月の『文芸』に掲載される予定だった織田の「六白金星」は掲載され

ず、翌41年7月には『青春の逆説』が風俗壊乱の理由で発禁となった。
　織田作之助が『夫婦善哉』を出版した1940年は、紀元2600年の式典や祝賀行事が全国で繰り広げられた年であった。11月に皇居前で式典が挙行され、大阪市内でも多彩な祝賀行事が催された。同年の元旦には、大阪中央放送局がラジオ番組「紀元二六〇〇年の黎明を告げる大太鼓」を橿原神宮からの中継で放送していた。続いて同放送局は、録音紀行「二六〇〇年の大和路を行く」など、20回記念ラジオ番組を放送したのであった（『NHK大阪放送局七十年　こちらJOBK』1995年刊）。

織田作之助『夫婦善哉』（創元社刊、1940年8月、関西大学図書館所蔵）

ラジオドラマの台本

　織田作之助は、1942年（昭和17）に最初の歴史小説『五代友厚』を出版し、長編小説『月照』や作品集『漂流』などを同年中に刊行した。翌43年には、『素顔』『大阪の指導者』『大阪の顔』『清楚』を出版し、同年暮れには、織田作之助執筆のラジオドラマ台本による「白鷺部隊」が大阪放送局から放送された。織田はこの時の台本を改作して、翌44年4月の『新創作』に小説「白鷺部隊」を発表した。
　『新創作』掲載の「白鷺部隊」末尾の織田の記述によると、前年に放送された同名の台本は、「放送局の依頼により大阪普通海員養成所の現地録音の解説を兼ねた物語として執筆した」ものであった。大阪普通海員養成所は、戦時海上輸送力の増強を目的として、1942年12月7日に岸和田市に開設された決戦下における海上輸送要員の促成養成機関であった。定員は600人、養成期間は3か月だった（『大阪朝日新聞』1942年12月6日付夕刊）。
　関西大学図書館所蔵の織田作之助の自筆原稿「白鷺部隊」には、原稿の枠

第8章　織田作之助が愛した街　193

外に「音楽」「ラッパの掛け合い」「柱時計の音」「録音」といった織田の書き込みがある。この自筆原稿13枚は、43年暮れに大阪放送局から放送された台本の原型と見てよさそうである。

　自筆原稿「白鷺部隊」の主人公は、信州出身の太郎15歳である。老いた母を故郷の高原に1人残して、彼は大阪普通海員養成所に入所する。純白の作業服を着た少年たちは白鷺部隊と呼ばれ、見習い船員として船に乗り込み訓練を受ける。太郎は基地から、故郷の老母に手紙を出した。台本自筆原稿にはここまでしか記されていないが、改作された『新創作』掲載の小説では、太郎の母は2か月前に亡くなったことになっている。太郎には、母の死は伏せられている。ひたすら訓練に励む太郎は、すでにこの世には亡い母に手紙を出すのである。

　1943年暮れに放送された「白鷺部隊」は、織田作之助執筆の台本がラジオで放送された最初の作品である。表10は、NHK大阪放送局の番組確定表をもとにして、『大阪朝日新聞』のラジオ欄をも確認した上で作成したものである。「白鷺部隊」の次に放送されたのは、ラジオ放送劇「正平の結婚」であり、東京放送局において44年5月と12月に放送されている。「正平の結婚」の原作は小説「清楚」である。「清楚」は、『大阪新聞』1943年5月1日付から5月29日付まで、29回にわたって連載された。放送劇「正平の結婚」は、原作の「清楚」を森本薫が脚色し、解説は富田仲次郎、作曲指揮伊藤昇、演出は青山杉作であった。

　44年8月6日に、織田作之助の妻一枝が亡くなった。翌日の日記に、織田は次のように記している（『定本織田作之助全集』第8巻、文泉堂刊、1976年）。

　　最後の対面の時、化粧道具を入れたハンドバッグと人形とメロンとわが著書と、映画「帰って来た男」のスチールを入れてやる。メロンは一昨日病気見舞に貰ったまま食べずに終ったもの。映画はわが原作のもので、よくなれば一緒に見に行こうとたのしみにしていたもの。今日B・Kの佐々木氏に放送物語の原稿渡す約束なりしも果せず。放送物語は映画と違い病臥中にも聴けるもの故、早く執筆して一枝に聴かしてやろうと思っていたのに……この種の仕事は大半病勝ちな一枝を喜ばさん為にの

表10　織田作之助関連ラジオ番組

放送日	作品名	スタッフ	放送局
昭和18年12月3日(金)	白鷺部隊	作曲・大澤壽人　指揮・大澤壽人　大阪普通海員養成所　榊原放送員	大阪放送局
昭和19年5月19日(金)	正平の結婚	織田作之助原作　森本薫脚色　配役　岸上正平・山村聡　その父・汐見洋　その母・伊藤智子　叔父庄造・小杉義男　浅間元枝・加藤道子　其の他・大勢　解説・富田仲次郎　作曲指揮・伊藤昇　演出　青山杉作	東京放送局
昭和19年12月31日(日)	正平の結婚	キャストは「岸上正平」が「小山源喜」に変更。「浅間藤吉　小島洋々」、「小谷菊代　澁田見愛子」が新たに加わっている。	東京放送局(「放送賞の夕」で放送)
昭和20年1月30日(火)1月31日(水)2月1日(木)	連続放送劇「猿飛佐助」火遁の巻(一)～(三)	火遁の巻(一)　配役　猿飛佐助・森雅之　戸澤白雲斎・汐見洋　楓・天野鏡子　三好清海入道・木崎豊　真田幸村・中村駒之助　小夜姫・中村扇女　村人その他大勢　解説・山野一郎　鳴物・望月太明蔵社中　伴奏・大阪放送管弦楽団　作曲並指揮・高橋半 ※火遁の巻(二)にはキャストに「石川五右衛門　中村松若」、「雲風群東次　高橋正夫」「宝蔵院坊主　志摩晴彦」「女中　吉川佳代子」が記載されているが、「三好清海入道」「真田幸村」「小夜姫」は記載されていない。 火遁の巻(三)には猿飛佐助、戸澤白雲斎、楓、三好清海入道、雲風群東次、女中が同じキャストで登場し、按摩役に「宮崎正五郎」が加わっている。	大阪放送局
昭和20年6月14日(木)16日(土)17日(日)	連続放送劇「十六夜頭巾」(一)～(三)	乗松昭博作曲　配役　森五六郎・片岡我当　十六夜頭巾・飯塚敏子　斎藤弥九郎・嵐吉三郎　金子孫二郎・中村霞仙　江戸町奉行同心浅川新之丞・中村松若　目明三太・中村政之助　桜任蔵の娘文子・一の宮敦子　劇中劇市介の役者・實川美雁　お金の役者・中村松鶴　見物甲・市川九団次　見物乙・阪東大和　外・大勢　清元・清元梅喜美社中　お囃子・望月太明蔵社中　解説・阪東蓑助　伴奏・大阪放送管弦楽団　指揮・大澤壽人 ※(二)では市介の役者、お金の役者、見物甲、見物乙は記載されていない。(三)では上記に加え、娘文子も記載されていない。	大阪放送局
昭和20年11月6日(火)	歌と管弦楽「ムービーナイト」	高橋半編曲　独唱・笹田和子　藤堂顕一郎　解説・村上済州　管弦楽・大阪放送管弦楽団　指揮・高橋半	大阪放送局
昭和20年11月20日(火)	三、大正篇「船場の娘」	溝口健二演出　配役　番頭新吉・原聖四郎　瀬戸問屋の娘雪子・中村芳子　番頭秀吉・高田浩吉　女中・西川壽美　其他　音楽・大阪放送管弦楽団　作曲並指揮・高橋半	大阪放送局(第一放送番組表)
昭和20年12月22日(土)	物語「道なき道」	婦人の時間　ヴァイオリン独奏・近藤泉　ピアノ伴奏・鷲見五郎	東京放送局(第一放送番組表)
昭和21年2月2日(土)	昨日・今日・明日	配役　赤井・高田浩吉　白崎・石黒達也　節子・風見章子　黒瀬・高橋正夫　父・海老江寛　ミネ子・中村メイ子　*赤井・志摩晴彦　独唱・笹田和子　*「佐川」の間違いであろう。　落語・林龍男　解説・石井放送員　伴奏・大阪放送管弦楽団　作曲並指揮・内田元	大阪放送局(第二放送番組表)
昭和21年2月9日(土)	昨日・今日・明日	作並演出・織田作之助　キャストは上に同じ	大阪放送局(第二放送番組表)
昭和21年8月24日(土)	音楽	作並演出・織田作之助　作並指揮・大澤壽人　作詩・竹中郁　プロデューサー・佐々木英之介　竹中郁　小磯良平　大澤壽人	東京放送局(第二放送番組表)
昭和21年11月18日(月)20日(水)22日(金)	文学とエロチシズム(一)～(三)	(一)岩上順一　(二)織田作之助　(三)石上順一・織田作之助 ※(三)は対談	東京放送局(第一放送番組表)

(注)　日本放送協会大阪放送局番組表から作成。

み引受けて来たのであったが……。今後その甲斐もなし。妻なし子なしやるせなし。

織田が自ら脚色し、松竹で映画化された川島雄三監督による『還って来た男』は、1944年7月2日に公開されていたが、一枝は映画館に足を運ぶことはできなかった。44年5月19日に東京放送局から流された「正平の結婚」は、病床にあった一枝が聴き入ったのであろう。「正平の結婚」は放送賞を受け、44年12月31日の「放送賞の夕」でキャストを変更して再放送されたが、もはや一枝の耳に届くことはなかった。なお、上記文中のB・Kは大阪放送局のことである。

一枝の告別式の8月10日夜も空襲警報があり、灯火管制により仏前の燈明さえ消さなければならなかった。妻一枝を喪（うしな）って5日後に、A・K（東京放送局）の「塚本氏」より放送劇の原稿依頼があった。その日の日記に、織田は「明るくて面白きものをと言わる。ああ、明るくて面白いもの！」「締切迫る『新太陽』の小説書かんとすれど、一行も筆進まず『法句経』を読みて眠る」と記した（『定本織田作之助全集』第8巻）。

放送劇「猿飛佐助」

織田作之助の連続放送劇「猿飛佐助」が大阪放送局から放送されたのは、空襲下の1945年1月末から翌月初めにかけてであった。織田は映画監督の川島雄三に宛てた同年1月22日の手紙に、次のように書いている。

> 東京の空襲は如何、大阪は随分はげしさ加えて夜な夜なの訪れ、猿飛佐助みたいな英雄の出現を待望しています。佐助と云えば、三十日から三日間毎夜八時から「猿飛佐助」の連続ラジオドラマを放送しますが、これはぜひ聴いて下さい。九夜のうち火遁の巻三日だけまずやるわけですが、佐助は怪しげなる詩人となって現れます。

放送後の2月4日の川島雄三宛書簡には、「アバタ怪詩人猿飛佐助は、森雅之が好演技を見せてくれて、演出の小生満足しましたが、女優さんの下手さ加減問題にならず、くさりました」とあり、続いて「B・Kは第二夜だけ満足にきけて、第一、三夜は警報のため中断、東京の方は如何でした」と記

されている。

　放送後まもなく「猿飛佐助」は、大阪放送局の放送賞に決まった。2月下旬に、織田は三高時代の上級生で小説家の青山光二に手紙を書いていて、「『猿飛佐助』の放送、放送賞に決定、BK が賞を出したのだ」「連続ドラマとしては、まあ今年はサルトビ程うけるのは出るまいという評判だ」と、喜びの気持ちを表している。

　放送劇の「猿飛佐助」だけでなく、同年2月1日発行の『新潮』と、翌月1日発行の『新文学』に掲載された同名の小説も注目を浴びた。文芸評論家の高山毅は、同年3月の『日本文学』の「作品時評」に「豊かなうるほひ」の1文を掲載し、「織田作之助氏の『猿飛佐助』（新潮）は文句なしに面白い作品であつた」「立川文庫の世界をこの程度にまで昂めた作者の手腕は凡手ではない」と称賛した。

　同じく文芸評論家の大井広介は、終戦後の1948年11月の『文学季刊』に執筆した「枯木も山のにぎはひ」の中で、「『猿飛』は『新潮』其他に分載され、私は『新潮』のぶんを読み、時局を無視したアチヤラカパイが気にいつた」「坂口は別の雑誌のぶんを読み——こちらは出来も悪かつたが、僕の『猿飛』と『猿飛』が違ふとフクれてゐた」と記している。

　織田作之助作の「猿飛佐助」では、英雄猿飛佐助が「顔一面にアバタの穴だらけで、あんな汚いアバタ男」と罵られるような醜男として描かれ、「アバタ面を人目からかくすために忍術を修業した」とされている。

　明治末から大正にかけて、大阪の立川文明堂が出版した立川文庫に描かれた猿飛佐助は、織田の作品に描かれたような「アバタ面」の「怪しげな詩人」などではもちろんなかった。立川文庫の「猿飛佐助」は特に有名であり、真田十勇士の1人だった英雄猿飛佐助の活躍は、大正から昭和にかけて、多くの少年たちの心を躍らせた。織田作之助もその1人だった。

　織田作之助が少年の時から所蔵していたと思われる『忍術名人真田郎党猿飛佐助』（立川文明堂刊、1921年）が、大阪府立中之島図書館に所蔵されている。同書には、信州郷士鷲尾佐太夫の息子で、戸沢白雲斎に見出された少年佐助が忍術を授けられ、真田幸村に仕えて縦横に活躍する姿が描かれてい

る。この英雄猿飛佐助を、織田作之助は太平洋戦争末期の空襲下において、「アバタ面を人目からかくすために忍術を修業」した「アチャラカ」な英雄に仕立て上げたのであった。

織田作之助の最期を看取った織田（輪島）昭子は、「猿飛佐助」が大阪放送局からラジオ劇として放送される2か月ほど前の44年12月6日の汽車の中のこととして、『わたしの織田作之助』（サンケイ新聞社刊、1971年）の中で、次のように回想している。

> 織田は私の顔も見ずに、しきりと立川文庫に読みふけっていた。……英雄、豪傑、待望の時代や……皮肉めいて言うと、しかし俺は超人を書くのだとニヤリと笑って見せた。

放送劇「猿飛佐助」の放送賞が決定した翌月、45年3月14日の川島雄三宛織田の手紙には、次のように記されている。

> 姓名学に凝ったあげくの怪しの改名、即ち織田作雲斎。愛弟子猿飛佐助、忍術よりも毒舌に秀でし功により、放送賞いただき、おかげを持ちまして家賃、水道代、頼母子講、国債貯金その他諸所方々の借銭済まし、あまった金で芝居裏に登樓致せしところ、参った彼女は深情の醜女、これでは何条たまるべきと、楓のような美女にかえでくれと、東北弁で頼みましたが、空しく、ために思いなしか、やつれました。

手紙の中の「芝居裏」とは、道頓堀芝居町の裏手のことであろう。放送賞の賞金を得た織田は、まず溜まっていた借金を返し、余った金で阪町か難波新地の貸座敷で女郎を買ったというのである。そして、同年4月6日の書簡には、「人心萎縮している故、サルトビ書いた」と記している。

なお、NHK大阪放送局所蔵の1943年12月の「白鷺部隊」放送時における番組確定表を見ると、「96－80織田作之助　大澤壽人作曲料156　指揮料50　海員養成所50」と記されている。作曲料は156円、指揮料が50円、海員養成所に50円、そして台本作者の織田作之助に80円から96円が支払われたことがわかる。この金額から類推して、「猿飛佐助」が3回連続放送劇だったこと、その上に放送賞を受けたことも考えると、この時彼は相当の収入を得たものと思われる。

「十六夜頭巾」の放送

　1945年２月４日に川島雄三に宛てた手紙に、織田作之助は次のように記している。

　　ラジオの連続もので、何かよきプランあればおきかせねがいたし。いま、もっとも自由にかけるのはラジオ故、ラジオで少しく大衆を喜ばそうと思っています。木曽義仲なども考えていますが、更によきプランなきや。現代物にてもよし。

　織田は「猿飛佐助」の連続放送劇のあと、木曾義仲を題材にした放送劇を考えていたものの、さらに「よきプランなきや」と川島雄三に書き送ったのである。川島から何らかの示唆があったかどうかはわからないが、織田が「猿飛佐助」の次に取り組んだ連続ラジオ放送劇は、「十六夜頭巾」であった。「十六夜頭巾」は、戦争末期の６月14日・16日・17日の３日間にわたって、大阪放送局から連続放送された。

　前掲の『わたしの織田作之助』に収められた「創作ノート」には、連続放送劇「十六夜頭巾」の「第一夜33枚脱稿」が同年２月18日、同月22日に「第二夜31枚脱稿」、３月９日「第三夜33枚脱稿」と記されている。「第一夜」から「第三夜」までの原稿のうち、「十六夜頭巾　第三夜」(33枚)が関西大学図書館に所蔵されている。「十六夜頭巾」は、織田作之助が手がけたラジオ放送台本のうち、唯一小説化されていない作品であり、これまでの織田作之助関係の文献に一切収録されていないだけに、きわめて貴重な資料である。

　「第一夜」と「第二夜」の原稿が見つかっていないため詳細は不明だが、前記の「十六夜頭巾　第三夜」に、第一夜と第二夜のあらすじが記されているので、この放送劇の全体をつかむことができる。「十六夜頭巾」は、幕末の江戸を舞台にドラマが展開する。主人公は、田宮流居合抜きの達人で、水戸藩随一のあわて者という森五六郎である。ある日彼は、「十六夜頭巾といふ江戸八百八町にかくれもなき美貌の女掏摸(すり)」に偶然出会う。五六郎は、この「女掏摸」から井伊直弼の暗殺をためらう水戸藩の不甲斐なさを罵られ、水戸屋敷に飛んで帰って、先輩の金子孫二郎に井伊暗殺敢行を迫るが、応じてもらえない。水戸屋敷を飛び出した五六郎は、十六夜頭巾の助けを借りな

がら、ついに井伊直弼の首をとるという筋書きになっている。

　織田作之助の「創作ノート」によると、「十六夜頭巾」の録音・演出は４月24日から26日にかけて行われた。NHK大阪放送局の番組確定表には、６月14日に「一夜」、６月15日、16日に「二夜」、17日に「三夜」が放送されたことになっている。だが、『大阪朝日新聞』の15日のラジオ欄には「十六夜頭巾」が記載されていない。16日にだけ「第二夜」が放送されたのであろう。６月15日は、米軍による大阪市域への第４次大空襲があった日である。

　３月13日の深夜から翌14日未明にかけて大阪への第１次大空襲があり、６月１日にB29とP51による第２次大空襲、同月７日に第３次、15日に第４次大空襲があった。６月15日の大空襲は、B29、444機による大阪・尼崎都市地域への昼間焼夷弾攻撃であった。

　放送された「十六夜頭巾」の配役は、次の通りであった。

　　森五六郎―片岡我当、十六夜頭巾―飯塚敏子、斎藤弥九郎―嵐吉三郎、金子孫二郎―中村霞仙、江戸町奉行同心浅川新之丞―中村松若、目明三太―中村政之助、桜任蔵の娘文子――一の宮敦子、劇中劇市介の役者―實川美雁、お金の役者―中村松鶴、見物甲―市川九団次、見物乙―阪東大和、外―大勢

　なお、作曲は乗松昭博、「清元　清元梅喜美　社中」「お囃子　望月太明蔵社中」「解説　阪東蓑助」「伴奏　大阪放送管弦楽団」「指揮　大澤壽人」であった。主人公の「森五六郎」を演じた歌舞伎役者の片岡我当は、1903年（明治36）生まれ。1951年（昭和26）年に13代片岡仁左衛門を襲名し、1972年（昭和47）に人間国宝になった。「十六夜頭巾」を演じた飯塚敏子は、1931年（昭和６）に小津安二郎監督の「淑女と髯」に初出演し、その後京都に移って長谷川一夫や高田浩吉らと共演して松竹時代劇のスターとなった。

　空襲下の６月に放送された「十六夜頭巾」について、織田作之助は終戦翌月の９月17日に青山光二に宛てた手紙の中で、「配役わるくて失敗した」と記している。放送直後の６月18日の手紙には、次のように記していた。

　　「十六夜頭巾」はきいていて冷汗が出たり、肩が凝ったり。役者がまずいのと音楽わるいのとで、どうも新しい維新劇をねらったつもりが、徒

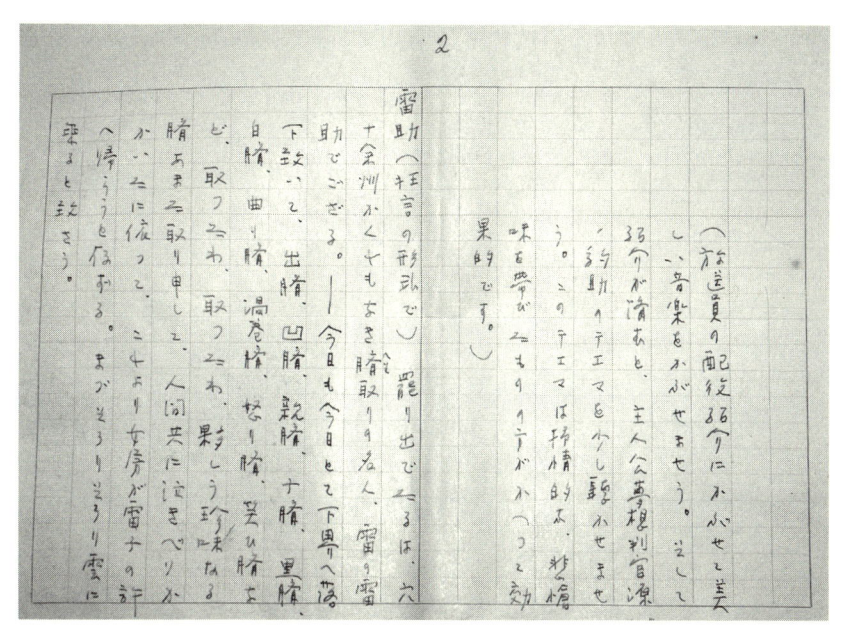

織田作之助自筆原稿「夢想判官第一夜」(関西大学図書館所蔵)

らに饒舌な理くつっぽいものになってしまった。作品の精神もわれながら感心できなかった。

　川島雄三に宛てた手紙には、「十六夜頭巾」に山田五十鈴や花柳小菊を起用する予定である旨を記していた。配役が思い通りにならなかったことが、放送された「十六夜頭巾」の出来栄えに対する彼の不満の原因となったようである。

「夢想判官」と焼土大阪

　織田は、「十六夜頭巾」の放送が終わった翌日6月18日に杉山平一に宛てた手紙に、次のドラマは「ドンキホーテまがいのドラマ」、「一寸高邁なものにするつもり」と書いている。彼が手紙に記した「一寸高邁なもの」とは、ラジオドラマ「夢想判官」のことと思われる。『定本織田作之助全集』第8巻の「年譜」には、「夢想判官」は1945年7月に2回にわたって放送された

第8章　織田作之助が愛した街　201

と記されている。しかし、NHK 大阪放送局の番組確定表には、「夢想判官」が放送された記録は残っていない。「夢想判官」は放送されなかったのである。なお、大谷晃一『織田作之助――生き愛し書いた』（沖積舎刊、1998年）と浦西和彦編『織田作之助文芸事典』（1992年）も、「夢想判官」は放送されなかったとしている。

織田作之助の「創作ノート」には、1945年6月22日に「放送劇『夢想判官行状記』（雷の巻）43枚脱稿」、7月5日に「夢想判官第一夜第二稿37枚脱稿」とある。関西大学図書館には、放送されなかった織田の自筆原稿「夢想判官第一夜」（38枚）と「夢想判官第二夜」（38枚）が所蔵されている。

主人公の夢想判官は、「天下無双の剱術使ひ」だったが、「生れついての妄想狂」で、「朝に夢み、夕に想ひ、日がな一日夢想三昧」の男だった。関ヶ原の戦いに奮戦せんと、勇んで来てはみたものの、戦はすでに終わっていた。愛馬「月墨」は、ロシナンテのような痩せ馬だったが、ドン・キホーテがそうであったように、彼は名馬と思い込んでいた。サンチョ・パンサのような家来「三蔵」を従え、主君と仰ぐ島左近の娘小夜姫の行方を十年来探し続けていた。ある時、大坂城で御前試合が行われた。対する相手の小山庄之助が小夜姫の思い人であると知って、「武士の情け」と「わざと負けてやる」のである。夢想判官は、「異性からはいやという位慕われて困るという果報者」ではなかった。一風変わった行動をとりながらも、正義と勇気を貫こうとする人物として描かれている。

『産業経済新聞』の1945年9月15日から19日にかけて、「夢想判官」を小説化した「十五夜物語」が掲載されている。織田は同小説掲載にあたって、次のように記している。

> 近頃の新聞小説には、またかと思う程、美丈夫で時局的で行動家で正義家で、独身で、自分では異性に心をひかれぬ癖に、異性からはいやという位慕われて困るという果報者が主人公になっていた。こういう修身の教科書みたいな鼻持ちならぬ果報者が主人公になって、のさばっている小説なぞ如何に作者が努力しても面白くなる筈がなかろう。

織田作之助は、自分を「野田村の工夫に富める紳士」と書いた手紙を残し

ていて、後に織田のこの自称に注釈を付けた川島雄三は、「ラ・マンチヤの工夫に富める紳士ドン・キホーテは、つとにわれらの敬愛する人物であった」と書いている。「野田村の工夫に富める紳士」は、ドン・キホーテのように「つとにわれらの敬愛する人物」だったというのである。

　織田は、3月の大空襲の翌月の『週刊朝日』に執筆した「起ち上る大阪」の中で、家を焼かれた「他アやん」について記している。3月13日の「夜半、醜悪にして猪狐材(ちょこざい)な敵機が大阪の町々に火の雨」を降らせ、「ボロクソに焼けて」しまった大阪で、他アやんは「縁故疎開も集団疎開もしようとせず、一家四人、焼け残つた防空壕の中で生活」していた。「防空壕やつたら、あんた、誰に気兼遠慮もいらんし、夜空襲がいつても、身体動かす世話はいらんし、燈火管制もいらんし、ほん気楽で宜しあつせ」、「わては最後までこの大阪に踏み止つて頑張りまんねん」と他アやんは言ったと、織田作之助は書いている。

　終戦翌月の『週刊朝日』には、織田作之助執筆の「永遠の新人――大阪人は灰の中より」が掲載されていて、その中で織田は次のように記している。

　　燈火管制は中止され、民の灯は煌煌(こうこう)と輝きはじめた。鰻(うなぎ)の寝間みたいな小さな他アやんのバラックにつけられた電燈も、今は千日前の一角に生き生きと輝いてゐよう。が、大阪を明るくするのは、灯のみではない。大阪の人人に特有の、粘り強さと、生活への自信と、そして「工夫に富める」（といへば、ラマンチヤの騎士ドン・キホーテを想はせるが、まことにドン・キホーテの良き意味における）情熱と大胆さがこれからの大阪を明るくするのではないかと僕は思つてゐる。

そして、彼は次のようにも記している。

　　大阪は冬、夏の陣の二度の戦火のために、城は落ち、町は焼かれ、人は離散して、荒莫たる焼野原と化してしまつたが、やがて戦火が収まると、離散した人人が帰つて来て、復興に努力し、瞬く間に戦前以上の立派な町をつくりあげた。

　空襲によって焦土と化した大阪の街の人びとに、復興に向かっての勇気と光を示そうとしたのが、織田作之助の「永遠の新人――大阪人は灰の中よ

り」であった。放送されなかった空襲下の「夢想判官」と、これを小説化した終戦直後の「十五夜物語」は、叩かれても叩かれても、「特有の、粘り強さと、生活への自信」を持った「工夫に富める」「永遠の新人――大阪人」への、織田作之助の精一杯の思いをこめたメッセージだったのである。

　終戦まもない1945年11月から翌46年11月にかけて、「船場の娘」「昨日・今日・明日」など、織田作之助作並びに演出の番組が大阪放送局から焼け野原となった大阪の街に流れた。年が明けた47年1月10日、織田作之助は、長年患っていた肺結核の悪化により34歳でこの世を去った。

　　　　　　　　　　　　　　　　　　　　　　　（大谷 渡　岩田陽子）

第9章 『大阪新聞』のコラムと司馬遼太郎

記者時代に執筆

　司馬遼太郎、本名福田定一（1923-1996）は、『大阪新聞』記者時代の1953年（昭和28）11月から1956年2月にかけて、風神の筆名で、同紙のコラム「すかんぽ」「ペーパーナイフ」「触角」にさかんに執筆していた。その数は107編に上る。うち15編は「記者時代のコラム」として『新聞記者司馬遼太郎』（産経新聞社刊、2000年）に収録され、「時計台の性格」1編は『司馬遼太郎が愛した世界展　図録』（朝日新聞社刊、1999年）にコラムの写真が掲載された。『新聞記者司馬遼太郎』の「記者時代のコラム」に収められたのは、次の15編であった。

　「再び前衛挿花論」「新中国の文学」「文学の地帯」「玩物喪志」「フランス小噺（こばなし）」「時の記念日」「近江絹糸と仏教」「講談復活」「風刺漫画」「歴史的恋人」「お盆の話」「不思議な書物」「コーヒー茶道」「光瑞の業績」「忠臣蔵」。

　上記15編と、「時計台の性格」1編を除く残りの91編は、『司馬遼太郎全集』（文藝春秋刊、1973年―2000年、全68巻）はもちろんのこと、どの文献にも紹介されていないので、マイクロフィルム化された『大阪新聞』から、1つひとつ探さないと読むことができない。全編のタイトルについても、国立台湾海洋大学における国際シンポジウム発表の王海「司馬遼太郎と『大阪新聞』」（『国際シンポジウム　台湾と日本の戦前・戦後　研究報告論文集』2013年3月）を除いては、これまでに紹介した文献はない。そこで、107編のタイトルと掲載コラム名、および掲載年月日を一覧にしたのが表11である。タイトルを見ただけでも、当時の社会の様子が感じ取れて、読んでみたいという思いにかられる。

　『大阪新聞』の記者福田定一が司馬遼太郎の筆名を用いたのは、1956年5月に第8回講談倶楽部賞を受賞した「ペルシャの幻術師」が最初であった。

この時彼は、産経新聞社大阪本社文化部次長だった。司馬が小説を手がけたのも、「ペルシャの幻術師」からだった。

　後に大作家となった司馬遼太郎が、大阪新聞社に入社したのは1948年6月であった。司馬とは産経新聞社で同僚だった青木彰は、『司馬遼太郎について――裸眼の思索者』（NHK出版刊、1998年）に収められた「司馬遼太郎という新聞人」の中に、次のように記している。

> 産経に残る「福田定一（司馬遼太郎）」氏の人事記録によると、司馬さんは、昭和二十三年六月一日付で産経の姉妹紙である大阪新聞に入社、直ちに大阪新聞・産経新聞京都支局に配属されている。

　『大阪新聞』と『産経新聞』は、太平洋戦争下の1942年（昭和17）に進められた新聞統合によって生まれた。大阪新聞社は、夕刊大阪新聞社と大阪時事新報社の合併によって生まれ、産業経済新聞社は、夕刊大阪新聞社から分離独立した日本工業新聞社が社名を変えて成立した（『昭和大阪市史』第7巻、1953年）。したがって、『大阪新聞』と『産経新聞』は、『夕刊大阪新聞』を母胎とする姉妹紙であり、僚友紙であった。両社の資本金は、1940年代後半までは大阪新聞社の方が大きかったが、1950年代になって相拮抗し、同時期の52年7月に大阪産経会館（サンケイビル）が完成したので、大阪新聞社もそこに移った。『大阪新聞』と『産経新聞』の「蜜月時代」には、「社会部記者は、両紙並列の名刺」を持ち、両紙のデスクは原稿を融通しあったという。1950年代後半になると、産経新聞社の資本金が大きく伸び、産経グループの主役は名実ともに『産経新聞』に移った（『大阪新聞75周年記念誌』大阪新聞社刊、1997年）。なお、『夕刊大阪新聞』と合併した『大阪時事新報』は、1905年（明治38）発刊以来の歴史を持つ有力紙であった。

　ところで、満州（中国東北）牡丹江省寧安県の戦車第1師団第1聯隊の将校だった司馬が、本土防衛のために戦車とともに新潟に上陸したのは、終戦の年の5月であった。栃木県佐野市で終戦を迎えた彼は9月に復員し、同年暮れに大阪の新世界新聞社に入社した。半年後に同社を辞職し、新日本新聞社に入社して京都支局に配属されたが、同新聞社が倒産したので大阪新聞社に入社したのだった。彼が大阪新聞・産経新聞京都支局から、産経新聞社大

表11 コラム「すかんぽ」「ペーパーナイフ」「触角」掲載の司馬遼太郎（風神）執筆のタイトル一覧

年　月　日	題　名	年　月　日	題　名	年　月　日	題　名
1953.11.19	時計台の性格	8. 5	博士号余聞	12.25	滝川事件
12. 3	文化財に淫する	8. 7	大阪の郷土文学	12.30	54年を葬送する
12.24	おお聖夜！	8.12	アジアの美術界	1955. 1.13	神道復活
12.31	梵音響流	8.14	小説から読物	1.15	成人の日
1954. 1.14	紀元節	8.19	近頃の学生気質	1.20	人生画壇
1.23	文壇回顧録	8.26	ジャポニスム	1.22	大衆文学
1.28	科学技術の低下	8.28	「直木賞」その後	1.27	最後の講義
2. 3	学術語の改革	9. 2	再建の言論	1.29	出版とラジオ
2.11	前衛挿花	9. 4	非活字文化	2. 3	愛情の心理学
2.18	視覚の革命	9. 9	坊さんの責任感	2. 5	乱世の文壇噺
2.27	三つの離婚	9.11	不思議な書物	2.10	未生流騒動
3.25	被害者の良識	9.16	コーヒー茶道	2.12	武者小路画伯
3.27	新しい俳句	9.23	乞食リアリズム	2.17	楢重の25回忌
4. 1	四月馬鹿	9.30	画壇デフレ物語	2.19	坂口安吾の死
4. 8	花まつり	10. 2	武士という素材	2.26	通俗作家の誕生
4.22	オ博士事件	10. 7	光瑞の業績	3. 3	母乳の学説
4.29	天皇誕生日	10.14	親切屋	3. 5	妖術師石川淳
5. 1	出版界妖話	10.16	小説とモデル問題	3.12	幻想の行法
5.20	再び前衛挿花論	10.21	忠臣蔵	3.17	セクサスの御難
5.22	新中国の文学	10.23	その名「大衆文学」	3.19	昭和の築城
5.29	文学の地帯	10.28	科学と芸術	3.24	新しい俳句
6. 3	玩物喪志	10.30	浪曲界の急務	3.26	空想と小説
6. 5	フランス小噺	11. 3	「文化」の語感	3.31	ヒロッタージュ
6.10	時の記念日	11. 6	マチスの死	4. 7	カメラ狂
6.17	画家とブーム	11.11	コジキ節	4. 9	精神病と天才
6.24	近江絹糸と仏教	11.13	再びモデル問題	4.14	青春文学
6.26	講談復活	11.25	おとこ・おんな	4.16	大阪文化
7. 1	医師の争議	11.27	尼門跡	4.23	下村湖人
7. 3	風刺漫画	12. 2	来年の易	4.29	孔子の再評価
7. 8	夏祭と阿呆	12. 4	芸術と生産力	11.10	ある原始遺伝
7.10	歴史的恋人	12. 9	十代の社交場	12.10	ヌード喫茶
7.15	お盆の話	12.11	悪いおじさん	1956. 1.12	歴史物の流行
7.17	挿絵の危機	12.16	高い値札の学問	1.26	トロイの遺跡
7.24	出版界哀話	12.18	作家の自伝	2. 4	大学制度
7.29	原色のハンラン	12.22	「クリスマス」諸説	2. 9	紀元節
7.31	人道の欠如	12.23	おお聖夜	－	－

（注）『大阪新聞』1953年11月－1956年2月から作成。

阪本社地方部に異動となったのは1952年7月、翌53年5月には同大阪本社文化部に異動となった（松本勝久『司馬遼太郎書誌研究文献目録』勉誠出版刊、2004年）。

大阪を取り上げたコラム

　産経新聞大阪本社文化部に配属された司馬が、風神の筆名で『大阪新聞』のコラムに執筆した107編のうち、13編は当時の大阪に関する社会や文化を取り上げたものである。この13編のタイトルを示すと、「出版界哀話」「原色のハンラン」「大阪の郷土文学」「親切屋」「浪曲界の急務」「芸術と生産力」「十代の社交場」「おお聖夜」「54年を葬送する」「楢重の25回忌」「大阪文化」「ヌード喫茶」「紀元節」であった（表11参照）。

　「出版界哀話」は、1954年7月24日付のコラム「ペーパーナイフ」に掲載されていて、次のように記されている。

　　デフレでまず参ったのは出版社だった。元来、出版ほどケッタイな商売はない。スネ一本ウデ一本でも結構回転するかとおもえば、社員の数百人もかかえた大げさな店舗でも倒産の危険度は一旗組とさして変りはない。一発当れば一夜成金になるが、ハズせば夜逃げしても追っつかないというバクチ稼業だ。
　　不況時代には出版の場合等ナカナカ企業体の大きいのも考えものである。小回りが利かずかえってボツラクを早めたりする大阪の老舗Ｓ社など気の毒だがその例の一つだった。東京はすでに解散し大阪もこのほど全従業員に解雇通知を出したそうだが、経営規模が中途半端に近代企業になりすぎたことが倒壊の大きな原因だろう。とはいえ在来、出版砂漠地といわれる大阪にあって、戦後よく敢闘したこの社の歴史はいま消滅したとはいえ、永く大阪出版業史にのこるものではあった。
　　ところで、Ｓ社という屋台が消えた跡から、Ｒ社という小さな芽が吹き出た。編集一人、営業一人、たった二人でやるという。その営業方法も自叙伝その他自費出版希望者から、編集、刊行を請負うという面白いやり方だ。自費出版を出来るだけ安く仕上げてあげましょう、その代り、

売るについては著者先生も何割かの責任を分担して頂きますというやり方。いかにデフレに悩んだとはいえ投機好きな出版業者にしては、出来すぎた堅実商法である。

大正九年以来三十五年というべらぼうな長年月にわたって受験界に君臨した「小野圭」の英語参考書、著者の小野翁すでに他界したとはいえ、永年これでもうけてきた版元のＳ・Ｄ社このほど「小野圭」関係の参考書だけを出版するために小野圭出版社なる新社を作った。つまり、火事場からいち早く金目のものだけを持出すというチエだ。

こんなのは近ごろザラな例である。ともなれば、出版なんぞ、水商売どころか、最も手堅い企業へ質的変化しつつあるというわけだ。ともいえようが、企業体は軒並みに細分化し、再び大昔の家内工業に逆戻りしつつあることも事実である。

　上の文中のＳ社とＲ社について調査したが、特定することができなかった。「小野圭」は、小野圭次郎のことである。受験用英語参考書を多く出版した人であり、Ｓ・Ｄ社は山海堂を指しているのかもしれない。いずれにしても、昭和20年代末の大阪の出版業界の現状に切り込んでいて興味深い。

　「原色のハンラン」は、「ある洋画家と城東線のホームからぼんやり梅田界ワイを見おろしていた」司馬が、蛍光塗料を使った看板の氾濫(はんらん)に不快感を示した洋画家の言葉を糸口に、この塗料が「爆発的な勢い」で「チマタを占拠」していく状況を批判した文章である。司馬は、「品位の低い原色で占領された大阪のチマタ」と記し、「一国の文化はその国の商業美術の水準をみればわかるといわれ、しかも大阪の商業美術界は全国的な指導地位を占めてきたというのに、これではまるで、文化以前のすさまじさである」と書いた。

「大阪の郷土文学」「楢重の25回忌」

　「大阪の郷土文学」は、1954年8月7日付掲載の「ペーパーナイフ」の記事であり、次のように記されている。

　　前週この面で、荒正人氏が郷土文学の検討という点に触れ、次のような興味ある考え方を示していた。

「『地上』という余り知られぬ雑誌をみていると、『外国版・土の文学よもやま話』という座談会がもたれている。農民文学が都会文学への解毒剤と語られているがこれは旧い考え方である。むしろ地方主義とか郷土文学とかいった角度からの新しい検討がのぞましい。郷土小説は、火野葦平の『対馬守の憂鬱』（文学界連載）などの試みもすでに出ている。」
残念ながら、荒氏の文章は、主題がほかに在ったため、この程度しかふれられていない。
一体、郷土文学とは何か。概念的にいえば、一つの風土を身につけた文学ということがいえるだろう。その作家が住んでいる風土帯、その中には数千年来の生活史的な伝統もしみこんでいるだろうし、その圏内の生活人たちには、他地帯にはない特異な気質やものの考え方、特有の言語、習慣などが共通して支配しているはずだ。そうしたものの掘り下げが、自己の体質の追及と焦点をあわせて行われたとき、はじめて郷土文学が生誕するとみていい。
というものなんだが、さてここで考えられることは、大阪の郷土文学ということだ。果して、かつても、また現在も、その名に価いする程のものがありえただろうか。なるほど多くの大阪出身作家によって大阪を題材にした作品が発表されてはきたが、そのほとんどは単に大阪風景に取材したというだけのもので、風土性という性格から程遠いものだし、非常に数少い数篇の作品の中には、それに似通ったものがあるにはあるが、それも厳格にみれば、大阪というエキゾティシズムを、中央に売りつけた程度のものにすぎない。
非常に困難なことにちがいないのだ。しかしやり甲斐のある未開の分野だともいえる。大阪で踏みとどまって文学活動をしている人々に、根気よくこの点を期待したい。
上の文中にみえる「数千年来の生活史的な伝統」や、「その圏内の生活人たちには、他地帯にはない特異な気質やものの考え方、特有の言語、習慣などが共通して支配しているはずだ」との記述から、後に幕末維新期を描いた彼の著名な作品が思い起こされる。「土佐」「薩摩」「長州」等々、「風土性」

とその「気質」を掘り下げて描写した彼の小説に、独特の味わいがみられるからである。では、大阪の「風土性」とは何か、大阪人の「気質」とは何か、これを「掘り下げ」て、「自己の体質の追及と焦点」をあわせた「大阪の郷土文学」を根気よく「期待したい」というのである。

「楢重の25回忌」は、1955年2月17日付のコラム「すかんぽ」に掲載された。1887年（明治20）10月に大阪市の薬舗に生まれた小出楢重は、大正・昭和初期の洋画家として知られている。彼は1914年（大正3）に東京美術学校洋画科を卒業し、1919年に「Nの家族」を二科展に出品して樗牛賞を受け、翌20年出品の「少女於梅像」は二科賞を受けた。1921年にフランスに旅行して帰国後、同じ大阪生まれで洋画家・随筆家の鍋井克之らとともに、大阪に信濃橋洋画研究所を設けた。小出楢重は、大正から昭和にかけて風景画・静物画に才能を発揮し、とりわけ裸婦を描いた作品に新たな境地を開いたが、1931年（昭和6）2月に43歳で死去した。1955年はその25回忌にあたり、2月に「小出楢重回顧展」が「大阪・梅田画廊」で催された。

『朝日新聞』1955年2月17日付朝刊には、小出楢重の「裸女（昭和五年作）」の写真とともに、鍋井克之執筆の「衰えぬ個性の魅力『小出遺作展』から」が掲載されている。鍋井はその中で、「技巧のみでいうと、小出に劣らぬ作家もないわけではないが、それでも小出のみが廿五年も魅力が持続されているのは、彼独特の個性からにじみ出るものがあって、これに皆が引きつけられるからである」と書いたあと、「たまたま宇野浩二君が来阪したので、二人してまたまた小出の個性について、その絵の前でいつもと同じようなことを語り合った」と記している。なお、作家の宇野浩二は、1891年（明治24）福岡市生まれで大阪に育ち、天王寺中学校から早大英文科に進み中退した。「蔵の中」「子を貸し屋」「器用貧乏」「枯れ木のある風景」などの作品がある。「枯れ木のある風景」は、画家小出楢重とのかかわりを軸にした作品である。

司馬の「楢重の25回忌」は、梅田画廊で開かれていた「小出楢重回顧展」を機に、楢重との関わりで大阪の文化について、次のように記している。

　　西鶴、近松と、江戸以来大阪が生んだ芸術家を十人あげるとなると、洋
　　画家小出楢重は当然その一指に加えねばなるまい。さる十三日は楢重の

廿五回忌に当る。いま梅田画廊で遺作九十点による回顧展がひらかれているが、正忌の当夜、清交社で近親知己があつまり故人を偲ぶ集いがもたれた。

楢重も、佐伯祐三、岸田劉生と同じく、その名声は多くの部分を死後に負った。とくに戦後は年々評価の重量を加えている。生前の貧窮ぶりは、時にすさまじいものがあったらしい。

明治二十年大阪長堀橋の薬問屋の生れ。粋人の父母をもち本人も早くから浄瑠璃、四条派の画に親しんだ。血液の中に大阪の伝統的な町人文化をとけこませていたわけである。

西鶴は大阪でなければ生れない作家だったのと、そっくりそのままの意味が画家小出楢重にもあてはまる。大阪の濃厚、大阪の熱っぽさ、大阪の洒脱それらのすべてが楢重の画風なのである。堺文化以来四百年を重ねて集積された文化と風土の血が、楢重の絵画によって造形化されたとみてよい。

作品の七割までは裸婦だという。量感という点を賛えられるがそれは視覚的なそれよりもむしろ触覚的な量感なのだ。対象にたいする作家のネトつくような執念、そこに小出芸術の異常さがある。

伝統的な意味では大阪文化はすでに亡んだといっていい。すべてが普遍化され、大阪人の気質すら、単なる都会人という以外、他の土地とほとんど差異を認めがたくなっている。自然、大阪出身の芸術家たちに、伝統的な町人文化の血脈の相続を期待することは至難になっている折柄、楢重の芸術は大阪文化の最後の結晶として永く記念さるべきものだ。墓所は大阪南区下寺町の心光寺。没年は昭和六年。

上の文中の「伝統的な意味では大阪文化はすでに亡んだといっていい」との司馬の見解は、重要である。戦後10年、今から60年前に、すでに「大阪人の気質すら、単なる都会人という以外、他の土地とほとんど差違」は認められなくなっていて、「伝統的な町人文化の血脈の相続を期待することは至難」となっていることを司馬は指摘しているのである。

彼は55年4月16日付の「すかんぽ」に執筆した「大阪文化」の中で、次の

ようにも述べている。

> いまさら西鶴、近松を生んだのが大阪だといったところではじまらない。
> 明日の芸術家をきびしく育てるという見識と努力のほうが、大阪文化にとって今日的な課題だろう。

司馬は、「東京すなわち中央といった上位意識」に「どうせ大阪じゃ」という「劣等観」の混ざった「大阪人心理」と書いた上で、上の文を記してこの日のコラム「大阪文化」を締めくくっている。明日を見据えた大阪文化の創造には、「明日の芸術家をきびしく育てるという努力と見識」が必要との指摘は、まことに卓見といってよい。

「おお聖夜」と「54年を葬送する」

「おお聖夜」は1954年12月23日、「54年を葬送する」は同年12月30日のコラム「すかんぽ」に掲載された司馬の文章である。「おお聖夜」には、次のように記されている。

> ちょうど去年の今夜のこの欄である。私は「おお聖夜」という題で、ある酔っぱらい紳士が演じたＸマス寸劇を書いた。一年後の潔きこよい、ふたたびその紳士の登場をもとめようと歳末のチマタをたずねあぐんだのだが、ついにその影はなかった。
> 繁華街の裏通りを歩いてみよう。なるほど、去年と同じく酔歩の紳士はいく人も見受けられはする。が、清気の底に流れるものはまるで去年と同じではない。
> 雪深い北欧の国々ではこの夜、星空に鳴りわたるジングルベルの響きとともに、どの屋根の下にも静かな祈りが息づいていることだろう。東洋の一島嶼(とうしょ)でもむろんイエス様へのサービスはゆめ怠っていない。アルサロではクラッカーが間断もなくハジけ飛び雑踏のなかを商店街のサンタ・ニコラスが忙しく往き来し、パチンコ屋からは「ジングルベル」がチマタを圧してがなりたてているがどうも去年とは様子がちがうのである。イエス様がいみじくもいわれた「笛吹けども踊らず」とはこのことであろうか。試みに、去年の紳士とよく似た中年の酔っぱらい氏のあと

を追ってみよう。

例年なら当然のコースとして彼はこのあとバーかキャバレーあたりで聖夜の最後の祈りを捧げねば終電車に乗れないはずであるが、彼のくぐった先は、タコ焼の屋台であった。ウソとお思いなら北やミナミの裏街をのぞかれるがよい。本来ならおよそ場違いなタコ焼屋が、飲み屋の屋台にまじって数台も進出しているはずである。彼は十五個買って三つ食べ、十二個をポケットにねじこむ。Xマスプレゼントを待つ愛児のためだとは、いうもヤボであろう。

タコ焼屋には紳士と同じ目的の客が何人も焼けるのを待っていた。だれもかれも、今年の聖誕祭をバーやキャバレーで祈ることのできない紳士達である。そのうちの一人が、この年の瀬になって店が倒産したと、かきくどいている。くどかれるタコ焼のオヤジも、秋の初めに繊維問屋をたたみタコ焼をはじめたものの、大阪中のタコ焼が五千軒、年末になって五十軒もふえたという。来年はまた共倒れ…「わてら一体どうなりまんねやろか」タコ焼の焼ける匂いが静かに星空に昇ってはいったが…。

上の文が掲載されて1週間後に、「54年を葬送する」と題した次の文が掲載された。

ことしも、あと数十時間を残して暮れる。明けて三十年を昭和壮年期のスタートとすれば、さしずめこの一両日は、混迷と動乱にあけくれた「青年昭和」の最後の残照といえるだろう。除夜の鐘声も、暮れゆく混迷期を葬送して、ひときわ冴えかえるにちがいない。

大年を送る夜というのは、何となく詩情も深まるものらしく古今に俳匠も、多くこの夜に名吟を残している。ねずみ子も春待つ年の一夜かな（白離）というのもあれば、花生ける大年の夜の灯影かな（月斗）という抒情派、手枕や年が暮れよと暮れまいと（一茶）といったデフレ型私小説派もある。

一茶といえば、一生貧乏のどん底で送った人だけに、おおみそかを主題にしたものは、スゴ味がニジんでいるほどだ。

めそめそと年は暮れけり貧乏樽

餅の出る槌のほしさよ年の暮

などは、デフレ下の全国民ご同様、ハラの立つほど共感をよぶ。
　　ともかくもあなたまかせの年の暮

もうどうでもしろというのだろう。いまならさしずめ政治への不信といえるかもしれない。
　　恥しやまかり出てとる江戸のとし

江戸に出れば何とか食えるだろうと田を売って出てきたのだが、大きなアテ違い、綿入れもない相変わらずの裏店ずまいだ。さて戦後の一茶たちも変りはない。東京大阪へとナダレ込み両都市の人口は天井知らずにフクレあがったが、今年の後半期に入ってピタリと止まり、都市人口は戦後最初の下降線をたどりはじめた。不況に職を失い、店をたたんで帰郷する人が毎月ふえている。恥しや逃げ帰ってとるくにの年——悲嘆は一茶より大きい。

除夜の鐘が鳴りおわったところで、生れ変ったみたいないい年が来るわけでもあるまい。が、二十九年があまりにも悲惨だっただけに、新年にかける全国の一茶たちの悲願は切ないほどのものがある。新しい年を担当する政治家を、こんどこそは正しく選ぼうと、一九五四年のこの欄を結んでおきたい。

　1954年は、デフレ政策による深刻な不況下で暮れを迎えた。『朝日新聞』同年12月29日付朝刊大阪版は、「さよなら一九五四年」を掲載し、「こんな年は忘れたい」と記し、街の人びとの声を拾った。あるすし店の主人は、「不景気づらしてもはじまらんよってに」と言い、「『水爆マグロだす。どうせ食い倒れや』と大きな声で無茶なセリフをとばして、笑いながら食べてもらいました」と語っている。第五福竜丸がアメリカの水爆実験によってビキニ環礁で放射能灰を浴びたのはこの年3月だった。『朝日新聞』の同日付夕刊は、「商品市場の一年　ほぼ不況に明け暮れ」の見出しで、「二十九年の大阪三品、化繊両清算市場は、前年の好調とは打って変り、だいたい不況に明け不況に暮れた戦後最悪の年であった」と記している。

　この年7月22日付の同紙朝刊（大阪市内版）には、「波及する企業整備」の

記事が掲載され、「デフレ政策の影響で最近各企業の廃業、休業、事業縮小はますますはげしく」なっていて、大阪府職業安定課の調査では6月中に企業整備したのは「総計千五十件、離職者は七千九百九十六人にも上る」と記されている。産経新聞大阪本社文化部記者の司馬遼太郎は、不況下で倒産が続き、失業者が増えたこの1年の大阪の暮れの繁華街の風景を切り取り、「おお聖夜」「54年を葬送する」を『大阪新聞』のコラム「すかんぽ」に書いたのである。「おお聖夜」の着眼と切り口から、まもなく大作家となっていく司馬ならではの鋭さやユーモア、深みある独特の味が伝わってくる。

コラム「世相あらかると」

1960年（昭和35）1月に、「梟の城」で直木賞を受賞した司馬は、小説に専念するため翌年3月に産経新聞社を退社した。退社後の1962年から66年には、『産経新聞』に「竜馬がゆく」が連載された。同時期の1962年から63年にかけて、司馬は『大阪新聞』のコラム「世相あらかると」にさかんに執筆していた。

表12は、1962年8月1日から63年3月26日まで8か月にわたって、司馬遼太郎の名で「世相あらかると」に掲載された彼の文章33編のタイトルを一覧にしたものである。このうち、「年忘れ――気の若い時代」「ある結婚式――この古く新しい若ものたち」「読史余談――丹羽長秀の切腹」「若い者は悪いか――愚かな世代論」の4編は、『司馬遼太郎が考えたこと2』に全文が掲載されている。そのほかは、タイトルも含めて、前掲王海の「司馬遼太郎と『大阪新聞』」を除いて、これまでの文献には紹介されていない。この中には、「布施と十三――町の盛衰」や「寺町雑感――ド根性のいやらしさ」のように、タイトルだけで、大阪の街を題材にした文章だとわかるものがある。『大阪新聞』1962年9月5日付掲載の「布施と十三――町の盛衰」には、次のように記されている。

> 大阪ではむかし、尼崎落ち、十三落ち、布施落ちということばがあったそうである。
> 市内で商売をしていて失敗をすると、尼崎、十三、布施に落ちのびたそ

表12　コラム「世相あらかると」掲載の司馬遼太郎執筆のタイトル一覧

年　月　日	題　　名	年　月　日	題名
1962.8.1	ガタロがいない——だからコドモがギセイになる	12.11	作戦要務令——悲劇はもう一度おこる
8.8	コレラの今昔——死にかかった初代英大使	12.2	狸の分野——退屈がこうじると…
8.15	萩の宿——古い城下町の女	12.28	ああ、わが社会党——そんな高い本は買いません
8.22	鉄砲と自動車——昔の若者はこれで泣いた	1963.1.9	煙霧へのノロイ——星がみえない
8.29	この娘を見よ——父が療養者ならいけないか	1.19	碑について——歴史を忘れた日本人
9.5	布施と十三——町の盛衰	1.23	経営者と無能——珍奇きわまる事件
9.11	村の恩師——同窓生、オトナ面忘れる	1.29	市長さん——その名も知らない
9.19	山やくざ——人口過剰の悲喜劇	2.6	ある終戦っ子——えらい子がでてきた
9.27	変な置き物——この不便なもの"テレビ"	2.13	医学時代——自己診断過剰
10.5	年忘れ——気の若い時代	2.19	走る、飛ぶ、服装——生命をあずかる人の場合
10.12	ある結婚式——この古く新しい若ものたち	2.26	腰が抜けている——もっと体力がほしい
10.19	読史余談——丹羽長秀の切腹	3.5	風景の賊——わがもの顔の像
10.26	若い者は悪いか——愚かな世代論	3.12	幕末軍艦咸臨丸——名著によってその名永遠に
11.1	えらいやつ——T君の硬骨	3.19	落第回顧——東北で味わった悲痛感
11.9	無線アンマ——「宇宙アンマ」とハナ高々	3.26	寺町雑感——ド根性のいやらしさ
11.16	戦車と貿易自由化——池田さん、大丈夫ですか？		
11.23	団右衛門会社——そっくりのイノシシぶり		
12.4	ボーナス——どうも印象がキハク	－	－

(注)『大阪新聞』1962年8月－1963年3月から作成。

第9章　『大阪新聞』のコラムと司馬遼太郎　217

うだ。つまり、大阪の平家村のようなものである。そこで何年か安い家賃で辛抱し、機が熟すとふたたび市内にのぼってきて商売の旗をたてる。それが、大阪ふうな土根性だったのだろう。

尼崎のことはよく知らないが、終戦直後今里から布施にかけてあるいてみて驚いたことがある。町じゅうが活気にあふれていた。あれほど活気のある町の光景を、私はその後もみたことがない。

この時代は、大阪が二度の大空襲でやられて瓦礫(がれき)の町に化していた。布施だけが残っている。戦前の布施落ちとはちがい逆にいろんな商人が布施へのぼってきた。このまま商都大阪が廃都になって布施に遷都するのではないかとおもうほど、この町だけがいきいきしていた。

しかし大阪が復興するとともに布施の発展はやや頭うちになった。が、かといって戦前の平家村にもどるのではなく、別の布施になり、繁栄をつづけている。

町というものはふしぎなもので人間の歴史のように盛衰するものであるようだ。

十三が、いい例である。

戦前の十三が記憶にある人は、いまの十三の繁栄をみておどろくだろう。まして江戸時代の十三は一望の葦と稲の原で、西国へゆく街道の渡し場があった。宿場というほどのものではなく、渡しをわたる旅人のための腰掛け茶屋のようなものが数軒あった。むかしは街道すじの茶屋ではかならずつきたてのモチを売っていたから、いまも十三にある「きやす」の酒マンジュウなどは、そこから発展したものだろう。(中略)

「布施の発展はいちおう停滞期」にはいったが、十三などは、将来新大阪駅ができたりするとどれだけ発展するかわからない。

いまでも、ひとの話では、阪急十三駅での乗り換えをふくめた乗降客は、終着駅京都や神戸よりも多いという。江戸時代の渡し場、大正時代の落人町が、とほうもない発展をとげたものである。

あまり発展が急速だったために、じつにややこしい町になってしまった。またナワ張りが確立していないのか、やくざのナワ張りあらそいによる

殺傷沙汰が多い。私は、駅前のすし屋さんに案内してもらったのだが「この辻は、猟銃ぶっぱなし事件があった所です。うたれた男が、よろよろあの軒まできてがっくり死にました」
と、じつに気味がわるい。
「ああ、あそこですよ、拳銃乱射事件があったのは。そのときは、この辺の店はみんな雨戸をおろしてましたな」
冗談じゃないよという感じだ。まるで十八、九世紀のアメリカである。これから大阪の一中心になる大事な町だから、市民も警察もやくざのおじさんたちも、力をあわせていい町にしてもらいたいものである。

「布施と十三——町の盛衰」が掲載されて半年後、司馬の「世相あらかると」欄への執筆最後となった『大阪新聞』1963年3月26日付に「寺町雑感——ド根性のいやらしさ」が掲載された。司馬遼太郎はここで、京都には「町の美しさの秩序を、破壊から」まもっている「保守性がある」「パリでもそうであろう」と記した上で、「大阪はちがう」と書き、次のように述べている。

　　全市、破壊の魔人のようなものだ。大阪の都心部の緑地帯は、寺町のあたりだけだったが、いまはむざんなものだ。
　　昨日、人がきた。町で写真をとりたいという。同行して寺町の源聖寺坂をのぼった。この石畳みの坂は、私の中学のころ五年間往復したところだからかつての記憶がある。大阪でも最も美しい坂の一つである。
　　それが無残にやぶれている。両側の寺が、土地の切り売りしているせいである。

そして司馬は、「なにかの理由で古い美をすてねばならない場合は、こういう機能第一主義の都会ではじゅうぶんありうるのだが、それはいい。破壊もいい。が、美をつくりだすための破壊ならいいが、なにも生んでいない。醜さだけがそこにある。」「これが、われらが町、大阪のド根性というものだ。」とも書いたのであった。

コラム「世相あらかると」に、司馬遼太郎が執筆した1962年から63年といえば、日本社会が高度成長期の真っただ中にあった時代である。1960年代の

日本経済の高度成長を経て、大阪の街も人びとの暮らしも大きく変わっていくのである。

（大谷渡　王　海）

あとがき

　長い年月、大阪の街にこの上ない親しみを抱いて過ごしてきたが、いまさらながらつくづくと、本当に大きな街だと思う。学生時代、その後の研究、そして大学での教員生活と、大阪は私にとって切っても切り離せない街である。
　今から10年ほど前に、近郊農村の人びとの社会生活とその変遷を通して、大都市大阪の近代の姿をとらえてみたいと思い、『大阪河内の近代』（東方出版刊、2002年）を出版した。この時、拙著を取り上げた『日本経済新聞』（2002年6月8日付夕刊）は、「大阪の発展と近郊農村の変化を結びつける視点」「生活の変化を丹念に記している」と紹介した。
　大都市の発展と近郊農村の変貌を相互関連の中にとらえて、時代の動きを浮き彫りにしたいと考えた著者にとっては、この上なくうれしい記事であった。それから10年を経て、『大阪の近代——大都市の息づかい』を出版できることに、何か不思議な縁のようなものを感じる。
　本書は、私と同じように学生時代を大阪で過ごした、あるいは過ごしている若い人たちといっしょに、大阪はどんな街として形成され、どのように変貌してきたのか、その真実の姿を問うてみたいという思いをもって著わした。もちろん、近代大阪に関する文献はこれまでに多数存在し、厚い研究蓄積がある。それらに学びつつも、本書は、これまでなかなかイメージできなかった大都市大阪の姿、その本質に少しでも接近できればとの思いが出発点になっている。執筆を終えた今、新しい研究の成果を多少なりとも盛り込むことができたのではないかと自負している。
　序章では、拙著『管野スガと石上露子』（東方出版刊、1989年）と『石上露子全集』（東方出版刊、1998年）、およびこの2著の執筆の折に収集した資料とその後新たに発掘した資料をもとに叙述した。

第1章では、1890年代における『大阪朝日新聞』から、工業および工場関係の記事を丹念に収集し、膨大な記事を他の資料と照合検討して叙述した。
　第2章は、新聞記事資料の収集を行った相良真理子が取りまとめ、執筆した。
　第3章は、相良真理子の既発表の論文「宇田川文海の人気作品と道頓堀上演――続き物作家と時代背景について」(『史泉』第114号、2011年7月)、「大正期の道頓堀五座と菊池幽芳」(『大阪の歴史』第79号、2012年11月)、「日本の近代化と渡辺霞亭――侍の子から新聞記者・小説家へ」(『国際シンポジウム台湾と日本の戦前戦後　研究報告論文集』2013年3月)、「明治期以降における新選組観の変遷」(『日本近現代史研究』第2号、2007年9月) を踏まえた相良の新稿である。
　第4章は、関西大学大阪都市遺産研究センターにおける2010年12月の「大阪都市遺産研究会」での岡野佑也の研究発表「明治後期の大阪五花街と都市景観」をもとにした未完成原稿を修正加筆したものである。第5章は、浅野阿貴の既発表論文「『北船場』に本社を置いた会社の変遷――明治末・大正期を中心として」(『大阪都市遺産研究』第2号、2012年3月) をもとに浅野が執筆した。第6章は、平戸仁の既発表論文「大正期の大阪と第四師団――師団移転問題を中心に」(『日本近現代史研究』第3号、2008年12月) を再構成したものである。
　第7章は、拙著『北村兼子――炎のジャーナリスト』(東方出版刊、1999年)、『台湾と日本――激動の時代を生きた人びと』(東方出版刊、2008年) などをもとに新たに叙述した。
　第8章は、編著者の責任において、未完成原稿を再構成するとともに加筆修正したものである。第9章も同様である。
　なお、図1～図6および図10～図13は、執筆者が収集・検討・分析したデータをコンピューターで作成したものである。コンピューターによる図の作成は、地理学の水田憲志さんに依頼した。
　本文中に引用した資料は原文のままを原則としたが、適宜、句読点を付し、常用漢字を使用した。明白な誤字は正しておいた。本文中では敬称を略した。

引用資料の中には、今日では適切と思えない表現や語句がみられるが、科学的歴史研究に資するため、本書では原文のまま掲載した。

　最後に、昨年他界された恩師小山仁示先生に、本書第3章相良、第4章岡野、第5章浅野、第6章平戸のように、孫弟子が育っていることを報告し、学恩に謝するとともに、ご冥福を祈る次第である。

　　2013年3月30日

　　　　　　　　　　　　　　　　　　　　　　　　　　　　大谷　渡

索引

団体・組織・施設等は、正式名と
略称を重複掲載したものもある。

【あ】

愛日小学校	17
愛染神社	9
饗庭野	156
青木彰	206
青野ヶ原	156
青山光二	197, 200
青山霊場	182
秋月桂太郎	94, 95, 97
秋の坊	109
浅草	184, 186
朝日館	34
朝日座	83, 93〜95, 97, 100〜102, 104, 116
朝日新聞社	90
朝日紡績会社	29, 37, 38, 41
亜細亜アルミニューム会社	142
安治川	69, 111, 133
安治川口	174
安治川水上本署	69
芦屋	184
芦屋土地株式会社	139
安土町	50, 132
吾妻通り	51
油屋	83
尼崎	130, 200, 216
尼崎汽船	185
尼崎紡績会社	28, 38, 39, 44
編笠茶屋	109
網島	96
アメリカン・ハンブルク汽船会社	178
嵐璃寛	88
淡路町	13, 132, 142
安南	46

飯坂よし子	21
飯塚敏子	200
生魂	64
生玉町	125
生玉前町	191
生野村	53
池上四郎	146, 160
池田昇三郎	142
池松時和	150, 151
生駒郡	81
石原善三郎	146, 148, 149, 156, 164
泉尾高女	174
和泉	36
伊勢崎町	183
伊勢万	83
石上露子	10, 17, 21, 221
磯野小右衛門	139
市岡	42, 174
市川荒五郎	88
市川右団次	84
市川団十郎	88
市川房枝	170
一心寺	25
一方亭	25
稲野年恒	96
乾利右衛門	50
井上正夫	97
井上勝（井上子爵）	50
茨城県	96
今井	81
今木新田	23
今里	218
今中	174
今橋	17, 22, 132, 138, 141, 142

i

今橋小学校	14	大川町	96
今橋灘万	141	大久保利武	105
今宮	15, 72, 74, 174	大倉喜八郎	50
今宮紡績会社	28, 29	大倉組	138
今宮村	29, 53	大阪朝日新聞社	51, 170, 171
今村清之助	50	大阪医大病院	104
伊用徳之助	10	大阪衛戍研究会	151
伊予紡績会社	37	大阪衛生試験場	64
岩井商店	139	大阪駅	184, 185
岩崎久弥	50	大阪演劇改良会	84
巌本善治	96	大阪瓦斯会社	49
上塩町	109	大阪株式取引所	127, 138, 139
上野	184	大阪経済社	12, 13
上畠益三朗	151	大阪毛糸	41
上町	153	大阪港	185
上道菊治	145	大阪工業学校	52
上村行彰	109	大阪合同紡績会社天満支店	79
魚喜商店	139	大阪五花街	2, 112, 116〜118, 222
魚喜料理店	139	大阪傘具製造会社	50
宇垣一成	164	大阪産経会館	206
宇田川文海	2, 10, 13, 84〜87, 90〜92, 222	大阪市教育会	16
内本町橋詰町	12	大阪市教育部共同研究会	154
宇都宮太郎	145, 146	大阪時事新報社	206
靱本町線	158	大阪慈善新報社	10
靱南通	139	大阪師団 → 第4師団	
宇野浩二	211	大阪市庁舎	171
馬屋原鶴子	10	大阪実業学館	13
梅ヶ枝	109	大阪市役所	16
梅田	184, 209	大阪城	2, 146, 158〜161, 166, 168, 170, 171, 173
梅田駅	174	大阪商業会議所	28, 30〜32, 46, 51
梅田高等女学校（梅田高女）	2, 9	大阪証券交換所	140
裏新町	111, 116	大阪証券交換所ビルディング	142
英国ドブソン社	30, 36	大阪城公園	145, 166, 168
英国ユニオン保険会社	44	大阪商工協会	13, 51
戎座	83〜85, 88	大阪商船会社	118
愛媛紡績株式会社	139	大阪城天主閣	145, 166, 168
扇谷五兵衛	84	大阪私立衛生会	40, 42, 43, 76
大井広介	197	大阪市立大阪高等女学校	9, 17
大川	166, 168		

大阪神宮本部	25
大阪新聞社	206
大阪製糸工場	79
大阪製籤社	46
大阪舎密工業会社	50
大阪製薬会社	50, 139
大阪朝報社	12
大阪電灯会社	49
大阪撚糸	41
大阪ビル	186
大阪婦人矯風会	16
大阪普通海員養成所	193, 194
大阪府立女子師範学校	10
大阪紡績会社	23～26, 28, 29, 32, 36～44
大阪紡績織布工場	49
大阪放送管弦楽団	200
大阪放送局	142, 193, 194, 196, 198, 200, 202
大阪砲兵工廠	2, 43, 51, 61, 102, 149, 150, 156, 157, 160
大阪細糸紡績会社	27, 28
大阪毎日新聞社	96, 103
大阪薬品試験会社	139
大阪陸軍幼年学校	154, 159, 160
大阪硫酸会社（大阪アルカリ会社）	49
大手前公園	159
大手前高女	2, 9
大西	118
大林組	139
大村芳樹	10
岡実康	27
緒方医院	22
岡野半牧	84
岡部顕則	105
岡部建築事務所	105
岡山紡績	31
小川株式仲買	139
恩貴島新田	50
沖野筆子	10
長田時行	16
小澤円子	9
織田（輪島）昭子	198
織田一枝（一枝）	194, 196
織田作之助	3, 191～194, 196～204
織田純一郎	84
小津安二郎	200
尾上菊五郎	88
小野圭出版社	209
小野圭次郎	209
尾張国	90
尾張藩	86, 87, 92

【か】

偕行社	159
改造社	191
香川県	43
カザン	169, 170
牙山	33
梶川	118
貸座敷	83
橿原神宮	193
霞ヶ浦	178
片岡直温	189
片岡仁左衛門	200
片山三七夫	125
加藤末郎	38
角座	83, 89, 93～95, 97, 101～105, 107, 116
角の芝居	83
角丸芝居	83
金尾文淵堂	12
金巾製織	28, 29, 31, 35, 42, 44
金沢仁作	44
蟹島新地	109
鐘淵紡績	28, 31, 38, 39
鐘淵紡績会社兵庫分工場	38
鏑木清方	98, 99

蒲鉾商京松商店	143
上品野小学校	90
上福島村	36, 41, 53
上大和橋乗船場	70
香村菊雄	127
亀岡徳太郎	44
亀戸工場	188
亀屋洋服商	142
カルカッタ	46
河合武雄	97
川上貞奴	100
川北村	42, 44, 49, 53
川口	49, 51
川口居留地	46, 183
川崎	72
川崎八右衛門	50
川崎村	43, 47, 53
川島雄三	196, 198, 199, 201, 203
河竹黙阿弥	84
河内	221
川南村	42, 53
川畑樓	119
瓦町	132
漢口	49
関西大学	2, 171, 174
岸松館	27
管野スガ	10, 13, 14, 16, 19, 21
管野正雄（正雄）	13
管野義秀	13, 14
官有財産調査会	162
官立大阪外国語学校	2
祇園	186
祇園座	85
菊池侃二	14, 31
菊池幽芳	2, 86, 94〜100, 222
菊畑	109
岸田劉生	212
汽車製造会社	50
紀州御殿	166

紀州田辺	19
岸和田紡績	41
北大阪土地会社	140
北新屋敷	109
北船場	17, 127〜135, 138, 140, 143, 144, 222
北同心町	65, 66
北野	64, 72
北野村	53
北浜	127, 128, 132〜134, 138〜141
北浜金相場会所	138
北浜証券会社	140
北浜信託株式会社	139
北堀江上通	111
北堀江下通	111
北村兼子	2, 170〜172, 175〜177, 179〜182, 189, 190, 222
喜多村緑郎	95, 97, 100
北渡辺町	128
木津	72, 74, 77
木津川	23, 68〜70, 112
木津川水上分署	68, 70
木津村	23, 53
絹笠町	14
木下吉之助	97
木下尚江	10
岐阜日日新聞社	92
騎兵第四聯隊	174
木村権右衛門	151
木村忠二郎	10
木本鉄子	9
京大	22
京都	15, 85, 95, 162, 184, 186
京都織物会社	25
京都高等工芸学校	166
京都所司代	14
京橋	139
清瀬一郎	189
清堀村	53

清水	84	鴻池善右衛門	141
清水寺	84	鴻池本宅	141
キリスト教婦人矯風会	16	紅梅町	96
銀座	183	神戸	32, 33, 46, 95, 162, 183, 186, 187
銀水樓	27, 38	神戸港	189
空心町	118	神戸7番コンス商館	33
日下住宅株式会社	139	神戸リーネル商会	29
日下書店	12	神戸ルカス商会	29
日下徳子	12	高麗橋	132, 142, 143
九条	64, 76, 175	コーベット・アシュビー	176, 177
九条抽水所	75	郡山町	81
九条村	23, 42, 49, 53	小島株式仲買	139
久原鉱業	138	小西儀助	50
久原房之助	189	小西久兵衛	50
久保田米僊	84, 85	小林林之助	66
熊谷教成	27		
倉敷紡績	31	【さ】	
クルガン	169, 170		
九郎右衛門町	83, 107, 111, 112, 116	西郷隆盛	84
黒船新地	109	済生会病院	104
桑原紡績	41, 44	幸町	109
慶応病院	182	佐伯勢一郎	44
京阪	184	佐伯祐三	212
月照	84, 193	小織桂一郎	95, 102
毛馬閘門	69	堺	34, 126, 148
食満南北	89	堺市	50, 146, 148
源聖寺坂	219	堺筋	133, 142, 187, 188
小泉又次郎	172, 182	堺製糸	41
小出楢重	211, 212	酒井千里	150
弘済会	174	堺紡績	41
甲子園球場	170, 171	堺卯樓	25, 27, 28, 44, 45, 49
杭州	34	阪町	83, 112, 116, 198
豪州	46	作道洋太郎	127
好生学校	92	桜島船渠	49
高津	48, 64	桜ノ宮	96
高津中学校	191	桜ノ宮公園	168
高津町	23, 125	桜ノ宮神社	96
高等工業	174	ざこば築地	109
鴻池銀行	141	篠山	155

沙市	34	市民病院	104
薩摩	210	子母沢寛	93
佐藤	118	下品野村	90
真田山	109	下福島村	27, 53
澤来太郎	162	ジャワ	46
沢田正二郎	102	上海	32, 33, 35, 46, 49
産経新聞大阪本社	208, 216	十五銀行	189
産経新聞社	206	重慶	34
三軒屋	72	十三	216, 218
三軒家上ノ町	68	重亭	83
三軒家村	23, 25, 42, 53	自由党本部	30, 31
三高 → 第三高等学校		十六番商館怡和号	46
三十四銀行	142	出征軍人幼児保育所	11, 12, 18
椎原兵市	160, 166, 168	十返町	112
市営電車発電所	67	将棊島	160
シェークスピア	85	成就院	84
塩野義商店	132	松竹合名会社（松竹）	95, 102〜104, 188
志方勢七	66	城東線	209
四貫島	42	城東練兵場	148, 155, 169, 170, 173, 175
紙幸	83	城南射撃場（第4師団射撃場）	150, 151, 160
四国	170		
四条	183	城南線	158, 160
静岡	183	正蓮寺川	70
下寺町	212	松緑	83
輜重兵隊	155	昭和天皇	189
実川延若	88, 93, 102, 103	昭和紡績	36
四天王寺	174	職工学校	174
信濃橋洋画研究所	211	私立大阪吉田病院	142
信太山	148, 156	尻無川	68〜70
芝居茶屋	83	白木屋呉服店	133, 187
司馬遼太郎	3, 205, 206, 208, 216, 219	新海亭洋食店	139
渋沢栄一	25, 26, 50	シンガポール	46, 49
渋谷合名会社	139	新京阪電車	183, 184
渋谷庄三郎	139	心光寺	212
島田硝子製造所	66	新港商業	170
島田三郎	16	心斎橋	183, 187
島之内	9	心斎橋筋	12
清水谷高等女学校	10	心斎橋通	76, 77
清水たね子	16	新日本新聞社	206

新堀	111, 112
新町	16, 111, 112, 116〜118, 123
新町北通	111, 112
新町通	12, 111
新町南通	111
水銀樓	125
水明館	84
末吉橋通	12
杉山孝 → 石上露子	
鈴木	138
スタンダール	192
須藤南翠	96
住友	138
住友吉左衛門	50
住友銀行	140
住友信託株式会社	140
住友伸銅所	174, 186
住友ビルディング	140
駿河屋商店	142
成歓	33
成美団	95, 102
税務監督局	175
赤十字病院	104
関一	146, 156, 157
摂泉紡績同盟役場	36
摂津	36
摂津土地株式会社	139
摂津紡績	28, 29, 32, 33, 35, 38, 39, 41, 42
泉鹿樓	118
泉州紡績会社	28, 29, 36〜38, 41, 44
洗心館	84
泉南郡	148
千日前	175
船場	2, 9, 13, 14, 17, 22, 25, 50, 51, 74, 77, 127, 128, 132, 133, 143, 175, 204
泉北郡	145, 146, 148
宗右衛門町	83, 95, 111, 112
早大	211
宗田友治郎	50
造幣局	49, 61, 64, 174
荘保あさ	9
曾我廼家十郎	103
十合	133, 187
蘇州	34
曽根崎	69, 72, 74
曽根崎新地	16, 111, 112, 116, 118〜120, 139, 191
曽根崎村	53
ゾルフ	177

【た】

第1師団司令部	162
大軌	187
大吉	83
第五回内国勧業博覧会	12, 15
第三高等学校	22, 191, 197
第3師団	161, 164
第10師団	161
大正天皇	159
台中	179
大長寺	96
第7旅団司令部	159
台南	179
大日本製薬会社	139
大日本紡績株式会社	130
大日本綿糸紡績同業聯合会	30〜33, 39, 45
台北	179
大丸	187
第4師団	145, 146, 148〜157, 159〜164, 166, 222
第4師団司令部	2, 146, 158, 161, 168
大連商業	170
第六十一番同帰学校	90
高雄	179
高木貞衛	143
高砂町	112
高島屋	187

高島屋旅館	181	朝鮮郵船	185
高田浩吉	200	千代崎橋	69, 70
高田商会	138	津川	118
高田慎蔵	50	鶴橋署	151
高田実	95, 97, 100	鶴橋村	53
高橋蔵相（高橋是清）	157	鶴町	174
高松商業	170	鶴見祐輔	172
滝川幸辰	172	帝国製麻株式会社	78, 79
武内作平	172, 180〜182	帝国生命保険大阪支社（支店）	142
竹柴諺蔵（勝彦輔）	84	帝国ビルディング	142
武田長兵衛商店	132	帝国ホテル	50
竹田の芝居	83	逓信局	104
田島信夫	50	鉄眼寺	11, 18
大刀洗陸軍飛行場	169	寺町	216, 219
立川	179, 181	デ・レーケ	51
立川駅	181	テレジング商会	32
立川飛行場	169, 181	電車教習所	174
立川文明堂	197	天津	46
立花小一郎	148	電信局	104
田中市兵衛	50	天神橋筋	19, 79
田中義一	149, 156, 182, 189	天神霊符	109
田中祐吉	82	天王寺	15, 64, 72, 74, 143, 184, 186
谷町	158〜160	天王寺組	47
谷町通り	166	天王寺公園	159, 174
谷町寝屋川線	160	天王寺署	47
玉江町	52	天王寺中学校	211
玉造	74, 77	天王寺村	46, 47, 53
玉造村	53	伝法川	70
田村正寛	44	天保山	51, 174
近松座	188	天保町	53
力石知事（力石雄一郎）	183	伝法町	78
主税町	90	天保分署	70
筑後芝居	83	伝法紡績	29
築港	12, 20, 51, 64, 70, 117, 133	伝法村	41, 42, 53
築港研究会	51	天満	64, 65, 171, 174
中央市場	186	天満織物会社	40, 66
中央綿糸紡績同業同盟会	37〜39	天満織物工場	38
中央郵便局	175	天満基督教会	16
長州	210	天満座	94

天満善源寺線	160	豊崎神社	174
天満天神	112	豊崎村	53
天満橋	64	豊島佳作	44
天満橋筋	66	豊田商店	142
天満八軒	109	豊田屋	118
天満紡績	28〜30, 33, 37〜39, 41〜43, 66	富田林	17, 18
天満宮	65		
土井晋吉	13	【な】	
東京	38, 48, 50, 51, 150, 152, 154, 161〜163, 169, 170, 175, 179, 183〜188, 192, 196, 215	永井柳太郎	186
		永江為政	12〜14
東京工業学校	52	中江兆民	13
東京美術学校	211	長沖花子	9
東京紡績	31	中座	83〜85, 95, 102〜104, 116
東京放送局	194, 196	中洲	183
東京砲兵工廠	51, 162	中船場	128
堂島川	69, 187	長田野	156
堂島高女	9	中津村	27, 38
堂島中町	109	中の芝居	83
堂島紡績所（会社）	28, 32, 41, 42, 103	中之島	27, 38, 52, 84, 181, 186
同心町	64	中之島公園	159, 175
道頓堀	70, 83, 85, 93〜95, 98, 100, 101, 103, 104, 111, 187, 198, 222	中之島公会堂	12, 18, 103
		仲之町	112
道頓堀川	68〜70, 83, 111	中橋徳五郎	189
道頓堀五座	2, 83, 86, 88, 89, 94〜96, 102, 107, 116	長堀川	69
		長堀橋	212
徳川慶勝	92	中道	150, 151
床次竹二郎	145, 189	中村鴈治郎	93, 102, 103
土佐	210	中村儀右衛門	105, 107
土佐堀川	69	中村雀右衛門	84
道修町	50, 127, 132, 139, 143	中村宗十郎	84, 85, 88, 93
栃木県佐野市	206	中本町	148, 150, 151
土地復権同志会	21	中本村	53
ドブソンバーロー	→ 英国ドブソン社	名古屋	90, 92, 95, 161, 164, 183
富岡洋服商	142	名古屋藩	91
富島	109	名古屋藩庁	91
富田屋	116	灘万ホテル	133, 140
戸山	150	灘万本店	140, 141
豊崎	174	浪華演劇改良社	84

浪華家政塾（浪華婦人会附属私立家政塾）		日露商業会社	140
	11, 12, 21	日清紡	188
浪花座	83, 85, 100～104, 107, 116	日本海上	133
浪速土地株式会社	139	日本硝子工業会社	139
浪華婦人会	9～12, 16～18, 21	日本工業新聞社	191, 206
浪華紡績	28, 29, 33, 36, 37, 39～44	日本信託銀行ビルディング	142
鍋井克之	211	日本生命	133
鯰江村	53	日本石炭会社	49
名村泰蔵	91	日本飛行学校	179, 181, 182
奈良県	81	日本紡績会社	27, 28, 36, 41
南海	187	日本紡績同業聯合会　→　大日本綿糸紡績	
南海鉄道	148	同業聯合会	
南歌樓	84	ニューヨーク	177
南鏡園	84	猫間川	150
南山	18	撚糸紡績	42
南地	16, 67, 107, 111, 112, 116, 118, 126	農学校	174
南地演舞場	126	野田	69, 72, 174
南地五花街	83, 95, 112	野田吉兵衛	33
難波	11, 18, 25, 64, 72, 74, 76, 77, 184	野田紡績	36, 38
難波御蔵堤	109	野田村	53, 202, 203
難波桜川町	78, 79	野田屋食料品店	141
難波新地	83, 84, 111, 112, 116～119,	のど町	109
	123, 125, 126, 198	野漠	109
難波新地遊廓事務所	126	野村銀行	133
難波病院	104	野村ビルディング	133, 140
難波村	23, 53		
西高津村	53	【は】	
西署	112		
西長堀	27	梅花女学校	17
西成大橋	174	博覧会余興委員会	16
西成郡	23, 27, 29, 36, 41～44, 47, 49, 50,	長谷川一夫	200
	53, 54, 63, 64, 66, 78, 131, 135, 175	花園町	112
西成郡役所	25	花柳小菊	201
西野田	77	馬場先・生玉神主前	109
西宮市	183	浜口雄幸	177, 181
西浜	72	浜寺	148
西浜町	53	早川衣水	84
西櫓町	83	林	118
西横堀川	69, 128	原敬	157

原六郎	50	福沢桃介	172, 180～182
パリ	177, 178	福島	64, 69, 72, 74, 77
ハワイ	170	福田定一	→ 司馬遼太郎
繁栄座	93	福永硝子製造所	66
阪急十三駅	218	藤沢幾之輔	189
阪急電車	184, 187	藤繁株式仲買	139
阪神	184, 187	藤田組	138
阪神燐寸業聯合会	46	藤田嗣治	177, 178
半田商店	32	藤田伝三郎	50
東成郡	46, 53, 54, 64, 66, 131, 135, 148, 150, 175	伏見町	14, 17, 30, 36, 39, 132
東成郡役所	25	藤本銀行	132
東平野第一小学校	191	藤本清兵衛	44
東平野町	53	布施	216, 218
東横堀川	69, 70	二た熊	126
髭剃	109	仏領インドシナ	46
火野葦平	210	船越町	142
日野九郎兵衛	50	船竹	83
姫路	161	ブラット社	27
百三十銀行	142	フリードリヒス・ハーフェン	178
百草湯	125	フリマンテル	27
兵庫	45, 47, 170	古河	138
平鹿	118	フレーザー	39
平田	118	文楽座	154, 188
平出修	18	米国ゼネラルエレクトリック社	49
平野	37	ベルリン	172, 176, 177, 189
平野川	150	弁天座	83, 93, 94, 100～104, 116
平野紡績	28, 29, 34, 37, 38, 41, 42, 44	ボウゲル	51
平野町	25, 27, 28, 44, 45, 49, 132	豊国神社	146
平野屋	17	紡績会社同盟会	→ 中央綿糸紡績同業同盟会
平野屋五兵衛	17	紡績同業聯合会	→ 大日本綿糸紡績同業聯合会
平林座	93		
広岡宇一郎	189	紡績同盟会	→ 中央綿糸紡績同業同盟会
広小路	183	紡績聯合会	→ 大日本綿糸紡績同業聯合会
備後町	132, 134		
福井座	93	紡績聯合会事務所	36, 37
福井茂兵衛	94	報徳銀行ビルディング	142
福岡市	211	砲兵聯隊	→ 野砲兵第4聯隊
福崎	174	牡丹江省寧安県	206

北海道	162
ホノルル	170, 172
歩兵第1聯隊	162
歩兵第37聯隊	2
歩兵第3聯隊	162
歩兵第70聯隊	155
歩兵第8聯隊	2, 155, 159
歩兵第61聯隊	155
堀江	16, 70, 107, 111, 112, 116, 118, 123
堀川	112
堀川監獄	174
香港	46, 179
本荘	77
本田美禅	96
ボンベイ	39, 45, 46
本町	128, 130, 134
本町筋	132

【ま】

前田曙山	98
まがり	109
真下医院	139
俣野景孝	33
町田経宇	152, 156
松糸	118
松方伯爵（松方正義）	51
松崎天民	182
松島	70, 109, 111, 112, 116～119, 121, 123
松島町	112
松島八千代座	102
松島遊廓（松島廓）	111, 120, 122, 123
松ノ鼻	112
松本勝久	208
松本重太郎	12, 25, 50
真中忠直	50
丸万	83, 126
満州	170
マンチェスター	2, 27, 39, 48

萬年社	142, 143
三池紡績	31
三重紡績	31
三井	138
三井銀行大阪支店	142
三井物産大阪支店	34, 35
三井物産会社	27, 29, 35, 36, 46, 142
三井物産上海支店	34
三越	171, 187
三菱	138
三菱航空機会社	182
水戸	96
御堂筋	187
湊町駅	18
南河内	17
南久太郎町	51
南阪町	111, 125
南新田	49
南鼎三	146
南同心町	65, 66
南堀江	23
南本町	117, 132
美濃国	90
宮城県	162
都島村	53
宮本又次	127
妙見新地	109
村部鉄工所	79
村松梢風	182
明治座	93
明治紡績	27, 38
明治屋支店	133
目さまし	83
綿糸紡績同業聯合会事務所	30
毛利柴庵	19
茂木ビルディング	142
モスクワ	171, 172, 174, 177
望月圭介	189
元田肇	189

元町	183
桃山病院	81, 82, 104
森武雄	152
森ノ宮	150
森ノ宮西之町	150, 151
森山盛行	51

【や】

八尾	37
八百市	96
櫓町	83, 95, 111, 112, 116
安井健次	84
安田銀行大阪支店	142
安田善次郎	50
八千代海上火災保険会社	142
八幡屋	42
野砲兵第4聯隊	145, 146, 148, 155
山口銀行	133
山口県	37
山口厚生病院	104
山口樓	117
山崎長之輔	102
山階宮武彦王	169
山城燐寸製造所	47
山田淳子	10
山田五十鈴	201
山長一座	102
大和	175
大和町	107
大和屋	116
山梨半造	149
山内愚仙	96
山本硝子製造所	66
弥生座	93
夕刊大阪新聞社	191, 206
遊楽館	125
横井信之	92

横浜	51, 183
横堀	68, 128
与謝野晶子	18, 22
与謝野鉄幹	17
吉田音松	146, 148, 156
吉田硝子製造所	66
よたき樓	117
代々木練兵場	169
与力町	64〜66

【ら】

羅漢前	109
羅生門	109
蘭領諸島	46
陸軍被服廠	162
龍神	126
糧秣廠	174
臨港鉄道	187
ルソン	46
レーベ	176
六軒	109
六軒屋川	69
六甲山	173
倫敦（ロンドン）	48, 176〜178

【わ】

若太夫芝居	83
若槻礼次郎	181, 189
和歌山市	155, 183
ワシントン	176
早稲田実業	170
渡辺霞亭（勝）	2, 86, 90〜96, 101, 222
渡辺新左衛門	86, 87, 90〜92
渡辺寿	182
和田岬	38

執筆者紹介（執筆順）

相良真理子　関西大学大学院文学研究科博士課程後期課程（日本近現代史）、関西大学大阪都市遺産研究センター研究員
岩田陽子　関西大学大学院文学研究科博士課程後期課程単位修得後退学（日本近現代文学）、同研究センター研究員（2012年度）
橋寺知子　関西大学環境都市工学部准教授（近代建築史・建築意匠）、同研究センター研究員
岡野佑也　関西大学大学院文学研究科博士課程前期課程修了（日本近現代史）
浅野阿貴　関西大学大学院文学研究科博士課程前期課程修了（日本近現代史）
平戸　仁　関西大学大学院文学研究科博士課程前期課程修了（日本近現代史）
王　海　関西大学大学院文学研究科博士課程後期課程修了（アジア文化論）、同研究センター研究員

編著者

大谷 渡（おおや わたる）
関西大学文学部教授。関西大学大阪都市遺産研究センター研究リーダー。日本近現代史専攻・博士（文学）。1949年12月、奈良県に生まれる。関西大学文学部卒業、関西大学大学院修士課程修了。著書に『管野スガと石上露子』『教派神道と近代日本』『天理教の史的研究』『北村兼子——炎のジャーナリスト』『大阪河内の近代』『台湾と日本——激動の時代を生きた人びと』『看護婦たちの南方戦線——帝国の落日を背負って』があり、編書に『石上露子全集』（いずれも東方出版）がある。
住所　奈良県磯城郡田原本町為川南12-2

大阪の近代
——大都市の息づかい

2013年8月29日　初版第1刷発行

編著者——大谷 渡
発行者——今東成人
発行所——東方出版㈱
　　〒543-0062　大阪市天王寺区逢阪2-3-2
　　TEL06-6779-9571　FAX06-6779-9573
装　幀——森本良成
印刷所——亜細亜印刷㈱

ISBN978-4-86249-220-3　　乱丁・落丁はおとりかえいたします。
Ⓒ2013 printed in japan

看護婦たちの南方戦線
帝国の落日を背負って
大谷渡　2800円

台湾と日本
激動の時代を生きた人びと
大谷渡　2800円

北村兼子
炎のジャーナリスト
大谷渡　2500円

管野スガと石上露子
大谷渡　2100円

石上露子全集
大谷渡編　8000円

大阪河内の近代
東大阪・松原・富田林の変貌
大谷渡　2500円

天理教の史的研究
大谷渡　2650円

語りつぐ戦争
一〇〇〇通の手紙から
朝日放送編　1800円

大阪砲兵工廠の八月十四日
歴史と大空襲
大阪砲兵工廠慰霊祭世話人会編　1500円

淀川の治水翁
大橋房太郎伝
小川清　1500円

表示の値段は消費税を含まない本体価格です。